王勇　主编

『齊魯先賢家譜整理研究』叢書

萊陽《宋氏宗譜》整理研究

朱秀敏　宋金民　校注

齊魯書社
·濟南·

圖書在版編目（CIP）數據

萊陽《宋氏宗譜》整理研究 / 朱秀敏，宋金民校注. -- 濟南：齊魯書社，2022.6
（“齊魯先賢家譜整理研究”叢書 / 王勇主編）
ISBN 978-7-5333-4546-4

Ⅰ. ①萊… Ⅱ. ①朱… ②宋… Ⅲ. ①氏族譜系—研究—萊陽 Ⅳ. ①K820.9

中國版本圖書館CIP數據核字（2022）第002300號

策劃編輯：李軍宏
責任編輯：周　磊
責任校對：王其寶　趙自環
裝幀設計：趙萌萌

“齊魯先賢家譜整理研究”叢書
王勇　主編
萊陽《宋氏宗譜》整理研究
LAIYANG SONGSHI ZONGPU ZHENGLI YANJIU
朱秀敏　宋金民　校注

主管單位	山東出版傳媒股份有限公司
出版發行	齊魯書社
社　　址	濟南市市中區舜耕路517號
郵　　編	250003
網　　址	www.qlss.com.cn
電子郵箱	qilupress@126.com
營銷中心	（0531）82098521　82098519　82098517
印　　刷	日照日報印務中心
開　　本	880mm × 1230mm　1/32
印　　張	18.5
插　　頁	7
字　　數	480千
版　　次	2022年6月第1版
印　　次	2022年6月第1次印刷
標準書號	ISBN 978-7-5333-4546-4
定　　價	**84.00圓**

“齊魯先賢家譜整理研究”叢書（十部）

《馮氏世録》二種整理研究　張秉國 編著

新城《王氏世譜》整理研究　魏恒遠 編著

《安丘曹氏族譜》整理研究　趙紅衛 校注

萊陽《宋氏宗譜》整理研究　朱秀敏 宋金民 校注

《籠水趙氏世譜》整理研究　王勇 編著

《顔山孫氏族譜》整理研究　江永紅 王濟洲 編著

東郡《傅氏族譜》整理研究　李泉 箋注

《安德田氏家譜》整理研究　黄金元 張金平 校注

《東武劉氏家譜》整理研究　張其鳳 編著

《棲霞名宦公牟氏譜稿》整理研究　王海鵬 編著

主編簡介

王勇，男，1959年9月生，山東淄博人。山東師範大學文學院教授，主要從事中國古代文學藝術及齊魯傳統文化的教學與研究，著有《明清博山趙氏家族文化研究》《山東文學史》等。主持國家社會科學基金項目、山東省社會科學規劃研究項目等多項。曾集體榮獲山東省社會科學優秀成果重大成果并一等獎、山東省高等教育教學成果二等獎。

作者簡介

朱秀敏，女，1982年2月生，山東冠縣人，文學博士。現爲濱州學院人文學院講師。在《民族文學研究》《古籍整理研究學刊》《求索》《中國韵文學刊》等刊物發表學術論文三十餘篇，出版專著《〈异域竹枝詞〉譯注與研究》《建安散文研究》，主持省部級社科項目兩項、教育廳優秀青年項目一項，參與省部級科研項目多項。

宋金民，男，1978年3月生，山東新泰人，文學博士。現爲濱州學院黄河三角洲文化研究所講師。在《文藝争鳴》《明清小説研究》等刊物發表論文多篇，出版《水滸小説研究》等專著三部。

山東省2016年齊魯優秀傳統文化傳承創新工程
第一批重點項目

山東省一流學科山東師範大學文學院中國語言文學
學科建設經費資助項目

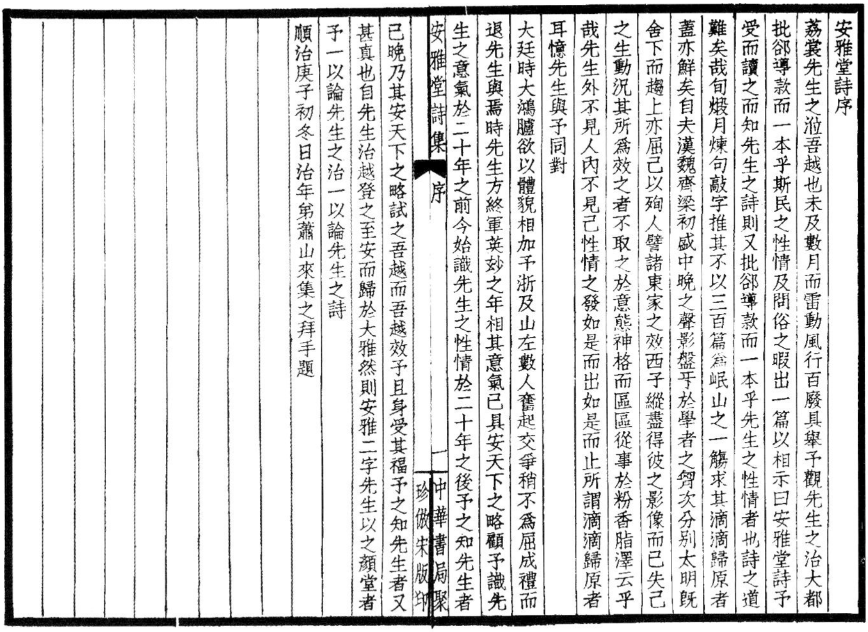

安雅堂詩序

蕅裳先生之涖吾越也未及數月而雷動風行百廢具舉予觀先生之治大都批郤導款而一本乎斯民之性情及問俗之暇出一篇以相示曰安雅堂詩予受而讀之而知先生之詩則又批郤導款而一本乎先生之性情者也詩之道難矣哉旬煅月煉句敲字推其不以三百篇爲岷山之一觴求其滴滴歸原者蓋亦鮮矣自夫漢魏齊梁初盛中晚之聲影盤旋於學者之胷次分別太明既舍下而趨上亦屈己以殉人譬諸東家之效西子縱盡得彼之影像而已失己之生動況其所爲效之者不取之於意態神格而區區從事於粉香脂澤云乎哉先生外不見人內不見己性情之發如是而出如是而止所謂滴滴歸原者耳憶先生與予同對

大廷時大鴻臚欲以體貌相加于浙及山左數人奮起交爭稍不爲屈成禮而退先生與焉時先生方終軍英妙之年相其意氣已具安天下之略顧予識先生之意氣於二十年之前今始識先生之性情於二十年之後予之知先生者已晚乃其安天下之略試之吾越而吾越效予且身受其福予之知先生者又甚真也自先生治越發之至安而歸於大雅然則安雅二字先生以之顏堂者予一以論先生之治一以論先生之詩

順治庚子初冬日治年弟蕭山來集之拜手題

安雅堂詩集　序　一　中華書局聚珍倣宋版印

宋琬《安雅堂詩集》書影，中華書局聚珍仿宋版

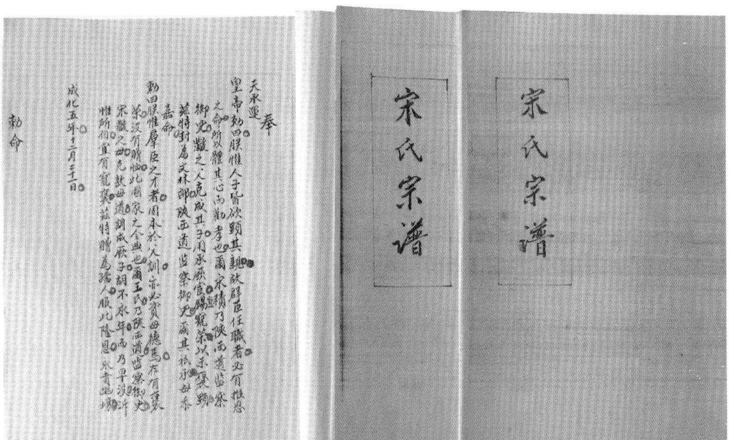

《宋氏宗譜》（宋琬後人提供，李江峰攝）

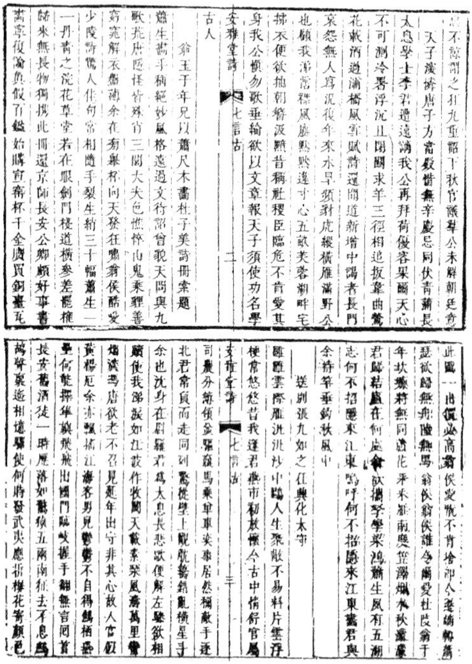

宋琬《安雅堂詩》書影，《續修四庫全書》影印順治十七年刻本

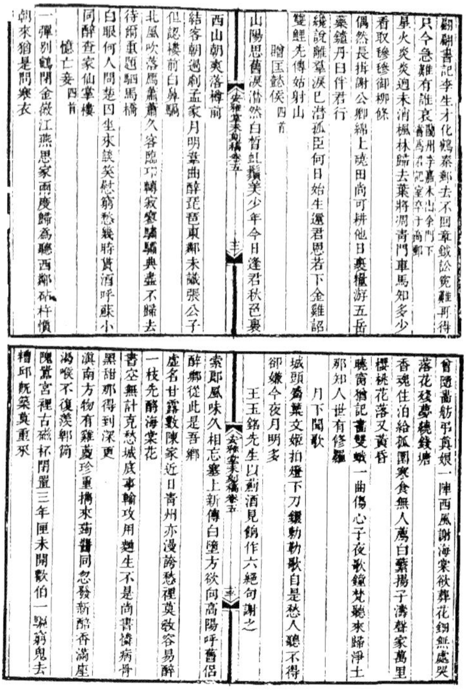

宋琬《安雅堂未刻稿》書影，《續修四庫全書》影印乾隆三十一年刻本

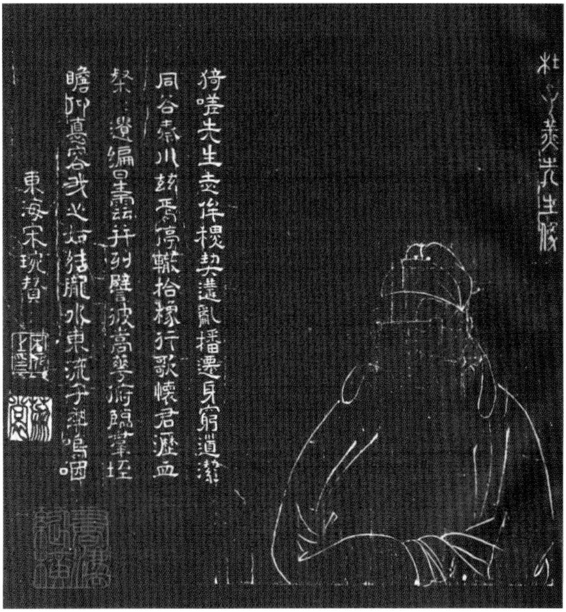

宋琬《二妙轩碑》
拓片（一）

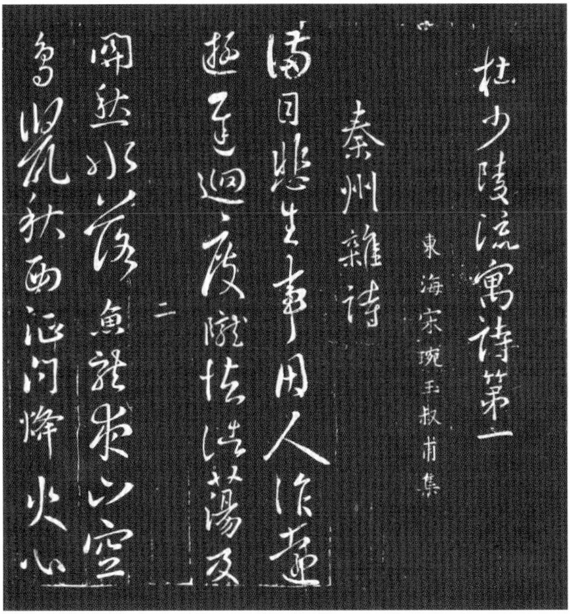

宋琬《二妙轩碑》
拓片（二）

萊陽宋琬故居

宋琬像

總序

『齊魯先賢家譜整理研究』叢書（以下簡稱『叢書』），是山東省二〇一六年齊魯優秀傳統文化傳承創新工程第一批重點項目、山東省一流學科山東師範大學文學院中國語言文學學科建設經費資助項目。經過山東省内外十所高校與科研單位老中青三代十餘位學者的共同努力，終於順利結項，即將出版發行。作爲項目負責人，我感到十分欣慰，也堅信『叢書』將對齊魯優秀傳統文化乃至中華優秀傳統文化的創造性轉化、創新性發展産生積極影響。

一

『家譜』又稱『譜牒』『譜諜』『族譜』『家諜』『家牒』『譜録』『宗譜』『世譜』『家乘』『世録』『房譜』『譜稿』『牒譜』等（皇帝家譜則稱『玉牒』），或單稱『譜』『牒』『諜』『乘』等，是記載一姓（少數多姓）世系、重要人物事迹以及家教、家風、家訓等内容的譜籍。它起源於父系社會，由國家纂修，漢代司馬遷《史記·太史公自序》曾連稱『維三代尚矣，年紀不可考，蓋取之譜牒舊聞，本於兹，於是略推，作《三代世表》第一』『幽厲之後，周室衰微，諸侯專政，《春秋》有所不紀；而譜牒經略，五霸更盛衰，欲睹周世相先後之意，作《十二諸侯年表》第二』[一]。至魏晋南北朝時，已有零散的私人家譜資料記載，如《世説新語》，南朝梁劉孝標注就引家傳四十餘部。唐代出現了私家族譜專書，《新唐書·藝文志》隨之增設『譜牒類』。到宋代，私修家譜的規模已經大大超過官修家譜，其中歐陽修的《歐陽氏譜圖》、蘇洵的《蘇氏族譜》都是影響深遠的家譜名著。明清以來，私修家譜日益普及，并且往往定期重修。

中國的家譜源遠流長，浩如烟海，素與方志、正史鼎足而三，被看作中國古代典籍的一大支柱，自古以來廣爲人們關注。上海圖書館編、王鶴鳴先生主編的《中國家譜總目》[二]，係全球中文文獻資源共建共享項目、『十五』國家社會科學基金項目、全國高等院校古籍整理研究工作委員會資助項目。全書由海内外六百一十四家譜牒文獻收藏單位、五千餘名譜牒文獻收藏者和一千餘名譜牒文獻研究者、編纂人員合作完成，共計十册，一千二百三十萬字，著録海内外家譜五萬二千四百零一種、姓氏六百零八個，是迄今爲止規模最大的帶有内容提要的中國家譜聯合目録，也是極其重要的中華文明探源成果。該書出版以來，先後榮獲第十届全國優秀古籍圖書獎一等獎、上海市第十一届圖書獎特等獎、上海市第十届哲學社會科學優秀成果獎著作類二等獎、第二届中國出版政府獎圖書獎等，在海内外贏得了廣泛好評，也爲我們從事研究、申報課題提供了極大便利。

『先賢』一詞，至遲在秦漢典籍中已見。《禮記·祭義》云：『祀先賢於西學（周代小學名），所以教諸侯之德也。』〔三〕這裏的『先賢』指的是先世賢人，也即古代德才兼備者。他們既包括賢君、賢主、賢王、賢辟（德才兼備的君主），也包括賢相、賢輔、賢宰（德才兼備的宰相），還包括賢伯（德才兼備的諸侯）、賢牧（德才兼備的州郡長官）、賢令（德才兼備的縣令）、賢臣（德才兼備的臣子）、賢吏（德才兼備的官吏）與賢民（德才兼備的平民），是中國古人的杰出代表，也是中國古代家譜的亮點。先賢家譜大都具有文物價值，這從各級、各地公私收藏機構與個人競相收購先賢家譜、價格亦不斷攀升即可見一斑。近年來，新聞媒體也較關注先賢家譜的文物價值。二〇一六年三月，中央電視臺綜合頻道《我有傳家寶》節目導演賀躍進先生主動邀請筆者組織籠水（山東省淄博市博山區）趙氏族人代表趙捍東先生携帶清代刻本《籠水趙氏世譜》等赴京製作專題節目，并於當年四月四次播出，在山東省内外都産生了較大反響。而先賢家譜的輯佚、校勘、研究和利用價值，也應該高度重視。

以山東臨朐馮氏（始祖明代馮裕）爲例：《中國家譜總目》衹著録山東省圖書館藏清抄本《馮氏家乘》一卷；張秉國先生則注意到還有清道光二十八年（1848）纂修的《馮氏世譜》四卷及清光緒三十三年（1907）、民國十九年（1930）兩次續修本，一九六二年在其基礎上纂修的《馮氏族譜分派兑部》，明代以來私人過録、收藏《馮氏世録》抄本四種。經過全面比較，張秉國先生選擇《馮氏世録》二種（冶源本、青州本）作底本進行整理研究，并發現了一些他書不載的碑傳墓志類文獻、世所罕見的各種誥敕，解決了諸如馮惟敏的卒年等問題（張秉國《〈馮氏世録〉二種整理研究》）,爲《中國家譜總目》增補、修訂提供了重要綫索,也爲明清兩朝誕生了九位進士、九位四品以上官員并至少撰寫了六十餘種著作的臨朐馮氏家族等文獻輯佚、校勘、研究和利用奠定了堅實基礎。

先賢各有生態,也即特定環境中生存、發展的狀態及其生活習俗等,包括家族生態與社會生態。先賢家譜既是先賢家族生態的主要載體,也是先賢社會生態的輔助載體。家譜的主體是世系,通常記載始祖以來家族成員的名字、别號、生辰、幼教、婚配、子嗣、忌日、墓地、祠堂等,是研究其家族生態的第一手資料,有的還是傳世文獻中僅見的珍品。家譜中的傳記、墓志銘等,介紹家族成員科考、仕宦、交游、節操等多種信息,是研究其社會生態的重要資源,有的還可補充、糾正正史與方志等傳世文獻的缺失。先賢家譜是老祖宗留給我們的寶貴遺産,兼具物質文化遺産（家譜實體）與非物質文化遺産（家譜編纂方法）雙重屬性,是社會主義精神文明建設的深厚滋養,能够幫助世人察古鑒今,勿忘其身。它們既可爲解决人們『我是誰』『我從哪裏來』的問題提供幫助,也可爲人們明確『我到哪裏去』『我怎樣到那裏去』的目標與途徑指示方向。一九九六年底上海圖書館家譜閲覽室正式對外開放以來,爲海内外成千上萬的尋根者、續譜者與研究者解决了困難,并極大地促進了全球華人對中華民族精神基因的認同,有力地推動了當代文明家庭建設與各地旅游事業發展。先賢家譜中收録的一些家訓、家規,至今仍有借鑒意義。新城王氏四世王重光制定的書面家訓『所存者必皆道義之心、所行者必皆道義之事、所友者必皆讀書之人、所言者必皆讀書之言』及八世王士禛所寫的廉政家規《手鏡録》,還引起中共中央紀委、國家監察部的高度關注。二〇一六年四月,中央紀委、監察部網站《中國傳統中的家規》欄目組專門趕赴山東省淄博市桓臺縣王士禛故里，拍攝專題片《山東桓臺王漁洋家族：忠勤報國潔己愛民》。節目推出後，在中國共産黨内外引起了熱烈反響，爲宣傳良好家風，推動廉政建設做出了積極貢獻。

二

齊魯大地歷史悠久，文化燦爛，先賢産生早、數量多、影響大、定位高，是一道獨特的風景綫。遠在秦代以前，就已誕生了孔子、孟子、孫子（孫武、孫臏）等先賢，并爲管子、墨子、莊子、荀子等先賢提供了成就偉業的平臺。孔子更培養了三千弟子、七十二賢[四]。此後開疆拓宇，代不乏人。及至明代嘉靖年間（1522—1566）禮部會議孔廟祭禮時，甚至衹把顔淵、曾參、孔伋、孟軻等十哲以下和孔子其他及門弟子稱爲『先賢』，而把左丘明以下稱爲『先儒』[五]。

受『至聖先師』孔子及其家族的深刻影響，齊魯先賢及其家族特别重視譜牒編纂。從孔孟顔曾到民國諸賢，兩千餘年綿延不斷，書寫了一部家譜伴先賢成長、先賢爲家譜增色的壯麗史册。清嘉慶十九年（1814），劉鐶之主持纂修的《東武劉氏家譜》全部完成，阮元應邀爲其作序。阮元是清代著名學者、出版家，他撰寫的《疇人傳》與《積古齋鐘鼎彝器款識》，是研究中國歷代天文學家、數學家生平與古文字學的重要參考文獻，主編的《經籍纂詁》、校刻的《十三經注疏》、彙刻的《皇清經解》等，都在中國文化史上産生了巨大影響。阮元盛贊被乾隆皇帝譽爲『海岱高門第』的東武劉氏家族，稱許該譜「井然秩然，何其慎也」「不妄推世系，又何慎也」，且認爲「是譜之修，非止世家之乘，且裨國史之表，誠不可緩於今日矣」。此論持之有據，绝非虚誇。張其鳳先生經過廣泛調查，發現東武劉氏家譜除清嘉慶十九年刻本，還有清乾隆二十一年（1756）劉統勛主持纂修的《東武劉氏家譜》（已佚），以及清宣統三年（1911）劉心鑒參與纂修并抄録的《東武劉氏家譜槎河支譜》、二〇〇二年劉德浦重印嘉慶本并補劉緒煊後裔手抄本、二〇〇四年劉德浦纂修《東武劉氏家譜槎河支譜續》、二〇〇九年劉鏡如編著《東武劉氏家乘》（以上五種家譜俱不見於《中國家譜總目》），并選擇嘉慶本作底本整理研究。張其鳳先生通過全面比較，認爲劉統勛、劉墉爲清代漢族父子宰相第一。又根據《東武劉氏家譜》分别統計，發現東武劉氏有品官銜者四百一十一人次（含封贈），無品官銜者九十一人次（含封贈），是著名的仕宦世家；東武劉氏擁有十一位進士，四十二位舉人，一百五十二位監生，五十二位庠生，又是著名的科舉世家；東武劉氏擁有水利、刑名、書法、醫學、金石學、版本目録學、詩學、史學、理學、文字學等專家，傳有一百八十餘部各類著作，還是著名的文化世家。此外，東武劉氏家族六人入選《清史稿》傳記，二人入選賢良祠，三人次入選名宦祠，五人次入選鄉賢祠，三次得到清帝賜匾、題詩或盛贊（康熙、乾隆、嘉慶），是全國一流的名門望族（張其鳳《〈東武劉氏家譜〉整理研究》）。這些成果真實地展現了齊魯先賢家譜的重要地位及其輯佚、校勘、研究和利用價值。

新城王氏在明清時期共孕育了三十位進士、五十二位舉人、數十位高官，除王士禛，還有大約七十人留下了各類不同著作，是山東乃至全國最著名的仕宦望族和文化世家之一。據魏恒遠先生考察，除已見於《中國家譜總目》的《王氏族譜》十三卷［明崇禎三年（1630）毛氏汲古閣刻本］、新城《王氏世譜》八卷首一卷［清乾隆二十五年（1760）刻本］、新城《王氏世譜》不分卷［清嘉慶十三年（1808）刻本］、《大槐王氏家譜譜略》一卷（清抄本）、新城《王氏世譜》三十五卷［民國四年（1915）木活字本］、《新城王氏世譜》八卷（一九九四年鉛印本），新城王氏還有明萬曆三年（1575）、清康熙五十五年（1716）、清同治三年（1864）、二〇〇八年纂修諸譜。甚至在萬曆三年五世王之垣『創修』之前，已有其叔王文光的《徙新城譜略》（魏恒遠《新城〈王氏世譜〉整理研究》）。魏恒遠先生選擇乾隆本作底本整理研究，并廣泛收集各個版本新城王氏家譜的資料等，彙爲《新城〈王氏世譜〉整理研究·附録》一百二十一條。其中，有明代著名學者焦竑的《少司農王公傳》，明代著名戲曲作家、文學家屠隆的《王司徒誄》，明代著名文學家于慎行的《王氏琅邪公傳》《明故正議大夫户部左侍郎誥贈户部尚書見峰王公暨元配夫人于氏合葬墓志銘》《明故奉直大夫户部四川司員外郎錦峰王公墓志銘》《宣府巡撫大中丞新城王公生祠記》，明代著名戲曲作家、文學家湯顯祖的《大司馬新城王公祖德賦（有序）》，明代著名書法家邢侗的《資政大夫户部尚書王公行狀》，明代著名書畫家董其昌的《王氏族譜序》，明末清初著名文學家錢謙益的《王季木墓表》，清代著名詩人施閏章的《吏部考功司員外郎王公墓碑》，清代著名文學家、戲曲家尤侗的《王東亭進士傳》，清代著名散文家汪琬的《王象乾傳》《御史王公傳并贊》《節孝王先生傳》《誥封王母張宜人墓志銘》，清代著名文學家陳維崧的《祭王西樵先生文》，清代著名文學家姜宸英的《新城王方伯傳》，清代著名文學家朱彝尊的《文林郎湖廣道監察御史王公墓表》《誥封朝議大夫國子監祭酒新城王公墓碑》，清代著名史學家萬斯同的《王象乾傳》，清代著名經學家孫星衍的《資政大夫經筵講官刑部尚書王公傳》等。這些成果又一次清晰地展現了齊魯先賢家譜的突出地位及其輯佚、校勘、研究和利用價值。趙紅衛女士的《〈安丘曹氏族譜〉整理研究》，朱秀敏女士、宋金民先生的《萊陽〈宋氏宗譜〉整理研究》，王勇的《〈籠水趙氏世譜〉整理研究》，江永紅女士、王濟洲同志的《〈顏山孫氏族譜〉整理研究》，李泉先生的《東郡〈傅氏族譜〉整理研究》，黃金元、張金平先生的《〈安德田氏家譜〉整理研究》，王海鵬先生的《〈棲霞名宦公牟氏譜稿〉整理研究》，也都與此相似，各具價值。

遺憾的是，齊魯先賢家譜的收集、整理、研究和利用工作還做得不够。截至目前，尚未專門全面收集傳世齊魯先賢家譜的基本信息，也未正式出版系統整理研究齊魯先賢家譜的相關著作。有鑒於此，我們群策群力，分工協作，首選明清時期十家、十一種齊魯先賢古舊族譜整理研究，希望能够抛磚引玉，得到社會各界的重視與支持，進而探源逐流，不斷拓展，以推動齊魯先賢家譜的搶救、保護和利用，促進中華優秀傳統文化的繼承、創新和發展。

三

『叢書』自準備到完成，歷時三年半，得到很多領導、專家的殷切關懷與精心指教，令筆者倍感温暖，終生難忘。

二〇一六年二月二十九日，中共山東省委宣傳部、山東省發展和改革委員會、山東省財政廳、山東省文化廳、山東省新聞出版廣電局、山東省文物局聯合下發《關於推進齊魯優秀傳統文化傳承創新工程重點項目的通知》（魯宣發［2016］3號），面向全省徵集七個類別、三十個重點項目的相關課題。四月十二日，《中共山東省委高校工委關於組織申報2016年齊魯優秀傳統文化傳承創新工程重點項目的通知》（魯高工委通字［2016］22號）正式發布，要求全省各高校認真組織申報工作，并將擇優報送省委宣傳部參加評選。我在認真研讀文件、廣泛查閱資料後，申報了『研究闡發項目』類別中的『齊魯先賢家譜整理研究叢書』。其間，數次得到山東省政協原副主席、山東師範大學原副校長、山東師範大學山東省齊魯文化研究院原院長王志民教授，山東省委宣傳部副部長王紅勇同志、文藝處處長王偉同志，山東師範大學山東省齊魯文化研究院副院長仝晰綱教授，以及山東師範大學社科處副處長孫書文教授、顧大偉老師的悉心指導。九月一日，六部門又聯合下發了《關於推進2016年齊魯優秀傳統文化傳承創新工程第一批重點項目的通知》（魯宣發［2016］22號），正式公布經全省各地、各部門及高校組織推薦、專家學者評審，最終確定的包括『齊魯先賢家譜整理研究叢書』在內的七十二個重點項目。九月二十七日，山東省財政廳下達省級宣傳文化發展專項經費給予資助。自此，項目工作全面啓動。

早在二〇一〇年上半年王志民教授組織召開的《山東文化世家研究書系》第一、二次作者會議上，筆者就已與《清代聊城傅氏家族文化研究》作者李泉先生、《清代諸城劉氏家族文化研究》作者張其鳳先生、《清代德州田氏家族文化研究》作者黄金元先生、《清代棲霞牟氏家族文化研究》作者王海鵬先生、《明清安丘曹氏家族文化研究》作者趙紅衛女士、《臨朐馮氏家族文化研究》作者張秉國先生結下了良緣。『叢書』正式立項後，本着家族文化研究與家譜整理研究、遴選家譜與聘請作者相互結合的原則，筆者首先聯繫這六位學者，他們全都慨然允諾。李泉先生『項目很有意義，稿費并不重要』的表態，尤其令我感動。除筆者以外，其餘三書作者或爲同鄉，或爲學生，也都愉快地接受邀請，并迅即展開工作。

二〇一七年三月十八日至十九日，在山東師範大學舉行了『叢書』編纂工作研討會。山東師範大學文學院院長楊存昌教授、黨委書記王興盛老師，齊魯書社社長昝亮編審，山東師範大學社科處副處長孫書文教授，山東師範大學文學院省級重點建設學科中國古代文學學科帶頭人陳元鋒教授、中國古代文學教研室主任王琳教授，山東師範大學文學院辦公室主任張冰老師，以及『叢書』十部著作的主要作者與編者共二十人，參加了本次研討會。大家集體學習了中共中央辦公廳、國務院辦公廳《關於實施中華優秀傳統文化傳承發展工程的意見》及中共山東省委宣傳部、山東省財政廳的有關文件，并就『叢書』編纂與出版計劃等進行了熱烈而深入的研究與討論。會後，由筆者起草『叢書』凡例、編撰排版要求及試寫稿共同討論修改，以便統一體例。同年十二月十七日起，『叢書』初稿陸續提交。由筆者首先通讀，并與作者隨時討論。然後轉交『叢書』責任編輯復審，再與作者和筆者共同討論，經課題組内外專家審閱後定稿，申請結項。其間，『叢書』又多次得到山東省作家協會副主席、山東師範大學文學院院長孫書文教授的具體指導，并得到山東師範大學文學院黨委書記肖光軍老師及社科處處長高景海老師、副處長顧大偉老師等的熱情幫助。

『叢書』付梓之際，筆者謹向有關領導、專家與全體作者、編者表示崇高的敬意！向協助『叢書』推進工作的山東師範大學文學院辦公室主任李金波老師及我的研究生高燕、徐寧同學表示衷心的感謝！由於時間緊迫，能力有限，書中錯誤疏漏在所難免，敬請廣大讀者批評指正！

王勇

二〇一九年八月十五日於山東師範大學文學院

【注】

〔一〕［漢］司馬遷：《史記》卷一三〇《太史公自序》，中華書局一九五九年版，第一〇册，第三三〇三頁。

〔二〕上海圖書館編，王鶴鳴主編：《中國家譜總目》，上海古籍出版社二〇〇八年版。

〔三〕［清］孫希旦：《禮記集解》卷四六《祭義》，中華書局一九八九年版，下册，第一二三一頁。

〔四〕［漢］司馬遷：《史記》卷四七《孔子世家》：『孔子以詩書禮樂教，弟子蓋三千焉，身通六藝者七十有二人。』中華書局一九五九年版，第六册，第一九三八頁。

〔五〕［清］張廷玉等：《明史》卷五〇《志·禮四》，中華書局一九七四年版，第五册，第一二九六頁。

凡例

一、本『叢書』選擇十部齊魯先賢家族的宗譜整理研究，一族一部，求同存异。旨在搶救珍貴家譜，發掘歷史資料，古爲今用，推陳出新，促進人們注重家庭、家教、家風，爲弘揚優秀傳統文化、建設社會主義精神文明貢獻力量。

二、『齊魯』以今『山東省』行政區劃爲界，『先賢家譜』從明清兩朝入手。此前家譜，將來再謀整理研究。

三、本『叢書』一律以善本、足本等舊譜爲底本，以別本家譜及其他歷史文獻等參校。原文涉及帝王與尊者等跳行、空格者，一律回改，不出校。篇幅較長者，酌情分段。

四、各譜人名、字號、地名、書名等專有名詞悉仍其舊，其他文字保留繁體，但异體徑改正體、諱字徑改本字、舊字形徑改新字形，不出校記。脱、衍、倒、誤文字一律改正，并出校記。

五、標點一律采用通行竪排新式符號，引號先雙（『』）後單（「」），不用專名號。

六、注釋重在簡介族人事迹、家鄉環境及對家族産生較大影響的其他人物、事件等，非特殊意義詞語一般不注。

七、校記與注釋合爲一體，以『【校注】』標示，列於各篇文章或相同世次譜表之末。同一條內，先校後注。

八、在整理文獻過程中，對於農民起義軍被誣爲『盜』『匪』『賊』等，我們是持批判態度的，但爲保證資料的真實性、完整性，對此不做改動。

九、本『叢書』參照王志民教授主編《山東文化世家研究書系》順序排列，各書按圖片、總序、凡例、前言、目録、家譜及其校注與研究、附録等順序排列。

前言

萊陽地處膠東半島中部，明清時期，隨着當地文化的繁榮、科第的興盛，出現了獨特的以經學、文學享譽海内的萊陽文化圈。『幅員之闊，户口之繁，賦税之多，科第之盛，於諸邑中最爲雄長』（萬邦維《康熙萊陽縣志序》中語），其中出現了左懋第、姜埰、宋應亨等忠節之士和宋琬、宋玫等文學大家。萊陽文化因此被稱爲『山東之冠』，獲得了『剖斗折衡爲文章，天下婁東與萊陽』的美譽。

萊陽宋氏家族分屬兩支，一爲宋琬所在的族支，一爲宋玫所在的族支。《宋氏宗譜》（以下簡稱『《宗譜》』）爲宋琬一支的族譜，乃宋氏家族手抄家藏本，基本介紹了宋琬一族遷入萊陽後的譜系情况。至於宋琬一族的原籍、何時因何原因遷入萊陽，《宗譜》中宋望僊所書《記》有云：『始祖諱信，原籍江西吉安府吉水縣人，爲大元承相。至正間因失事，謫東海般陽路（今之萊州）總管。後因卜居，擇文登之善地爲居，遂名宋村，又起集名《宋村集》。同二世俱葬於宋村，至今有宰相塋遺址，子孫官仕不絶。後因兵荒，有就食於寧海州入籍者，今州南一百六十里海邊，有桃花社，全是宋氏一姓，嘉靖二十四年間有諱達、諱紀、諱文學者在焉，餘不及録。又有就萊陽入籍者，後有進士爲副使，至今衣冠綿綿。又有就蓬萊入籍者，爲二世、三世、四世、五世、六世祖，葬於登州府城西南三里橋馬家泊，爲祖塋。」《宗譜》「始祖興公派」之「始祖興公」條亦云：「（始祖興公）任元爲萬户，家於邑東之谿聚村。」民國本《萊陽縣志》[一]卷三之二「禮俗·氏族·金元故家·宋氏」條亦有類似記載：「明進士巘之族……於元時徙居二區溪聚村析龍灣莊及一區陽關、六區崔疃等村，清初有進士琬。」據此，宋琬家族原籍江西吉安府吉水縣[二]，於元至正年間以始祖宋信罪貶萊州，居於文登之宋村，後因元末戰亂，又隨興公遷至萊陽的谿聚村。從此，宋氏家族至明清時期發展爲當地的世家大族，成爲典型的仕宦、科舉文化世家。

據《宗譜》中宋巘墓表所示「高祖伯安、曾祖居仁、祖福全、父積俱不仕」，可知宋氏家族在元末遷入萊陽後，自興公至積公前四世，無有功名，且字號、子嗣等情況亦未載録。據《宗譜》，積公「生六子，少亡二人，長曰巘，次曰祐，三曰寬，四曰德」。宋巘字景章，明景泰元年庚午（一四五〇）舉人，天順四年庚辰（一四六〇）進士。歷官户部主事、陝西道監察御史、浙江按察副使等。宋巘是宋琬家族第一位進士，亦是明代萊陽科舉中的第二位進士[三]，對其家族乃至萊陽當地皆有深遠的影響。在所謂「中外文臣皆由科舉而進，非科舉者毋得爲官」[四]的社會背景下，宋氏家族自宋巘開風氣後，科甲連第，人才輩出。除宋巘外，宋氏家族出現的進士還有宋應亨、宋璜、宋琬三人，舉人有宋黻、宋應亨、宋璜、宋琬、宋恬、宋縉六人，貢士有宋孟清、宋琬、宋璠、宋德、宋思陟、宋思勰、宋思勷、宋思勃、宋思貽、宋鳴謙、宋書銘、宋縉、宋壆十三人。

伴隨綿延不斷的科名，宋琬一族在仕宦方面也相承不絶。宋黻是宋琬一族遷入萊陽後的第一位進士，亦是第一位仕宦之人。其實在其父宋積身上，即可看出其家族所具有的良好品格和爲官潛質，《康熙萊陽縣志》〔五〕卷之八『人物·孝義·明』條載：『宋積，純篤好善，歲饑，煮粥全活甚衆，療病瘞死，罄廩不吝。』自此，明清兩代宋氏家族的爲官之士普遍具有良好的仕宦品格，不管是朝中大員宋應亨，還是地方官員宋黻、宋琬等，皆有政績，地方志、史籍多有記載，并傳爲佳話。地方志所載祀鄉賢祠并列於《宗譜》的有宋黻、宋述、宋應亨、宋琬四人。宋應亨辭官歸里後，『家居數載，鄉里賴以舉火者甚衆，好賢喜士，食客滿座，酒樽不空，真有孔北海遺風。庚辰、辛巳大饑，人相食，公出粟賑之，活數千人。聖廟頹，捐金數千，改作殿廡，戟門高廣倍前，輪奐一新』〔六〕，宋琬『外補隴西道僉事，遇地震，民死傷失業，琬出家財以恤其災』〔七〕，他們體恤民情，急人之厄，清正廉明，體現出其家族仕宦文化品格中較高的人格修養。

萊陽宋氏家族作爲典型的仕宦、科舉文化世家，因其家學、家風的傳承和影響，在文學方面，也名聞海内，全國矚目，在明清之際出現了享譽全國的作家，如清初順治、康熙時期的宋琬，被稱爲『一代詩宗』，在當時和施閏章被王士禛目爲『南施北宋』。宋琬字玉叔，號荔裳，宋應亨三子，『少負雋才，著聲譽』〔八〕，他詩詞文兼擅，而且創作有《祭皋陶》雜劇，可以説，宋琬不僅是萊陽宋氏家族作家群的標杆性人物，也是當時引領一代文風的領袖人物。張重啓在《重刻安雅堂文集序》中云：『先生學富五車，胸羅二酉，文則追踪兩漢，賦則媲美《三都》，詩兼庾、鮑、李、杜之長，詞擅秦、柳、蘇、黄之勝。四海之内，五十餘年以來，無不知荔裳先生之人者，即無不讀荔裳先生之文、賦、詩、詞者。』[九]雖有過譽之嫌，但宋琬在當時文壇的地位與影響仍可見一斑。包括宋琬在内，『宋應亨這一系之讀書習文之人就有數十位之多』，『其中，至今尚有作品或文字留存、且取得一定功名的代表性人物』[一〇]有宋潎、宋孟清、宋應亨、宋璜、宋珣、宋鳴謙，此外，尚有宋鳴和等。

按《宗譜》，宋琬一族據宋積四子潎、祐、寬、德，分爲大四分。大四分之長分『潎公派』自宋孟清以後『俱係務農』。大四分之三分『寬公派』因爲『本分主祭者，溺於六世不祀之論，宗譜中并未一一載登，故今日則不知九世之名係八世某名所出，十世之名係九世某名所出，以致八、九兩世并不知何名缺嗣，何名承祧』，似未有名位顯達之人。大四分之四分『德公派』『雖經商於异地，躬耕於田園，然知守我家風，未泯敦睦二字，是以詩書一脉，十一世後猶使能延』，宋德雖爲明成化十八年壬寅（一四八二）歲貢，曾任山西絳縣丞，但其後人耕多讀少，不能顯示其家族文化特色。惟大四分之二分『祐公派』是家族中最大的一支，至十世述公四子大典、大猷、大訓、應亨，又分爲中四分，其中中四分之四分宋應亨生四子璠、璜、琬、珣，又分爲小四分支派，小四分支派不但人丁興旺，而且在科舉、仕宦、文化等方面皆有建樹，最能代表其家族文化特色。

從内容上看，《宗譜》大致可分爲前序和正文兩個部分。前序部分首先是清康熙皇帝御賜宋琬的《御筆恩賜詩》；其次爲明成化五年（一四六九）的『敕命』，敕封宋黻之父宋積爲文林郎、陝西道監察御史，敕贈宋黻之母王氏爲孺人；再次爲《康熙萊陽縣志》、民國本《萊陽縣志》、《光緒增修登州府志》〔一二〕等府縣志所載本族自明清以來所取得的各種榮譽及科舉成就，包括鄉賢祠、進士、舉人、貢士、貤封命婦附、封誥、恩蔭、孝義、紀亡（癸未）及廟等十個細目；最後是宗譜的序文和例言，包括清嘉慶十四年（一八〇九）宋望僊所書《記》《例言》及鑒定、參閱者名單和咸豐四年（一八五四）宋瀛撰《重修譜系後叙》及纂修、參閱者名單。《宗譜》的正文部分，以元末遷入萊陽的第一代興公爲始祖，繼以五世公宋積四子黻、祐、寬、德，分爲大四分；大四分之二分『祐公派』中又以十世述公四子大典、大猷、大訓、應亨，分爲中四分；中四分之四分又以宋應亨四子璠、璜、琬、珣，分爲小四分。每一支派皆詳載世系，一般載至二十世，亦有個別支派至二十三四世，詳列族人的姓名、字號、科名、適配及子嗣等信息。每大支、小支後皆列有一小段文字進行説明總結，介紹每一支派的郡望及遷徙過程，并簡述其耕讀、科名情況，條理分明。《宗譜》的内容大體上應該是翔實準確的，其中常可見到引方志、墓碑爲據的地方，如宋積『傳載府志……有敕命碑』『按我十三世族祖景章公墓表示』、宋黻『傳載《山東通志》』等，《宗譜》

前序所載本族自明清以來所取得的各種榮譽及科舉成就即皆見之於方志。

按《宗譜》前序宋望僊所書《記》中云『前明敕封文林郎、監察御史、浙江按察司副使、至善宋公十四世孫望僊謹記於龍灣莊書舍之南軒下，時嘉慶十四年四月十一日也』，可知宋望僊於嘉慶十四年（一八〇九）對原譜進行了一次大幅度的增補修訂，此役始於嘉慶十四年四月十一日，終於此年十月二十九日，前後共六個月。《宗譜》的《例言》及其相關内容也是此時宋望僊擬定并延續下來的。宋瀛《重修譜系後叙》亦云：『宋氏自興公居萊，數十傳，譜系失考，缺略甚多。越越百餘年後，望僊公殫數月心力，始昭如列星，頗稱完善。』宋瀛之序『時在甲寅年三月中旬』，即咸豐四年（一八五四），因『吾族生齒日蕃』，宋瀛等人又進行了一次增補。《宗譜》大四分之長分世系表後有小序云『獨於余本分之兆域與戚屬多有缺略。……余早有意修補之……於是屏絶猬務重補入，款式登録，概仍前例，庶幾寓目瞭然』，并題『咸豐二年二月十八日紹乙自叙』[一二]，咸豐二年（一八五二）宋紹乙的增補衹是限於其所在支系。此後，《宗譜》在民國期間又進行了一次增補，將『新添人丁予以載録，没有任何關於重修的説明文字，衹是在譜系圖中幾處記載族人生卒時間的介紹文字中透露出相關信息』[一三]。

《宗譜》原譜系圖表用連綫展示其世系關係，每一支派的第一頁對其世系更替標注很明確，但第二頁以後則并未標注，如下圖：

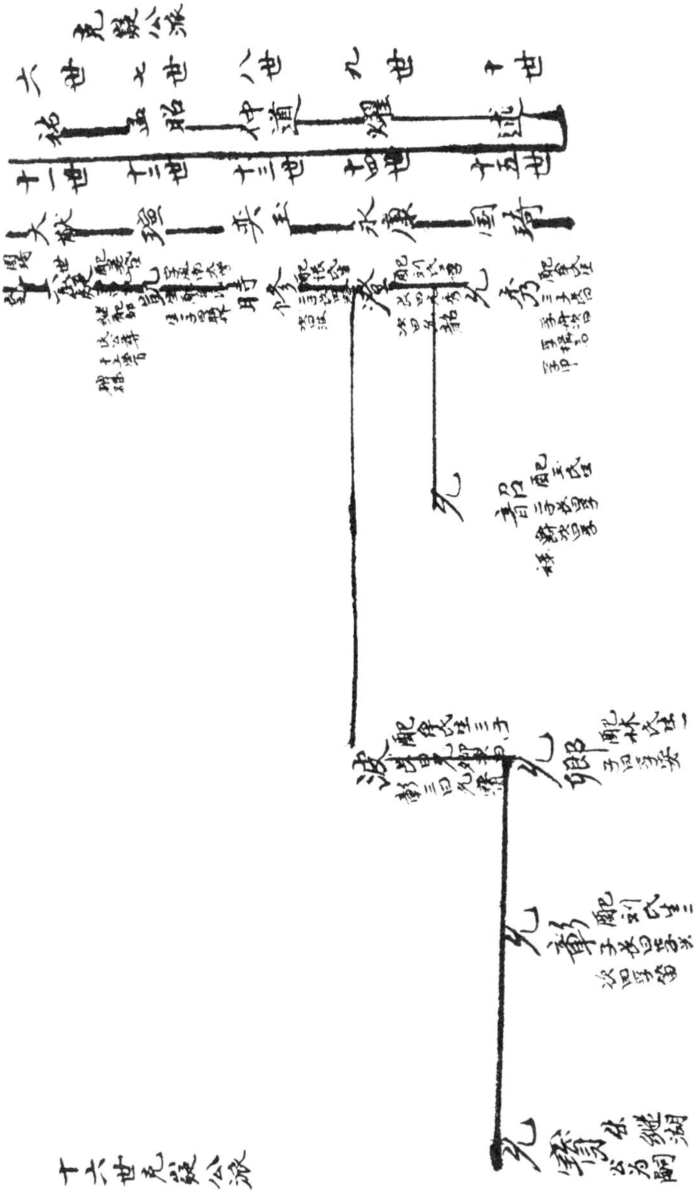

爲更加直觀、明瞭地展示其世系更替，使其眉目更加鮮明清晰，我們在整理過程中，將連綫改爲表格，其餘一仍其舊。錯誤之處已改正，詳見正文第二一三、二一四頁。表格如下所示：

六世	祐
七世	孟昭
八世	仲道
九世	燿
十世	述
十一世	大猷
十二世	瑄
十三世	奕玉
十四世	永慶
十五世	國琦

克嶷公派

十六世	**克嶷** 國琦長子。配姜氏，生一子，曰凱。繼配邵氏。公葬於上塋，有碑碣。
十七世	**凱** 字風南。太學生。配牟氏，生一子，曰時修。
十八世	**時修** 配張氏，生二子，長曰澄，次曰波。
十九世	**澄** 配劉氏，生二子，長曰允秀，次曰允韶。 **波** 配牟氏，生三子，長曰允卿，次曰允彰，三曰允賓。
二十世	**允秀** 配牟氏，生三子，長曰孚舟，次曰孚楫，三曰孚甲。 **允韶** 配王氏，生二子，長曰孚爵，次曰孚禄。 **允卿** 配林氏，生一子，曰孚安。 **允彰** 配劉氏，生二子，長曰孚興，次曰孚笛。 **允賓** 出繼湖公爲嗣。

十六世克嶷公派

關於萊陽宋琬一族的族譜，目前還未見有整理本正式出版面世。關於其家族及其家族文化的研究專著，目前僅見一部，即李江峰、韓品玉所著《明清萊陽宋氏家族文化研究》，中華書局二〇一三年版。全書兼論宋琬、宋玫所在的族支，兩個家族雖有頗多共同之處，但在具體問題上，作者常常分而論之。全書對明清時期的萊陽宋氏家族文化進行了全方位、整體性的研究，論及家族的形成與發展，家族的文學文化、教育、仕宦、社會活動及婚姻交際等方面。書後附録部分輯録了散見於其他文獻的萊陽宋氏作家的作品，對進一步深入研究其家族文化、文學，意義非凡。涉及萊陽宋琬家族研究的專著有王樹春的《家族文化補遺》[一四]和《明末清初膠東文化拾遺》[一五]兩部，其中後一部著作第六篇《清初詩人宋琬及家族文化》專論宋琬及其家族文化。學位論文方面，劉昕在其博士學位論文《明清時期萊陽士人群體研究》[一六]第四章《明清時期萊陽世家望族》（中）第二節《傳承文采的宋氏家族》第三部分「萊陽文登宋氏家族」中專門論述宋琬一族。《宗譜》中的宋氏世系奉遷至萊陽的興公爲始祖，二至五世依次爲宋黻之「高祖伯安、曾祖居仁、祖福全、父積」，然自宋信至宋興之間的世系則失考。劉昕「細考膠東各縣、各村宋氏一族及其家藏族譜，根據《長清縣宋家集宋氏族譜》、《萊陽宋家莊宋氏家譜》、《膠東宋氏聯宗譜書》、《寧邑史家疃宋氏家譜》、《民國萊陽宋氏族譜》、《明嘉靖年間宋氏譜書》、《大連莊河宋氏族譜》、《蓬萊縣志》、《文登縣志》、《乳山縣志》等史志譜牒文獻的記載」，對《宗譜》中失考的世系進行了增補考訂，「并將宋信之父系以上一并考出」[一七]，頗有價值和意義。此外，論文還對其家族在科第仕宦和文學方面的建樹進行了簡要論析。期刊論文方面，集中論述宋琬家族的僅有李迎芳《宋琬家族世系考》〔一八〕一文，結合《萊陽縣志》和墓表，對其家族世系從第一世宋積直至第七世宋思勱、宋思勃等進行了簡要的考述。此外，王小舒《社團領袖與詩界精英：明清之際山左萊陽宋氏家族論》〔一九〕一文，重點論述宋玫一族，僅在開篇兼論宋琬一族。

關於明清時期萊陽宋琬家族個體的研究，目前主要集中在宋琬方面。二十一世紀以前，關於宋琬的研究成果并不多，僅有數篇論文。二十一世紀以來，宋琬纔獲得了學界較多的關注，在作品文獻整理、年譜編纂、生平身世考述、交游關係考辨、文學作品、文學思想及其文學史意義等方面〔二〇〕，出現了數部專著、十餘篇碩士論文和數十篇期刊論文，對其研究已相當深入。專著方面除了兩部宋琬作品的整理本，即馬祖熙標校的《安雅堂全集》〔二一〕和辛鴻義、趙家斌點校的《宋琬全集》〔二二〕外，還有汪超宏的《宋琬年譜》〔二三〕。碩士論文除了對宋琬詩詞作品的研究，朱玲玲的《宋琬事迹徵略》〔二四〕考述宋琬生平事迹，李静的《宋琬詩學主張的嬗變及成因初探》〔二五〕探討宋琬文學思想，謝雯的《宋琬在清初詩壇的典型意義》〔二六〕論析宋琬的文學史意義，即爲其中較有代表者。期刊論文亦集中在生平、文學創作、文學思想等方面，其中戴健的《〈祭皋陶〉雜劇創作與傳播探析》〔二七〕，是近年所見唯一一篇專論宋琬《祭皋陶》雜劇的論文。對宋琬家族其他成員的專門研究，目前僅見李成晴《宋孟清生平及〈詩學體要類編〉探源》〔二八〕一文，其餘尚不多見。宋孟清『清修博學，網羅舊聞，訂疑義，多著述』〔二九〕，著作現存《詩學體要類編》，爲明清時期萊陽宋氏家族著述中唯一一部詩論，今有續修四庫全書本，對研究萊陽宋氏家族文化甚至明代詩學皆有重要意義，然目前并未引起足够重視。宋㦤、宋應亨、宋璜、宋珣、宋鳴和、宋鳴謙等人散見於方志、《桑梓之遺録文》[三〇]等文獻的詩文、書札，目前亦無專文論及。

朱秀敏

二〇一七年十月於懷化學院

【注】

〔一〕民國本《萊陽縣志》，即民國時期王丕煦、梁秉錕等修《萊陽縣志》，《中國方志叢書》本，臺灣成文出版社一九六八年影印一九三五年鉛印本。爲方便起見，下文簡稱『民國本《萊陽縣志》』。

〔二〕關於宋琬家族的原籍，民國本《萊陽縣志》卷三之二『禮俗・氏族・金元故家・宋氏』條云『其先寧海人』，與《宗譜》所記不合。李江峰、韓品玉論曰：『《萊陽縣志》「氏族」爲民國新增條目，之前纂修的《萊陽縣志》及康熙《續志》皆未列；而《宋氏宗譜》之記述則最遲在清嘉慶之前，故此即以《宋氏宗譜》爲準。』詳見李江峰、韓品玉：《明清萊陽宋氏家族文化研究》，中華書局二〇一三年版，第一四頁。

〔三〕王熙《通議大夫四川按察使司按察使荔裳宋公墓志銘》云：『公山東萊陽人也，諱琬……萊陽明初無登進士者，自公高祖浙江副使諱黻者始，事具縣志。』言宋黻是明代萊陽的第一位進士，當誤。李江峰、韓品玉考曰：『按萊陽明代初年没有進士，明英宗天順年間始有進士，但并非從黻始。查《光緒山東通志》，天順元年丁丑科黎淳榜，萊陽有于懋名列其中；天順四年庚辰科王一夔榜，萊陽宋黻名列其中。』詳見李江峰、韓品玉：《明清萊陽宋氏家族文化研究》，第一六—一七頁。

〔四〕［清］張廷玉等撰：《明史》卷七〇志四六《選舉二》，中華書局一九七四年版，第一六九六頁。

〔五〕本書所依《康熙萊陽縣志》爲《中國地方志集成》本，清代萬邦維、衛元爵等修，鳳凰出版社二〇〇四年影印清康熙十七年刻本，下文直稱『《康熙萊陽縣志》』。

〔六〕《康熙萊陽縣志》卷之八『人物·世賢』條《宋四公傳》之《宋應亨傳》。

〔七〕《光緒增修登州府志》卷三九『進士·萊陽縣·國朝·順治』條《宋琬》。

〔八〕《乾隆山東通志》卷一七六，上海古籍出版社一九九一年版。

〔九〕［清］宋琬著，辛鴻義、趙家斌點校：《宋琬全集》，齊魯書社二〇〇三年版，第九三頁。

〔一〇〕李江峰、韓品玉：《明清萊陽宋氏家族文化研究》，第四三頁。

〔一一〕本書所依《光緒增修登州府志》，爲《中國地方志集成》本，清代方汝翼、賈瑚等修，鳳凰出版社二〇〇四年影印清光緒七年刻本，下文直稱『《光緒增修登州府志》』。

〔一二〕從小序可以看出，宋紹乙於咸豐二年（一八五二）對其所在支系進行了增補修訂，然《宗譜》中并未載録宋紹乙，不知何故，待考。

〔一三〕李江峰、韓品玉：《明清萊陽宋氏家族文化研究》，第五頁。

〔一四〕王樹春：《家族文化補遺》，中國社會科學出版社二〇〇七年版。

〔一五〕王樹春：《明末清初膠東文化拾遺》，東方出版社二〇一〇年版。

〔一六〕劉昕：《明清時期萊陽士人群體研究》，山東師範大學二〇一六年博士學位論文。

〔一七〕劉昕：《明清時期萊陽士人群體研究》，第一八三頁。

〔一八〕李迎芳：《宋琬家族世系考》，《烟臺師範學院學報（哲學社會科學版）》二〇〇四年第二期。

〔一九〕王小舒：《社團領袖與詩界精英：明清之際山左萊陽宋氏家族論》，《蘇州大學學報（哲學社會科學版）》二〇一三年第四期。

〔二〇〕關於目前對宋琬的研究成果，可參看徐華《三百餘年來宋琬研究綜述》［《河北理工大學學報（社會科學版）》二〇〇五年第三期］、倪文會《21世紀以來宋琬研究綜述》（《邯鄲職業技術學院學報》二〇一七年第二期）二文。

〔二一〕［清］宋琬著，馬祖熙標校：《安雅堂全集》，上海古籍出版社二〇〇七年版。

〔二二〕［清］宋琬著，辛鴻義、趙家斌點校：《宋琬全集》，齊魯書社二〇〇三年版。

〔二三〕汪超宏：《宋琬年譜》，人民文學出版社二〇一〇年版。

〔二四〕朱玲玲：《宋琬事迹徵略》，廣西師範大學二〇〇六年碩士學位論文。

〔二五〕李静：《宋琬詩學主張的嬗變及成因初探》，南京師範大學二〇〇八年碩士學位論文。

〔二六〕謝雯：《宋琬在清初詩壇的典型意義》，湘潭大學二〇一四年碩士學位論文。

〔二七〕戴健：《〈祭皋陶〉雜劇創作與傳播探析》，《揚州大學學報（人文社會科學版）》二〇一七年第四期。

〔二八〕李成晴：《宋孟清生平及〈詩學體要類編〉探源》，《魯東大學學報（哲學社會科學版）》二〇一六年第二期。

〔二九〕民國本《萊陽縣志》卷三之一中『人物·鄉宦』條。

〔三〇〕［清］陳介錫輯：《桑梓之遺録文》，《山東文獻集成》第一輯，第40册，山東大學出版社二〇〇六年版。

目録

總序……一
凡例……一
前言……一
卷首……一
聖祖仁皇帝御筆恩賜詩……一
敕命……三
縣志……四
鄉賢祠……四
進士……五

舉人……七
貢士……九
貤封命婦附……一三
封誥……一四
恩蔭……一五
孝義……一五
紀亡（癸未）……一六
廟……一六
記……一八
例言……二四
重修譜系後叙……二八
卷一　始祖興公派……二九
卷二　大四分之長分……三二
𡼍公派……三二
聚貴仁貴公派……三四

玉公派……三六
瑶公派……三七
卷三　大四分之二分……三九
叙……三九
祐公派……四一
一、中四分之長分……四三
大典公派……四三
賡公派……四六
扶德公派……四九
文鑰公派……五〇
文德公派……五一
文銃公派……五五
文鋒公派……五六
文銓公派……五八
文鑲公派……五九

彥公派……六一
度公派……七二
之鏡公派……七五
之釗公派……七六
之鍊公派……七八
之鈿公派……七九
庭公派……八一
庥公派……八三
庥公派……八六
廣公派……八八
大典公之支分……九一
二、中四分之二分……九八
大猷公派……九八
國璽公派……一〇三
國經公派……一〇五

國綸公派……一〇六
國昌公派……一〇七
國良公派……一〇八
克輝公派……一〇九
克崇公派……一一一
克嶷公派……一一三
克賢公派……一一六
克光公派……一一九
克歧公派……一二二
克明公派……一二三
克勤公克儉公派……一二四
克顯公派……一二六
克恢公派……一二八
克義公派……一三一
克宏公派……一三四

克仁公派……一三六
克明公派……一三七
克振公派……一三九
克英公派……一四一
克榮公派……一四二
克亮公派……一四四
克真公派……一四七
三、中四分之三分……一五〇
大訓公派……一五〇
克長克成公派……一五三
克鋭公派……一五五
克舉公派……一五七
克業公派……一五九
克信公派……一六二
克俊克玉克塱公派……一六四

四、中四分之四分 …… 一六七

應亨公派 …… 一六七
鳴歧公派 …… 一七九
鳴岳公派 …… 一八一
鳴崑公派 …… 一八三
鳴華公派 …… 一八四
鳴嵩公派 …… 一八六
鳴岱公派 …… 一八九
鳴鳳公派 …… 一九一
賜榮公派 …… 一九三
喜漢公派 …… 一九四
忻怡悦公派 …… 一九六
鳴均公派 …… 一九七
鳴鐸公派 …… 一九九
鳴桐公派 …… 二〇〇

鳴鸞公派……二〇二
鳴盛公派……二〇四
鳴雲公派……二〇七
鳴禎公派……二一〇
鳴通公派……二一三
鳴祥公派……二一六
鳴崗公派……二一七
鳴霄公派……二二〇
鳴泰公派……二二四
鳴和公派……二二七
鳴謙公派……二三一
鳴豫公派……二三四
書銘公派……二三七
書鈞公派……二四〇
書錦公派……二四二

書翰公派……二四五
書勛公派……二五一
書獻公派……二五三
書奎公派……二五五
書鑑公派……二五八
書升公派……二六一
書壇公派……二六二
克存公派……二六五
延慶公派……二六八
敦叙公派……二六九
延第公派……二七〇
克儀公派……二七二
克昌公派……二七三
克新公派……二七四
克禮公派……二七五

克住公派……二七八

卷四　大四分之三分……二八〇

寬公派……二八〇
永壽永吉永和公派……二八三
永富公派……二八六
永來公派……二八九
瑞公派……二九二
永賓公派……二九五

卷五　大四分之四分……二九九

德公派……二九九
茂公派……三〇〇
克興公派……三〇五
克復公派……三〇七
克全公派……三〇九
克忠公派……三一一

克成公派……三一四
克寧公派……三一五
克田公派……三一六
克盛公派……三一七
克己公派……三一八
克泗公派……三一九
克有公派……三二〇

附　録

一、人物傳記……三三三
二、著作提要……四二〇
三、作品節選……五〇二
參考文獻……五四一

卷首

聖祖仁皇帝御筆恩賜詩〔一〕

渚華初出水，堤樹亦成行〔二〕。吟罷天津句，薰風拂面凉。

【校注】

〔一〕御筆恩賜詩：此爲清康熙皇帝御賜宋琬的《御筆恩賜詩》。此詩即南宋著名理學家、詩人朱熹的《奉同張敬夫城南二十咏》之《柳堤》詩。張敬夫即張栻，又名樂齋，字敬夫，號南軒。張栻曾隨父寓居湖南長沙，撮其城南二十景一一名之，并作《城南雜咏二十首》及實景圖，寄與朱熹。《奉同張敬夫城南二十咏》即朱熹的唱和之作。詩歌通過對景物的描寫，表達了對古人高潔志向的仰慕，語言清新曉暢，意境空靈蕭散。清孫承澤《庚子銷夏記》卷一《朱元晦城南二十咏墨迹》評曰：『朱夫子和敬夫先生《城南二十咏》，字法俊逸，大有晋人風致，而詩之清遠，亦非宋人所能及。』

〔二〕樹：同『樹』。

敕命

奉天承運皇帝敕曰：朕惟人子皆欲顯其親，故群臣任職者，必有推恩之命，所以體其心而勸孝也。爾宋積乃陝西道監察御史黻之父〔一〕，克成其子，用承厥官，宜錫寵榮，以示褒顯。茲特封爲文林郎、陝西道監察御史。爾其祗承，母忝嘉命〔二〕。

敕曰：朕惟群臣之才者，固本於父訓，亦必資母德焉。存有褒榮，没有贈恤，此國家之令典也。爾王氏〔三〕，乃陝西道監察御史宋黼之母，克敦母道，訓成厥子，胡不永年？而乃早没，溯惟所自，宜有寵褒。茲特贈爲孺人，服此隆恩，永賁幽壤。

成化五年十二月二十一日

【校注】

〔一〕宋積：宋氏家族遷入萊陽以後的五世祖。見始祖興公派五世世系。黻：指宋黻，宋積長子，宋琬高祖。見大四分之長分黻公派六世世系。

〔二〕祗：當爲『祇』，恭敬之意。母：當爲『毋』。

〔三〕王氏：指宋黼之母。

縣志

鄉賢祠

明

宋瓛[一] 浙江按察司副使。

宋述[二] 贈直隸大名府清豐縣知縣。

國朝

宋應亨[三] 清豐縣知縣，誥贈浙江寧紹臺參政。

宋琬[四] 四川按察司按察使。

【校注】

〔一〕宋瓛：《康熙萊陽縣志》卷之四『學校·鄉賢祠·明』條：『宋瓛，浙江按察司副使。』《光緒增修登州府志》卷三九『進士·萊陽縣·明·天順』條：『宋瓛……遷浙江按察使副使。用刑平允。祀鄉賢祠。』

〔二〕宋述：宋燿長子，宋琬之祖。《康熙萊陽縣志》卷之四『學校·鄉賢祠·明』條：『宋述，贈直隸大名府清豐縣知縣。』生平見大四分之二分祐公派十世世系。

〔三〕宋應亨：宋述四子，宋琬之父。《康熙萊陽縣志》卷之四『學校·鄉賢祠·國朝』條：『宋應亨，清豐知縣，誥贈浙江寧紹道參政。』生平見中四分之四分應亨公派十一世世系。

〔四〕宋琬：宋應亨三子。《康熙萊陽縣志》卷之四『學校·鄉賢祠·國朝』條：『宋琬，四川按察使司按察使。』生平見中四分之四分應亨公派十二世世系。

進士

明

宋巘　天順庚辰科〔一〕，授監察御史，歷浙江副使。

宋應亨　天啓乙丑科〔二〕，授清豐縣知縣，歷吏部郎中。

宋璜　崇禎庚辰科〔三〕，授杭州推官，順治間歷兵部職方司員外。

國朝

宋琬　順治丁亥科〔四〕，授户部，歷四川按察使。

【校注】

〔一〕天順庚辰：指明天順四年（一四六〇）。『庚辰』，原作『庚申』，當訛，天順無此干支，據《康熙萊陽縣志》和《光緒增修登州府志》改。《康熙萊陽縣志》卷之六『貢舉·進士·明·天順』條：『宋瓛，庚辰科，授監察御史，歷浙江副使。』《光緒增修登州府志》卷三九『進士·萊陽縣·明·天順』條：『宋瓛，庚午舉人，庚辰（進士）。授户部主事，擢御史……遷浙江按察使副使。』

〔二〕天啓乙丑：指明天啓五年（一六二五）。《康熙萊陽縣志》卷之六『貢舉·進士·明·天啓』條：『宋應亨，乙丑科，授清豐知縣，歷吏部郎中。』《光緒增修登州府志》卷三九『進士·萊陽縣·明·天啓』條：『宋應亨，述子，萬曆乙卯舉人，乙丑（進士）。授清豐知縣……擢禮部主事、吏部員外郎……轉郎中。』

〔三〕宋璜：宋應亨次子，生平見中四分之四分應亨公派十二世世系。崇禎：原作『萬曆』，當訛，據《康熙萊陽縣志》、民國本《萊陽縣志》和《光緒增修登州府志》改。庚辰：指崇禎十三年（一六四〇）。《康熙萊陽縣志》卷之六『貢舉·進士·明·崇禎』條：『宋璜，庚辰科，授杭州推官，順治間歷兵部職方司員外郎。』民國本《萊陽縣志》卷三之一上『人物·科第·進士·明·崇禎』條：『宋璜，應亨次子，丙子舉人，庚辰（進士）。』《光緒增修登州府志》卷三九『進士·萊陽縣·明·崇禎』條：『宋璜，應亨子，（明崇禎）丙子舉人，庚辰（進士）。授杭州推官。……國初調順天推官。』

〔四〕順治丁亥：指清順治四年（一六四七）。民國本《萊陽縣志》卷三之一上『人物·科第·進士·清·順治』條：『宋琬，應亨三子，丙戌順天舉人，丁亥（進士）。』《光緒增修登州府志》卷三九『進士·萊陽縣·國朝·順治』條：『宋琬，應亨子，明崇禎乙亥選貢，丙戌舉人，丁亥（進士）。授户部主事。……調吏部，外補隴西道僉事。……遷永平道副使、寧紹臺道參政、浙江按察使，皆有治。……補四川按察使。……祀鄉賢祠。』

舉人〔一〕

明

宋㦧　景泰庚午科〔二〕，詳進士。

宋應亨　萬曆乙卯科〔三〕，詳進士。

宋璜　應亨子，崇禎丙子科〔四〕，詳進士。

國朝

宋琬 順治丙戌京舉七名〔五〕，詳進士。

【校注】

〔一〕舉人：萊陽宋氏見於縣志的舉人除了宗譜中的四人，據民國本《萊陽縣志》和《光緒增修登州府志》，還有宋恬、宋縉二人。宋恬，清雍正乙卯（十三年，一七三五）舉人，據民國本《萊陽縣志》卷三之一上『人物·科第·舉人·清·雍正』條：『宋恬，林格莊餘濬子，乙卯（舉人）。』又卷三之一中『人物·鄉宦·清·乾隆』條：『宋恬，舉人，壬戌明通榜，授樂安縣教諭。』《光緒增修登州府志》卷四〇『舉人·萊陽縣·國朝·雍正』條：『宋恬，甲寅拔貢，乙卯（舉人），乾隆壬戌明通榜，樂安教諭。』宋恬生平可參見中四分之四分應亨公派十五世世系。宋縉，清乾隆乙卯（六十年，一七九五）舉人，據民國本《萊陽縣志》卷三之一上『人物·科第·舉人·清·乾隆』條：『宋縉，陽關，乙卯（舉人），順天（府）。』又卷三之一中『人物·鄉宦·清·乾隆』條：『宋縉，舉人，歷任蒙陰縣訓導，金鄉縣教諭。』《光緒增修登州府志》卷四〇『舉人·萊陽縣·國朝·乾隆』條：『宋縉，壬子優貢，乙卯（舉人），蒙陰訓導，金鄉教諭。』宋縉生平可參見中四分之四分鳴謙公派十七世世系。

〔二〕庚午：指明景泰元年（一四五〇）。

〔三〕乙卯：指明萬曆四十三年（一六一五）。

〔四〕丙子：指明崇禎九年（一六三六）。

〔五〕丙戌：原作『丙午』，順治無此干支，當訛，據《康熙萊陽縣志》、民國本《萊陽縣志》和《光緒增修登州府志》改。丙戌：指清順治三年（一六四六）。

貢士〔一〕

明

宋孟清　嶶子，弘治庚申貢，授漢中府訓導，升宜川縣教諭〔二〕。

宋琬　應亨子，崇禎乙亥拔貢〔三〕，詳舉人。

國朝

宋思陟　璜子，貢，授平陰教諭〔四〕。

宋思䚡　琬子，貢〔五〕。

宋思勱　琬子，貢監〔六〕。

【校注】

〔一〕貢士：萊陽宋氏見於縣志的貢士除了宗譜中的五人，據《康熙萊陽縣志》、民國本《萊陽縣志》和《光緒增修登州府志》，還有明代宋璠、宋德二人，清代宋思勃、宋思貽、宋鳴謙、宋書銘、宋縉、宋壆六人。宋璠，明崇禎例貢，據民國本《萊陽縣志》卷三之一中『人物・鄉宦・明・天啓』條：『宋璠，應亨長子，例貢，光禄寺署丞。』宋璠生平可參見中四分之四分應亨公派十二世世系。宋德，明成化壬寅（十八年，一四八二）歲貢，據《康熙萊陽縣志》卷之六『貢舉・貢士・明・成化』條：『宋德，壬寅貢，授絳縣縣丞。』民國本《萊陽縣志》卷三之一上『人物・科第・貢生・明・成化』條：『宋德，積四子，壬寅（誤作申）歲（貢）。』又卷三之一中『人物・鄉宦・明・成化』條：『宋德，歲貢，山西絳縣丞。』《光緒增修登州府志》卷四一『貢生・萊陽縣・明・成化・歲貢』條：『宋德，授絳縣縣丞。』宋德生平可參見大四分之四分德公派六世世系。宋思勃，清康熙例貢，據《康熙萊陽縣志》卷之六『貢舉・例貢・國朝・康熙』條：『宋思勃，璠子，貢監，考授州同知。』宋思勃生平可參見中四分之四分應亨公派十三世世系。宋思貽，清康熙例貢，據《康熙萊陽縣志》卷之六『貢舉・例貢・國朝・康熙』條：『宋思貽，丁未入監。』宋思貽生平可參見中四分之四分應亨公派十三世世系。宋鳴謙，清乾隆乙酉（三十年，一七六五）拔貢，據《光緒增修登州府志》卷四一『貢生・萊陽縣・國朝・乾隆』條：『宋鳴謙，乙酉（拔貢），長清教諭。』民國本《萊陽縣志》卷三之一上『人物・科第・貢生・清・乾隆』條：『宋鳴謙，恬四子，乙酉拔（貢）。』宋鳴謙生平可參見中四分之四分鳴謙公派十六世世系。宋書銘，清乾隆間歲貢，《光緒增修登州府志》卷四一『貢生・萊陽縣・國朝・乾隆』之歲貢條有『宋書銘』，民國本《萊陽縣志》卷三之一上『人物・科第・貢生・清・乾隆』條：『宋書銘，崔疃，歲（貢）。』宋書銘生平可參見中四分之四分書銘公派十六世世系。宋縉，清乾隆壬子（五十七年，一七九二）優貢，據《光緒增修登州府志》卷四〇『舉人・萊陽縣・國朝・乾隆』條：『宋縉，壬子優貢。』宋塈，清光緒戊寅（四年，一八七八）貢生，民國本《萊陽縣志》卷三之一上『人物・科第・貢生・清・光緒』條有『宋塈』，宗譜中四分之長分彥公派十九世世系表中亦言『光緒戊寅歲貢生』。宋塈生平可參見中四分之長分彥公派十九世世系。

〔二〕宋孟清：宋黻子。生平見大四分之長分黻公派六世世系。庚申：指明弘治十三年（一五〇〇）。《康熙萊陽縣志》卷之六『貢舉・貢士・明・弘治』條：『宋孟清，黻子，庚申貢，授漢中府訓導，升宜川教諭。』民國本《萊陽縣志》卷三之一上『人物・科第・貢生・明・弘治』條：『宋孟清，黻子，庚申歲（貢）。』《光緒增修登州府志》卷四一『貢生・萊陽縣・明・

弘治・歲貢」條：「宋孟清，璥子，漢中訓導、宜川教諭。」

〔三〕乙亥：指明崇禎八年（一六三五）。

〔四〕宋思陟：宋璜子，清康熙間歲貢，生平見中四分之四分應亨公派十三世世系。《康熙萊陽縣志》卷之六「貢舉・貢士・國朝・康熙」條：「宋思陟，璜子，貢，授平陰教諭。」民國本《萊陽縣志》卷三之一上「人物・科第・貢生・清・康熙」條：「宋思陟，璜子，歲（貢）。」又卷三之一中「人物・鄉宦・清・康熙」條：「宋思陟，歲貢，平陰縣教諭，升山西高平縣知縣，居官廉介，愛民如子。」《光緒增修登州府志》卷四一「貢生・萊陽縣・國朝・康熙」條：「宋思陟，璜子，平陰教諭，高平知縣，居官廉介，愛民如子。」

〔五〕宋思緦：宋琬三子，清康熙辛未（三十年，一六九一）歲貢，生平見中四分之四分應亨公派十三世世系。《康熙萊陽縣志》卷之六「貢舉・貢士・國朝・康熙」條：「宋思緦，琬子，貢。」民國本《萊陽縣志》卷三之一上「人物・科第・貢生・清・康熙」條：「宋思緦，琬三子，歲（貢）。」《光緒增修登州府志》卷四一「貢生・萊陽縣・國朝・康熙」條：「宋思緦，琬子。」

〔六〕宋思勷：宋琬長子，清康熙間例貢，生平見中四分之四分應亨公派十三世世系。《康熙萊陽縣志》卷之六「貢舉・例貢・國朝・康熙」條：「宋思勷，琬子，貢監。」

貤封命婦附

明

宋積〔一〕 瓛父，封文林郎、陝西道御史，母王氏贈孺人。

宋述〔二〕 應亨父，贈文林郎、清豐縣知縣。

國朝

宋述〔三〕 琬祖，贈中大夫、浙江參政，祖母李氏贈淑人。

宋應亨〔四〕 贈太僕寺少卿，以子琬貴，贈中大夫、分守寧紹臺道、浙江參政，母郝氏、孫氏俱贈淑人。

宋恬 例贈文林郎，以子鳴謙贈修職郎、長清縣教諭，母李氏貤封太孺人。

【校注】

〔一〕宋積：《康熙萊陽縣志》卷之六『貢舉·貤封·明』條：『宋積，瓛父，封文林郎、陝西道御史，母王氏贈孺人。』

〔二〕宋述：《康熙萊陽縣志》卷之六『貢舉·貤封·明』條：『宋述，應亨父，贈文林郎、清豐知縣。』

〔三〕宋述：《康熙萊陽縣志》卷之六『貢舉·貤封·國朝』條：『宋述，琬祖，贈中大夫、浙江參政，祖母李氏贈淑人。』

〔四〕宋應亨：《康熙萊陽縣志》卷之六『貢舉·貤封·國朝』條：『宋應亨，贈太僕寺少卿，以子琬貴，贈中大夫、分守寧紹臺道、浙江參政，母郝氏、孫氏俱贈淑人。』

封誥

明

宋瀓〔一〕封文林郎、陝西道御史，妻趙氏封孺人。

國朝

宋琬〔二〕封中大夫、浙江布政司、寧紹臺參政，妻王氏封淑人。

【校注】

〔一〕宋瀓：《康熙萊陽縣志》卷之六『貢舉·封誥·明』條：『宋瀓，封文林郎、陝西道御史，妻趙氏封孺人。』

〔二〕宋琬：《康熙萊陽縣志》卷之六『貢舉·封誥·國朝』條：『宋琬，封中大夫、浙江布政司、寧紹道參政，妻王氏封淑人。』

恩廕

國朝

宋餘滋〔一〕　以祖琬廕入監。

【校注】

〔一〕宋餘滋：宋琬侄孫，宋珣孫，宋思貽長子，生平見中四分之四分應亨公派十四世世系。《康熙萊陽縣志》卷之六『貢舉·恩廕·國朝』條：『宋餘滋，以祖琬廕入監。』

孝義

宋積〔一〕

【校注】

〔一〕宋積：《康熙萊陽縣志》卷之八『人物·孝義·明』條：『宋積，純篤好善，歲饑，煮粥全活甚衆，療病瘞死，罄廩不吝。以子黻貴，贈御史，壽九十四亡。』

紀亡（癸未）〔一〕

宋應亨〔二〕

【校注】

〔一〕癸未：指明崇禎十六年（一六四三）。

〔二〕宋應亨：《康熙萊陽縣志》卷之九『外紀・紀亡』條：『紀亡癸未……宋應亨……（以上俱紳）』民國本《萊陽縣志》卷三之一中『人物・忠節』條：『宋應亨，吏部郎中，乾隆間賜謚節愍……以上崇禎十六年殉。』

廟

景行祠〔一〕　東門外迤北。明成化十八年，登州府知府張鼐建〔二〕，邑祀進士、浙江按察司副使宋黻。

【校注】

〔一〕景行祠：《康熙萊陽縣志》卷之七『典禮・壇廟』條：『景行祠，東門外迤北。明成化十八年，登州府知府張鼐創建，祀邑進士、浙江按察司副使宋黻。』民國本《萊陽縣志》卷一之二

『建置·壇廟』條：『景行祠，在東門外迤北。明成化十八年，登州府知府張鼐爲邑進士、浙江按察副使宋瀫建，久廢。』

〔二〕張鼐：據《光緒增修登州府志》卷二五『文秩一·知府·明成化』條：『張鼐，山東歷城進士。』

記

始祖諱信，原籍江西吉安府吉水縣人〔一〕，爲大元承相〔二〕。至正間因失事〔三〕，謫東海般陽路總管〔四〕。後因卜居，擇文登之善地爲居，遂名宋村，又起集名《宋村集》。同二世俱葬於宋村，至今有宰相塋遺址，子孫官仕不絶。後因兵荒，有就食於寧海州入籍者，今州南一百六十里海邊，有桃花社，全是宋氏一姓，嘉靖二十四年間有諱達、諱紀、諱文學者在焉，餘不及録。又有就萊陽入籍者，後有進士爲副使，至今衣冠綿綿。又有就蓬萊入籍者，爲二世、三世、四世、五世、六世祖，葬於登州府城西南三里橋馬家泊，爲祖塋。

夫群峰布列，必拱其龍脉迢遥，萬壑分流，總由於源頭活潑，此理之自然也。我宋氏經前明兵燹後，世譜遺失無歸，顛沛屢遭，重遷者多離故土，間閻依舊，遠適者徒正首丘，雖欲考之，何可考也？余自辛酉浪游南北〔五〕，壬戌五月五日〔六〕，舟泊潯江，因假道謁家研齋先生於蕪湖關部署〔七〕。相叩家世，始悉伊自蘭山〔八〕，遷至長洲，後抵中州，從事盧氏軍次〔九〕。聞竹艇家兄云〔一〇〕，吾家三處實屬同宗，均由河南固始分徙者〔一一〕。每商察記一崖略，了吾二人夙願，奈公務倥偬，竟無片刻暇。及邊防凱撤，稍有餘閑〔一二〕，而風笛含凄，又各南轅北轍矣。去夏往都依家三叔〔一三〕，順出臨淄，得晤家兩廣文先生〔一四〕。伊又云前聞家蒙泉先生言〔一五〕，吾宋氏原自山西洪洞縣芝麻嶺，遭北宋之亂，流散而東〔一六〕，若直隸、江蘇、江西、山東、河南，俱係一宗，始分支族譜，原在家小坡手内〔一七〕。以遠隔山河，未獲目睹，惜其已登鬼録。現今此譜不知何歸，囑余到都問家小嵐先生〔一八〕與藴亭家兄〔一九〕，構爲鈔寄。及余往問，皆云家小坡先生告終養時，此譜早已携歸。俟再寄札到家查問，此時宋繼煊適在座〔二〇〕，因問我萊陽本支共有幾分，余芒然不能對，心竊耻焉。客臘念三日回里，禀問家大人并閲縣志〔二一〕，始得本支源委，已舌耕於邑東龍灣莊〔二二〕，距吾祖塋數武。雖世遠年湮，不難深水源木本之求〔二三〕。謹擬前明敕封文林郎、監察御史、浙江按察司副使、至善公諱積名下，共有幾支，分爲幾分〔二四〕，某分幾人，某人何名，供職何方，或株守何處，或曾翱翔皇路，或終宴樂林泉，或入泮登科，或力田服賈，一一注明成册，以備日後修譜考察略次，是爲記。

前明敕封文林郎、監察御史、浙江按察司副使、至善宋公十四世孫望僊謹記於龍灣莊書舍之南軒下〔二五〕，時嘉慶十四年四月十一日也。

【校注】

〔一〕原籍江西吉安府吉水縣人：關於萊陽宋氏家族的郡望，民國本《萊陽縣志》卷三之二『禮俗·氏族·金元故家·宋氏』條云『其先寧海人』，與本宗譜所記不合。據李江峰、韓品玉《明清萊陽宋氏家族文化研究》考證，當以《宋氏宗譜》爲準。詳見李江峰、韓品玉《明清萊陽宋氏家族文化研究》，第一四頁。

〔二〕爲大元承相：李江峰、韓品玉據《文登縣志》卷一〇下中的記載考證，宋信有可能爲元般陽路總管而非『承相』。詳見李江峰、韓品玉《明清萊陽宋氏家族文化研究》，第一五頁。

〔三〕至正：《道光重修蓬萊縣志》卷九『人物·寓賢·元·宋貴誠』條載：『宋貴誠……祖信，爲至元間宰相，以罪貶文登。』關於宋信在至正間還是至元間任總管，《宋氏宗譜》和其他記載互有出入，據李江峰、韓品玉《明清萊陽宋氏家族文化研究》推測，宋信應在元世祖至元年間（一二六四—一二九四）任總管，詳見李江峰、韓品玉《明清萊陽宋氏家族文化研究》，第一五頁。

〔四〕東海般陽路：原文後有注『今之萊州』。總管：原文後有注『今之總制』。

〔五〕辛酉：指清嘉慶六年（一八〇一）。

〔六〕壬戌：指清嘉慶七年（一八〇二）。『戌』原作『戍』，當誤。

〔七〕研齋先生：原文後有注『名鎔，江蘇長州人，時任蕪湖關道』。『長州』後文作『長洲』，當是。

〔八〕蘭山：今臨沂市蘭陵縣。

〔九〕盧氏：指盧氏縣，爲今河南省三門峽市下轄縣。

〔一〇〕竹艇家兄：原文後有注『名開勳，蘭山人，特署盧氏縣篆』。竹艇，原作『珠亭』，當誤，據《民國臨沂縣志》卷一〇改。宋開勳，字藴斿，別號竹艇。嘉慶辛酉（嘉慶六年，一八〇一）拔貢，官河南縣令，任盧氏、郾城，均有政績。

〔一一〕徙：原作『徒』，當誤，據上下文改。

〔一二〕及邊防凱撤，稍有餘閑：原文斷句爲『及邊防凱，撤稍有餘閑』，當誤。

〔一三〕家三叔：原文後有注『幕食文安縣署』。

〔一四〕兩廣文先生：原文後有注『一嘉祥教諭，名繩先；一臨清州學正，名健，俱膠州人』。宋繩先，原名繩祖，字步武，號松澗，膠州人。乾隆五十九年（一七九四）舉人，曾官嘉祥教諭。著有《松澗詩稿》等。宋健，生平不詳。

〔一五〕蒙泉先生：原文後有注『名弼，直隸德州人，原任甘肅提刑按察使司，曾爲濼源書院山長』。

〔一六〕此句原文斷句爲『吾宋氏原自山西洪洞縣，芝麻嶺，遭北宋之亂流散而東』，當誤。

〔一七〕小坡手内：原文後有注『名澍，蘭山人，原任監察御史刑科掌印給事中』。宋澍（一七五一—一八〇七），字沛青，號小坡，今臨沂市蘭陵縣人。清乾隆四十六年（一七八一）辛丑科進士，由翰林院庶吉士改任吏部主事，遷吏部郎中，後改任江南道、京畿道監察御史，刑科給事中。

乾隆六十年（一七九五），充任湖南鄉試正考官。嘉慶三年（一七九八）視學陝、甘，其間，曾向嘉慶帝提出過鎮壓川陝白蓮教起義的建議，受到嘉慶帝賞識。後以終養老人告歸，事親以孝聞。著有《易圖滙纂》《石經堂文稿》，藏於家。其子孫多仕宦。《民國臨沂縣志》卷一〇有傳。

〔一八〕小嵐先生：原文後有注『名潢，蘭山人，澍弟，現任户部主事』。宋潢（一七六一—一八二六），字星溪，號小嵐，今臨沂市蘭陵縣人。宋澍之族弟。幼時家貧，得人資助，方入館讀書。清嘉慶四年（一七九九）己未科進士。曾官欽點庶常政户部主事，安徽潁州、廬州知府，蘇松糧道署等。卒時贈中憲大夫。工詩文，尤善書法。著有《明恕堂詩稿》等。《民國臨沂縣志》卷一〇有傳。

〔一九〕蘊亭家兄：原文後有注『名獻章，潢侄，現任光禄寺署正』。獻章，原作『憲章』；署正，原作『校正』。皆當誤，據《民國臨沂縣志》卷一〇改。宋獻章（一七七七？—一八三五？），字蘊亭，今臨沂市蘭陵縣人。由諸生援例爲光禄寺署正，歷任江寧同知、揚州知府。

〔二〇〕宋繼煊適在座：原文後有注『正黄旗漢軍，現任内閣筆帖式』。宋繼煊，生平不詳。

〔二一〕家大人：即宋望僊之父宋維，生平見中四分之四分鳴霄公派十七世世系。

〔二二〕龍灣莊：民國本《萊陽縣志》卷三之二『禮俗・氏族・金元故家・宋氏』條云：『明進士

巘之族，其先寧海人，於元時徙居二區溪聚村析龍灣莊及一區陽關、六區崔疃等村，清初有進士琬。而二區趙格莊、三區淳于、六區西中荆之宋，又别爲族。』龍灣莊，現屬萊西市。

〔二三〕木本：原作『本本』，當誤。

〔二四〕共有幾支，分爲幾分：此句原文斷句爲『共有幾支分，爲幾分』，當誤。

〔二五〕望僊：宋望僊生平見中四分之四分鳴霄公派十八世世系。

例言

一、吾宋氏科名，始自副使公〔一〕，由我封御史公以下，疊賜恩榮。兹僅録誥命一軸，係前明封御史公者，餘未暇考載。

一、吾家日迫艱難，屢遭顛沛，箕裘幾致莫綿，幸尚未失耕讀。謹將吾列祖諸公科分，并崇祀鄉賢之名，一一摘自縣志，冠之卷首。

一、自始祖至十七世，先後名諱俱遵原譜載記。十八九世，據各處開來的係原譜當日有未及登者均補入。

一、吾族丁繁，分徙無常，記自元至今，已歷十有九世。今欲自始盡寫到底，恐冗長難以爽目。故吾世分載一圖，後圖之首，再録前圖之末諸公名諱，并注明此派係某公之派，某公係某公所出，如此各分昭穆，庶得瞭然。

一、少亡者、缺嗣已故者、失系無考者，俱不登。恐日後或有不肖之徒，視先人墳墓爲奇貨可居，奸頑之輩頂支混入吾祖塋，杜此弊竇。

一、各分現在缺嗣未議立繼者，亦不登，俟立繼妥再補入〔二〕。

一、各分現今凡有義子，俱遵律删去，省得混亂吾族。

一、十八九兩世之人，多有未逾十二者，此難以成丁論。凡各分有未過十二者，一概不入。

一、自封御史公下，始分爲四大分；暨我八世祖節愍公〔三〕，又分爲四中分；至我本分七世祖職方公〔四〕，又分爲四小分：共十二分。嗣後則分徙無時，分數不勝指計。凡各分先後名諱官銜，俱係各分清察開示，若譜中有未載，即屬未曾寄到。

望僊謹擬

父西林維、胞叔竹林繇〔五〕鑒定。

嫡堂叔綺、西浦績、柳亭系、石橋綖〔六〕、西厓縉、西泉綬、雪橋紳、約、西橋紘、香園繡較參。

叔曾祖忡，族曾祖文遠、文魁，叔祖吟山、書銘，族祖鳴桐、照，族祖克亮、克恢、克嶷、克成、克宏、克義共閲。

六世伯叔幃光欽〔七〕、純，族伯叔維新、棣開察。

族兄弟丕顯〔八〕、時振、丕煦參訂。

【校注】

〔一〕副使公：即宋黻。《萊陽縣志》《登州府志》均有傳。

〔二〕亦不登，俟立繼妥再補入：原文斷句爲『亦不登俟，立繼妥再補入』，當誤。

〔三〕節愍公：即宋應亨，因賜謚節愍，故稱。

〔四〕職方公：即宋璜，因曾任兵部職方司主事，故稱。

〔五〕竹林谿：即宋谿。中四分之四分鳴霄公派十七世世系表中云宋谿『號竹村』，未知孰是，遵照原文，待考。

〔六〕石橋綖：即宋綖。中四分之四分鳴謙公派十七世世系表中云宋綖『號笠山，亦號延之』，未知孰是，遵照原文，待考。

〔七〕幃光欽：中四分之四分克存公派十七世世系表中云『（宋）歛，字幃光』，未知孰是，遵照原文，待考。

〔八〕丕：原作『不』，當誤，據中四分之長分彦公派十八世世系改。

余八載轗軻，半生碌碌，既無積糞之長，徒有揮金之癖。此役自嘉慶十四年四月十一日起手，至小陽春二十九日始行告竣。倥偬六月，心力已疲，幸賴各分尊長兄弟援手〔一〕，告厥成功，未至半途而廢，深負家大人之望，如雲高誼，何敢一日忘諸？敬勒香名於左，以志心感，然非知我、助我不及濫登。

望僊謹白

【校注】

〔一〕尊：原作『遵』，當誤，據上下文改。

重修譜系後叙

宋氏自興公居萊，數十傳，譜系失考，缺略甚多。越越百餘年後，望僊公殫數月心力，始昭如列星，頗稱完善。余等足迹不出户庭，見聞未廣，閑居披閱譜書，見所載甚詳，前人可謂煞費苦心。刻下吾族生齒日蕃，較前不啻十倍。吾輩略識之無，倘艱於步履，憚筆墨之勞，先人有知，將有憾於余矣。吾友李君二有曰〔一〕：他事尚可緩圖，惟譜系最爲要務。余雖不敏，敢肩後死者之責，自去歲秋至今春二月，始蕆厥事。集成擬欲付諸梨棗，力未及，謹寫數本，以傳覽云爾。宋瀛序，時在甲寅年三月中旬〔二〕。

宋瀛、宋滿纂修。

族曾祖冠賢、士賢，族祖鉢、城，族叔建中，族弟繼光共閱。

【校注】

〔一〕李君二：生平不詳。

〔二〕甲寅年：指清咸豐四年（一八五四）。

卷一　始祖興公派

始祖興公派	
始祖	**興公**　任元爲萬户，家於邑東之谿聚村〔一〕，出十一世祖太僕公行述〔二〕，村去城二十五里。
二世	**伯安**
三世	**居仁**
四世	**福全**
五世	**積**　字至善，號有隱德，舉孝行，封文林郎、陝西道監察御史。配王氏，贈孺人。生六子，少亡二人，長曰瓛，次曰祐，三曰寬，四曰德。公傳載府志。享年九十四歲，葬周家村祖塋，有敕命碑，係前明成化十九年癸卯四月八日立。

【校注】

〔一〕谿聚村：亦作『溪聚村』。據民國本《萊陽縣志》卷一之一『疆域・區制』條，溪聚村屬萊陽第二區寶泉鄉。溪聚村現屬萊陽市龍旺莊街道。

〔二〕太僕公：即十一世祖宋應亨，因贈太僕寺少卿，故稱。

按我十三世族祖景章公墓表示高祖伯安、曾祖居仁、祖福全、父積俱不仕〔一〕，惟父特以公貴，敕封文林郎、監察御史，母王氏贈孺人。又再按我六世叔祖孝穀公墓銘云，公諱思貽，字孝穀，世居萊陽之埠上里。而我節愍公宗兄繼登爲烽山廣福寺碑記又云〔二〕，東連溪聚爲周家村，余先代憲副公家於村，讀書於寺等語，第不知當日我封御史公係世居埠上里否，至景章公始遷周家村否，亦不知及公身時即在周家村否。世遠年湮，無可考問，景章公墓表中亦未詳叙分明。但自我公以下，始分爲四分：長今住火山後，屬副使公之嫡派〔三〕；次即我本分〔四〕；三現居瀅頭，係散官公後〔五〕；四即今龍旺莊東頭，此主簿公之裔也〔六〕。以原譜中未曾詳載，故贅此說，免令异日再使失系。以下始分爲四大分。

【校注】

〔一〕景章公：即宋黻，字景章，生平見大四分之長分黻公派六世世系。

〔二〕繼登：宋繼登，字先之，號淥溪，山東萊陽人，明萬曆庚子（萬曆二十八年，一六〇〇）舉人，萬曆甲辰（萬曆三十二年，一六〇四）進士。歷任直隸定興縣知縣、户部郎中、浙江布政使司參政、南京鴻臚寺卿，有政聲。

〔三〕副使公之嫡派：即宋積長子黻公派。『嫡』原作『謫』，當誤。

〔四〕次即我本分：即宋積次子祐公派。

〔五〕散官公：即宋積三子宋寬，曾任散官，故稱。

〔六〕主簿公：即宋積四子宋德，曾任山西平陽府絳縣主簿，故稱。

卷二　大四分之長分

巇公派

始祖	興公
二世	伯安
三世	居仁
四世	福全
五世	積
六世	巇

巇

積公長子。景泰庚午舉人[一]，天順庚辰進士[二]，授陝西道監察御史，歷官浙江副使，所至有聲。里人建祠肖像，邑志所謂景行祠也，崇祀鄉賢。傳載《山東通志》。娶趙氏，封孺人，生一子曰孟清。公字景章，生於洪熙元年乙巳□月□日□時[三]，於成化十年甲午八月三日□時卒於浙江官署[四]，享年五十歲。葬周家村祖塋。

六世巇公派

以上八九十世名諱，本分宗譜中原遺失無載，未識何故。以上十一世至十四世，亦未載記分明，是以某名弗知係某名所出，嗟嗟詩書莫繼，典型云亡，無處咨詢，何敢懸定？兹照宗譜載記，實非得已也。

【校注】

〔一〕庚午：指明景泰元年（一四五〇）。

〔二〕庚辰：指明天順四年（一四六〇）。

〔三〕洪熙元年乙巳：原作『洪熙一年甲戌』，干支有誤。

〔四〕成化十年甲午：原作『成化十年癸巳』，干支有誤。

始祖	興公
二世	伯安
三世	居仁
四世	福全
五世	積
六世	黻
七世	孟清
八世	失名
九世	失名
十世	失名

聚貴仁貴公派

十一世	十二世	十三世	十四世	十五世
聚貴 娶張氏，失系。	**雲慶** 娶王氏，失系。	**一吉** 娶馮氏，失系。	**發興** 娶王氏，生二子，長曰玉，次曰瑶。	**玉** 娶孫氏，生四子，長曰鳴仁，次曰鳴義，三曰鳴禮，四曰鳴智。
	雲分〔一〕 娶董氏，失系。	**一祥** 娶唐氏，失系。		
	雲成 娶王氏，失系。	**一虎** 失系。		
仁貴 娶喬氏，失系。	**雲茂** 娶呂氏，失系。	**一禮** 失系。		**瑶** 娶李氏，生三子，長曰鳴信，次曰鳴正，三曰鳴忠。

十一世聚貴仁貴公派

玉公派

世代				
六世	巘			
七世	孟清			
八世	失名			
九世	失名			
十世	失名			
十一世	聚貴	仁貴		
十二世	雲慶	雲公	雲成	雲茂
十三世	一吉	一祥	一虎	一禮
十四世	發興			
十五世	玉			
十六世	鳴仁 玉公長子。	鳴義 娶劉氏，生三子，俱幼。	鳴禮 娶姜氏。	鳴智 娶祝氏。

十五世玉公派

瑤公派

六世	猷			
七世	孟清			
八世	失名			
九世	失名			
十世	失名			
十一世	聚貴	仁貴		
十二世	雲慶	雲公	雲成	雲茂
十三世	一吉	一祥	一虎	一禮
十四世	發興			
十五世	瑤			
十六世	鳴信 瑤公長子。娶劉氏。	鳴正	鳴忠	

十五世瑤公派〔二〕

此大四分之長分也，自元潔公以下俱係務農〔三〕，現住火山後。歷年久遠，亦未詳由何處遷此。憶周家村，余先世兆域，係亥龍入手，丁巳、丁亥分金，内水取巽合武曲水。主先發小支，内水至乙與卯交合，故過乙卯而必告。若用子午向，則分分均勻，然至二世必當敗，而副使公正屬此向。由此觀之，形家者之言，非盡虚語也。

【校注】

〔一〕雲分：本分十五世玉公派世系表和十五世瑶公派世系表皆作『雲公』，未知孰是，遵照原文，待考。

〔二〕十五世瑶公派：原作『瑶公派』，『十五世』據世系表補。

〔三〕元潔公：即宋孟清，宋黻之子，字元潔。民國本《萊陽縣志》卷三之一中『人物·鄉宦』條：『宋孟清，字元潔。清修博學，網羅舊聞，訂疑義，多著述。』明弘治庚申（弘治十三年，一五〇〇）歲貢生。『以貢訓導漢中，升四川宜川縣教諭。隨在接引後學，多所啓迪。』著作現存《詩學體要類編》。

卷三　大四分之二分

叙

夫著述確則可信，記載詳則易閲。蘭谿公所修之譜系〔一〕，其於劇難考者，固見查核之殷。其於有可據者，亦見添注之悉。獨於余本分之兆域與戚屬多有缺略，意者開寄時，或有遺失，未可知也。余早有意修補之，但運遇坎坷，未暇操管。客歲祭掃時，卑幼輩多以無碑碣之墓、某丘係某祖相問，余悉指之。復詢及累世婚姻，皆係某族，余歷述之，彼俱不能憶。余不禁慨然曰：『此譜系中缺略故也。』於是屏絶猬務重補入，款式登録，概仍前例，庶幾寓目瞭然，後世不至於先靈之所、戚誼之家茫無所辨矣。若彼各分，亦宜再爲詳録。然以繁衍之族，遷徙無常，兼余事多冗雜，不能逐處研詢，俟諸异日可也。

咸豐二年二月十八日紹乙自叙〔二〕。

【校注】

〔一〕蘭谿公：即宋望僊，號蘭谿，生平見中四分之四分鳴霄公派十八世世系。

〔二〕紹乙：生平不詳。

祐公派

始祖	興公	
二世	伯安	
三世	居仁	
四世	福全	
五世	積	
六世	祐	積公次子。陰陽官。配趙氏，生一子，諱孟昭。公葬周家村祖塋。
七世	孟昭	配于氏，生二子，長諱仲道，次失系〔一〕。葬周家村祖塋，有碑，係前明萬曆三十年三月二十日立。
八世	仲道	配趙氏，生一子，諱燿。公葬周家村祖塋，子山午向兼乙丙，有碑，係前明萬曆三十年三月二十日立。
九世	燿	儒官，鄉飲賓。配王氏，生二子，長諱述，次失系。公葬周家村祖塋，癸山丁向，有碑，係前明萬曆三十年三月二十日立。
十世	述	字繼夫，號烽崗。廩生，恩例儒官，贈文林郎、清豐縣知縣，累贈通議大夫、四川按察使司按察使。祀鄉賢〔二〕，人稱烽崗先生〔三〕。配李氏，封淑人，生六子，少亡二人，長諱大典，次諱大猷，三諱大訓，四諱應亨。公葬周家村祖塋外北原新阡。

此大四分之二分，以下又分爲四分，即中四分。

【校注】

〔一〕次失系：原作「次系」，據宗譜應脱「失」字。

〔二〕祀鄉賢：《康熙萊陽縣志》卷之八「人物·世賢」之「宋趙董三封公傳」條：「宋述，儒學廩生，博洽能文，慷慨任氣，以子應亨貴贈文林郎、清豐知縣，祀鄉賢，又以孫琬貴，贈中大夫、浙江布政司參政。誥云「植德不替，佑啓後人，綿及乃孫，丕彰鴻緒，休貽大父，聿觀世澤」。」

〔三〕烽崗：原作「鋒崗」，當誤，前言「號烽崗」，徐乾學《憺園集》卷二〇《宋荔裳觀察得三代誥命序》中亦言「宋氏爲萊陽巨族，累世貴顯。公之祖，贈太僕烽崗公」，故以「烽崗」是。

一、中四分之長分

大典公派

世代	名
始祖	興公
二世	伯安
三世	居仁
四世	福全
五世	積
六世	祐
七世	孟昭
八世	仲道
九世	燿
十世	述
十一世	大典 述公長子。廩生。娶董氏，生三子，少亡一，長曰玘，次曰瑹。

大典公派

十二世	十三世	十四世	十五世
玘 庠生。娶陳氏，生二子，長曰奕綸，次曰奕絧。	**奕綸** 國學生。娶張氏、曾氏，生二子，長曰餘瀾，次曰餘浩。	**餘瀾** 娶全氏，生四子，長曰賡，次曰彥，三曰度，四曰庭。	**賡** 太學生。娶趙氏邑庠生諱嗣普公次女，生一子，曰希偉。
			彥 娶耿氏歲貢生章丘縣訓導諱文揚公女[二]，生三子，長曰希佐，次曰希仲，三曰希價。
			度 娶李氏，生三子，長曰希傑，次曰希仁，三曰希伸。
			庭 娶蘇氏。繼度公長子爲嗣，曰希傑。
		餘浩 出繼奕絧公爲嗣。	
	奕絧 娶李氏。繼奕綸公次子爲嗣，曰餘浩。	**餘浩** 娶蘇氏，生三子，長曰床，次曰麻，三曰廣。	**床** 娶趙氏，生一子，曰希儀。
			麻 娶陳氏，生一子，曰希傳。
			廣 娶徐氏，生一子，曰希儒。
瑔 娶□氏，生一子，曰奕庵。	**奕庵** 娶姜氏，生三子，長曰餘光，次曰餘雲，三曰餘起，俱寄籍在外。		

十一世大典公派

【校注】

〔一〕耿氏歲貢生章丘縣訓導諱文揚公：即耿文揚。民國本《萊陽縣志》卷三之一中『人物·鄉宦·清·康熙』條：『耿文揚，歲貢，章丘縣訓導。』

賡公派		
六世	祐	
七世	孟昭	
八世	仲道	
九世	燿	
十世	述	
十一世	大典	
十二世	玘	
十三世	奕綸	
十四世	餘瀾	
十五世	賡	

賡公派

十六世

希偉　賡公子[一]。娶李氏，生二子，長曰榛，次曰榭。

十七世

榛　太學生。娶張氏庠生諱體壯公女，生二子，長曰丕烈，次曰丕勳。

榭　娶王氏庠生諱繩武公女、孫氏，生二子，長曰丕熙，次曰丕煦。

十八世

丕烈　娶劉氏貢生諱成允公胞姊，生二子，長曰均，次曰坦。

丕勳　娶李氏，生三子，長曰墉，次曰垣，三曰址。

丕熙　娶耿氏庠生諱太乙公長女、李氏庠生諱廷幹公女孫，生一子，曰堦。

丕煦　娶賈氏太學生諱文範公女、趙氏海陽庠生諱長年公孫，生一子，曰堮。

十九世

均　娶蘇氏，生六子，長曰扶德，次曰增德，三曰文清，四曰文鎧，五曰文鏡，六曰文鈺。

坦　娶李氏太學生諱乃揆雲公女，生一子，曰文鑰。

墉　娶蘇氏太學生諱延年公女孫，生一子，曰文德。

垣　娶劉氏，繼址公長子爲嗣，曰文銑。

址　娶劉氏，生三子，長曰文銑，次曰文鋒，三曰文銓。

堦　娶蘇氏，繼均公四子爲嗣，曰文鎧。

堮　娶趙氏，生二子，長曰文鑲[二]，次曰文銓。

二十世

扶德　娶邵氏，生一子，曰涎。

文鑰　娶葛氏，生一子，曰湜。

文德　太學生。娶蓋氏，生三子，長曰泮，次曰沆，三曰澐。

文銑　娶于氏，生三子，長曰瀛，次曰清，三曰洪。

文銑　出繼垣公爲嗣。

文鋒　娶趙氏、尹氏，生一子，長曰渤[三]，次曰浩。

文銓　娶郝氏，繼文鋒公長子爲嗣，曰渤。

文鎧

文鑲　娶趙氏，繼文銑公次子爲嗣，曰清。

十五世賡公派

【校注】

〔一〕賡：原作『庚』，宗譜别處皆作『賡』，故改。

〔二〕文鑲：原作『文讓』，當訛。本派二十世世系表中作『文鑲』，本分文鑲公派二十世世系表中亦作『文鑲』，據其輩行用字，『文鑲』是。

〔三〕渤：本派二十世世系表中作『渤』，本分文鋒公派二十一世世系表和文銓公派二十一世世系表中皆作『渟』，未知孰是，姑統一爲『渤』，待考。

扶德公派

世次		
十一世	大典	
十二世	玘	
十三世	奕綸	
十四世	餘瀾	
十五世	賡	
十六世	希偉	
十七世	榛	
十八世	丕烈	
十九世	均	
二十世	扶德	
二十一世	涎 扶德子。娶孫氏，生二子，長曰起壽，次曰起貴。	
二十二世	**起壽** 娶邢氏，生□子。	**起貴** 娶李氏，生□子。

二十世扶德公派

文鑰公派

十一世	大典	
十二世	玘	
十三世	奕綸	
十四世	餘瀾	
十五世	賡	
十六世	希偉	
十七世	榛	
十八世	丕烈	
十九世	坦	
二十世	文鑰	
二十一世	湜	文鑰子。娶孫氏諱甲先公女，生二子，長曰起芳，次曰起昇；二女。
二十二世	起芳	娶王氏諱建鎬女。
二十二世	起昇	

二十世文鑰公派

文德公派

十一世	大典	
十二世	玘	
十三世	奕綸	
十四世	餘瀾	
十五世	賡	
十六世	希偉	
十七世	榛	
十八世	丕勳	
十九世	墉	
二十世	文德	

文德公派

二十一世	二十二世	二十三世	二十四世
泮　文德公長子。邑庠生，孚嘉咸豐丙辰科[一]。娶澤口王氏諱鳴球公女[二]，生二子，長曰起昌，次曰起發；一女，適全家屯全美光[三]。公生於道光十年九月二十三日卯時，卒於光緒二十七年四月十一日□時，享壽七十二歲，葬村南新阡庚山甲向。	**起昌**　娶孫氏葛嶺曰林公女[五]，生二子，長曰言忠，次曰言信；一女，適後保家山。 **起發**　娶徐氏石格莊建立公女[六]，生一子，曰言倫；一女，適全家屯全。	**言忠** 娶劉氏望埠莊喜岳公女[一〇]，生二子，長曰廣利，次曰廣元。 **言信** 娶張氏雙山中輝公女，生一子，曰廣仁。 **言倫** 娶閆氏、王氏。	**廣利** **廣元** **廣仁**
沆　娶蘇氏江山功多公女，生四子，長曰起泰，次曰克祥，三曰起善，四曰起宇。道光十七年八月二十二日寅時生。	**起泰**　娶趙氏石格莊樹德公女，生一子，曰言芳[七]。同治二年正月二十五日□時生。 **克祥**　娶蘇氏江山胎茂公女，生一子，曰言科；一女。同治五年十一月初四日子時生。 **起善**　娶孫氏葛嶺曰瑞公女，生一子，曰言成。同治十二年九月二十九日卯時生。 **起宇**　娶王氏馬家泊九鼎公女[八]，生一子，曰言道；一女，許雙山張[九]。光緒二年五月二十七日生。	**言芳** 娶劉氏索嵐諱韓保公女[一一]。 **言科** 字喻義，號東園。娶劉氏索嵐學思公女。 **言成** **言道**	
澐　娶王氏七里莊諱臣公女[四]，生二子，長曰起良，次曰起滋；二女，長適全家屯，次適江山張。道光十一年四月十四日卯時生。	**起良**　娶張氏、劉氏，生二子，長曰言曾，次曰言聖；二女。光緒元年八月十六日未時生。 **起滋**　娶魏氏、劉氏，生一子，曰言麟。生於光緒六年十二月初七日卯時，卒於光緒二十九年二月初四日申時，葬於村南庚山甲向。	**言曾** **言聖** **言麟**	

二十世文德公派

【校注】

〔一〕丙辰：指清咸豐六年（一八五六）。

〔二〕澤口：民國本《萊陽縣志》卷一之一『疆域·區制』之『第六區』有『澤口鎮，澤口』。澤口現屬萊西市姜山鎮。

〔三〕全家屯：民國本《萊陽縣志》卷一之一『疆域·區制』之『第六區』有『蘭陵鄉，全家屯』。全家屯現屬萊西市姜山鎮。

〔四〕七里莊：民國本《萊陽縣志》卷一之一『疆域·區制』之『第六區』有『豐澤鄉，七里莊』。七里莊現屬萊西市姜山鎮。

〔五〕葛嶺：民國本《萊陽縣志》卷一之一『疆域·區制』之『第六區』有『仰嵐鄉，葛嶺』。葛嶺現屬萊西市姜山鎮。

〔六〕石格莊：民國本《萊陽縣志》卷一之一『疆域·區制』之『第七區』有『芝源鄉，石格莊』。石格莊現屬萊州市程郭鎮。

〔七〕曰：原缺，據上下文補。

〔八〕馬家泊：民國本《萊陽縣志》卷一之一『疆域·區制』之『第九區』有『繞嶺鄉，馬家泊』。馬家泊現屬萊西市姜山鎮。

〔九〕雙山：民國本《萊陽縣志》卷一之一『疆域・區制』之『第九區』有『雙山鄉，雙山』。雙山現屬萊西市夏格莊鎮。雙山村是雙山張氏的發源地，明清時期，雙山張氏是萊陽八大望族之首。

〔一〇〕望埠莊：現屬萊西市姜山鎮。

〔一一〕索嵐：現稱『索蘭』，屬萊西市夏格莊鎮。

文銑公派

十一世	大典
十二世	玘
十三世	奕綸
十四世	餘瀾
十五世	賡
十六世	希偉
十七世	榛
十八世	丕勳
十九世	垣
二十世	文銑

二十世文銑公派

世次			
二十一世	**瀛** 文銑公子。娶蘇氏，生二子，長曰起山，次曰壽山。	**清** 出繼文鑲公爲嗣。	**洪** 娶蘇氏，生二子，長曰桂山，次曰聲山。
二十二世	**起山** 娶吴氏。　**壽山** 出繼清公爲嗣。		**桂山** 娶周氏。　**聲山** 娶王氏。

文鋒公派

世次		
十一世	大典	
十二世	玘	
十三世	奕綸	
十四世	餘瀾	
十五世	賡	
十六世	希偉	
十七世	榛	
十八世	丕勳	
十九世	址	
二十世	文鋒	
二十一世	渤　文鋒公長子，出繼文銓公爲嗣。	浩　娶孫氏，生一子〔一〕，曰起恕；二女，長適泊南張〔二〕，次適□〔三〕。
二十二世		起恕

二十世文鋒公派

【校注】

〔一〕一：原缺，據上下文補。

〔二〕長：原缺，據上下文補。泊南張：即張家泊南，現屬萊西市夏格莊鎮。

〔三〕□：原缺，據上下文補。

文銓公派

十一世	大典
十二世	玘
十三世	奕綸
十四世	餘瀾
十五世	賡
十六世	希偉
十七世	榛
十八世	丕勳
十九世	址
二十世	文銓
二十一世	**渤** 文銓公子。娶高氏，生六子，長曰起進，次曰起盛，三曰起賢，四曰起春，五曰起成，六曰起和；一女。
二十二世	**起進** 娶郭氏，生一子。 **起盛** 娶蘇氏。 **起賢** 娶劉氏。 **起春** 娶張氏。 **起成** **起和**

二十世文銓公派

文鑲公派

十一世	大典	
十二世	玘	
十三世	奕綸	
十四世	餘瀾	
十五世	賡	
十六世	希偉	
十七世	槲	
十八世	丕煦	
十九世	堮	
二十世	文鑲	
二十一世	清	文鑲公子。娶江氏，生三女，長適吼山王[一]，次少亡。繼瀛公次子爲嗣，曰壽山。
二十二世	壽山	娶王氏。

二十世文鑲公派

【校注】

〔一〕吼山：現屬海陽市徐家店鎮。

彦公派

世次	
六世	祐
七世	孟昭
八世	仲道
九世	燿
十世	述
十一世	大典
十二世	玘
十三世	奕綸
十四世	餘瀾
十五世	彦

十六世

希佐　彦公長子。增生。配于氏，生四子，長曰楚，次曰桐，三曰柏，四曰彬。

希仲　字□，號□。配王氏，生五子，長諱桂，次諱維新，三諱梓，四諱棠，五諱梅；二女，長適龍灣莊李，次適保駕山隋[一]。公葬村南新阡山向，有碑碣。

希價　配蘇氏，生四子，長諱桓，次諱杓，三諱樸，四諱棣。

十五世彦公派

彦公派

十七世

楚　配載氏平度州廩貢候選訓導諱兆麟公女[二]，生二子，長曰丕炳，次曰丕光。

桐　配李氏太學生諱廷槐公女[三]，生二子，長曰丕爈，次曰丕楊。

柏　配李氏即墨庠生諱天相公女，生一子，少亡。

彬　配徐氏。繼楚公次子爲嗣，曰丕光。

桂　字□，號□。配趙氏考充五朝國史館纂修贈文林郎諱起梴公女[四]、張氏太學生諱建壽公女，生一子，曰丕魯。

維新　字□，號□。庠生。配王氏平度州恩貢生候選訓導諱之麟公女[五]，生三子，長諱丕顯，次諱丕壽，三諱丕榮；一女，適回里徐。公葬馬家泊村東新阡山向，有碑碣。

梓　配王氏、劉氏[六]。繼維新公次子爲嗣，諱丕壽。又生一子，諱丕煌；一女。公葬村北新阡西山卯向。

棠　字陰南，號召甘。鄉飲賓。配于氏、黃氏，生一子，諱丕熩；二女，長適雙山張允健公，次適夏格莊張應翩公。公享壽八十四歲[七]，葬村東新阡庚山甲向[八]，有碑碣。

梅　字魁翁，號□。配任氏庠生諱光榮公次女[九]，生三子，長諱丕燿，次諱丕焯，三諱丕默；一女，適留格莊李[一〇]。公葬村後新阡庚山甲向。

桓　配于氏、趙氏，生二子，長諱衍慶，次出外；三女，長適桃花寨崔奇玉，次適遲家莊周，三適泊南劉。公葬村南新阡□山□向[一一]。

杓　配王氏庠生諱繩武公女孫，繼樸公長子爲嗣，曰錫慶。生一女，適張格莊耿。公葬村南新阡□山□向。

樸　配張氏，生二子，長諱錫慶，次諱有慶；二女，長適馬家莊李，次適龍旺莊李。公葬村南新阡□山□向。

棣　配李氏戊子副貢諱侃公侄女[一二]，生二子，長諱迪慶，次諱□；一女[一三]，適張格莊耿。公葬村南新阡□山□向。

十五世彦公派

彦公派

十七世	十八世	十九世	二十世
楚	**丕炳**　配馬氏，生二女，長適廬家〔一四〕，次適澤口徐。繼丕光五子爲嗣，曰墧〔一五〕。 **丕光**　出繼彬公爲嗣。	**墧**　配全氏、遲氏、張氏，生二子，長曰之鎮，次曰之錫；二女，長適亭子口徐。	**之鎮**　配劉氏，生一子。
桐	**丕燼**　配丁氏、趙氏，生一女，適南莊王。繼丕楊公長子爲嗣，曰城。	**城**	
	丕楊　配張氏、趙氏，生二子，長曰城，次曰墻。	**墻**　配張氏，生一子，曰之鑈；一女，適保駕山劉〔一六〕。	**之鑈**　配張氏，生一子。
柏			
彬	**丕光**　娶耿氏、遲氏，生五子，長曰墿，次曰培，三曰塊，四曰埬，五曰墧。	**塊**　配王氏，生一子，曰之鏞。 **培**　出繼丕炤公爲嗣。 **墧**　出繼丕炳公爲嗣。	**之鏞**　配遲氏，生一子，曰漣；二女，長適孫屯，次適保駕山孫。

十五世彦公派

彥公派

十七世	十八世	十九世	二十世
桂	**丕魯** 字貫齋，號□。配張氏，生三子，長曰壇，次曰坊，三曰璽；五女，長適嶺後王，次適李格莊李，三適葛家疃葛，四適索蘭劉，五適本村趙。公葬村東北巽向。	**壇** 出繼丕顯公爲嗣。	
		坊 字清言。太學生。配耿氏，生一子，曰之鉦；四女，長適百虎屯趙，次適索蘭劉，三少亡，四適許村鄒。	**之鉦** 字□新，號□。配王氏，生二子，長曰澂，次曰溥；三女[一八]，長適任，次適劉，三少亡。
		璽 字藍田。配于氏，配朱氏，生四子，長曰之鏜，次曰之鏡，三曰之鑾，四曰之錦；三女，長少亡，次適白廟呂，三少亡。	**之鏜** 字和聲，配朱氏。 **之鏡** 字子明，配李氏。 **之鑾** 字金坡，配夏氏。 **之錦** 字江亭，配姜氏。
維新	**丕顯** 字□，號□。鄉飲賓。配李氏庠生諱乃賡公女，繼丕魯公長子壇爲嗣，生三女，長適蔣家莊葛，次適夏格莊李，三適葛家疃葛。公葬馬家泊村東新阡□山□向，有碑碣。	**壇** 配王氏庠生諱華國公胞妹、劉氏諱廷琨公侄女，生四子，長曰之鐸，次曰之鐶[一七]，三曰之銀，四少亡。	**之鐸** 配張氏，繼之鐶公長子爲嗣，曰淑。 **之鐶** 配王氏，生二子，長曰淑，次曰沂；一女，適本村王[一九]。 **之銀**
	丕燾 出繼梓公爲嗣。		
	丕榮 配劉氏，生一子，曰坤；一女，適許村。公葬馬家泊村東北新阡□山□向。	**坤** 配王氏，生三子，長曰席珍，次曰玉珍，三曰寶珍。	**席珍** 配李氏、丁氏，生二子，長曰夢澄，次曰雲澄。 **玉珍** 配張氏、張氏，生一子，曰泰澄；□女。 **寶珍** 配李氏，生一子，曰□。

彦公派

世			
十七世	梓		
十八世	**丕燾** 配張氏庠生諱宗程公侄女，生二子，長諱基，次諱增。公葬村北祖塋庚山甲向，有碑碣。		**丕煌** 配修氏，繼丕燾公次子爲嗣，曰增。
十九世	**基** 配于氏、程氏，生一子，諱之鎮；一女，適姜山遲。公葬村北祖塋庚山甲向。	**增** 出繼丕煌公爲嗣。	**增** 配趙氏、孫氏，生一子，曰之銘；三女，長適嶺後王，次適嶺後麻，三適前堤賈。
二十世	**之鎮** 配李氏，生一子，曰淦；一女，適欒家寨户。		**之銘** 配蓋氏、賈氏、戴氏〔二〇〕，生二子，長曰浙，次少亡；三女，長適百户屯趙，次適姜山蘇，三少亡。公葬村北祖塋庚山甲向。

十五世彦公派

彥公派

十七世

棠

十八世

丕爔 字孔嘉，號佩錦。鄉飲賓。配于氏，生四子，長諱墀，次諱壆，三諱堧，四諱坫。

十九世

墀 字繞堦，號貴登。配雙山張氏，生三子，長曰之鍵[二一]，次曰之鋼，三曰之鑄；一女，適雙山張。公葬村東祖塋庚山甲向[二二]。

壆 字晴嵐，號修士。同治甲子國學生[二三]，光緒戊寅歲貢生[二四]，候選訓導，以積穀爲社長，例授七品職銜。配孫氏例贈孺人、潘氏，生一子一女，皆少亡，繼墀公三子之鑄爲嗣[二五]，又繼堧公四子爲嗣，曰之銓。

堧 字□，號□。配遲氏庠生諱衍灝公侄女、太學生諱衍泗公女、太學生諱之蕓公胞姊，生三子[二六]，長之錞，次之鑌，三之鈴；一女，適崔家莊。張氏生子曰之銓。

坫 字壽明，號鎮西。修職郎。配李氏太學生諱堧公女、太學生諱瑞錫公姊，生五子，長之錡，次之欽，二之鎬，四之鐶，五之鉶；二女，長適潘家疃張，次適姜山遲。

二十世

之鍵 字□，號□。配葛氏，生二子，長曰渭，次曰□；四女，長適回里徐，次適我羅劉，三適百户屯包，四適百户屯趙[二七]。

之鋼 字子純，號□。配楊氏，生一子，曰温；一女，適欒寨尹。

之鑄 出繼壆公爲嗣。

之鑄 字銘鼎，號□。配徐氏，生五子，長曰□，次曰□，三曰□，四曰□，五曰□；一女，適雙山張。

之銓 字衡平，號□。配吴氏諱中寬公女，生一子一女，繼配李氏諱顯英公女。

之錞 字金聲，號和鼓。配夏格莊張氏貢生諱允昺公女[二八]、阮上河氏，生三子，長曰法，次曰治，三曰盛；四女，長適楊格莊李，次適垛埠張，三適雙山張，四適興隆莊李。

之鑌 配劉氏諱景璞公女，生三子，長曰潔，次曰沐，三曰浴；三女，長適埠子劉，次適官莊褚，三適姜山于。

之鈴 字和聲，號□。配吕氏諱延壽公女，生三子，長清，次天保，三栓軍；一女。

之銓 出繼壆公爲嗣。

之錡 字次蘭，號榮澗。配王氏，生一子三女。

之欽 字子敬，號□。配董氏，生三子，長曰□，次曰□，三曰□；三女。

之鎬 字次魯，號宗周。配尹氏太學生諱泗公孫女、修職郎諱祐公侄孫女。

之鐶 字希孔，號□。配張氏，生一子。

之鉶 字□，號□。配□氏，生一子。

彦公派

十七世

梅

十八世

丕燿　配王氏，生二女，長適保駕山孫，次未字。繼丕焯公次子爲嗣，曰塾。

丕焯　字見堂，號鏡溪。配王氏賢都諱珍玉公三女，生三子，長曰玲，次曰塾，三曰堡；二女[二九]，長適保駕山孫，次未字。

丕默　配劉氏，生三子，長曰坪，次曰埻，三曰墠；一女，適雙山張。

十九世

塾　配于氏，生二子，長曰之鋭，次曰之鐄。

玲　配孫氏，繼塾公長子爲嗣，曰之鋭。

塾　出繼丕燿公爲嗣。

堡　配滕氏，生二子，長曰之和，次曰之鴻。

坪　配蘭氏，生二子，長曰之錸，次曰之銓。

埻　配于氏，生三子，長曰之鐍，次曰之鑼，三曰之鍘；二女，長許胡泊胡，次適白廟孫。

墠　配葉氏諱士豪公女，生三子，長曰之釭，次曰之鏡[三〇]，三曰之錫；二女，長適埠子劉，次適龍旺莊李。

二十世

之鋭　出繼玲公爲嗣。

之鐄　赴關東。

之鋭

之和

之鴻　配胡氏，生□子。

之錸　配周氏，生三子，長曰潤，次曰洄，三曰源。

之銓　配劉氏，生一子，曰灝；三女，長適埠子劉，次適埠子李，三未字。

之鐍　配曲氏，生三子，長曰瀾，次曰□，三曰□；一女，適埠子劉。

之鑼　配修氏、蘇氏、楊氏，生□子。

之鍘　配潘氏，生□子。

之釭　配張氏，生二子，長曰朋澐，次曰鴻澐；一女，適興隆莊李。

之鏡　配張氏，生二子，長曰喜澐，次曰祥澐；一女。

之錫　配隋氏，生二子，長曰孟澐，次曰□；□女。

十五世彦公派

十五世彥公派

彥公派

十七世	十八世	十九世	二十世
桓	**衍慶** 配崔氏，生二子，長諱乾，次諱坎，俱遷居桃寨。公葬村南新阡□山□向。	乾	
		坎	
杓	**錫慶** 配李氏，生一子，寄籍長春所〔三二〕。		
樸	**錫慶** 出繼杓公爲嗣。		
	有慶 配張氏，生二子。		
棣	**迪慶** 配遲氏。		

【校注】

〔一〕保駕山：現屬萊西市姜山鎮。

〔二〕平度州：即今青島平度市。載兆麟：生平不詳。

〔三〕廷槐公：原作『廷槐』，『公』字據上下文補。

〔四〕趙起樉：生平不詳。

〔五〕恩貢：原作『歲貢』，據《道光重修平度州志》卷六改。王之麟：《道光重修平度州志》卷六之表五『國朝選舉』條：『王之麟，乙巳恩貢。』乙巳即清乾隆五十年（一七八五）。

〔六〕劉氏：原作『劉』，『氏』字據上下文補。

〔七〕公：原缺，據上下文補。

〔八〕村東：原作『東』，『村』字據上下文補。

〔九〕配、公：原缺，據上下文補。

〔一〇〕留格莊：現屬海陽市留格莊鎮。

〔一一〕村：原缺，據上下文補。

〔一二〕戊子：指清乾隆三十三年（一七六八）。民國本《萊陽縣志》卷三之一上『人物·科第·貢生·清·乾隆』條：『李侃，馬格莊（人），文晶長子，戊子副（貢）。』

〔一三〕一：原缺，據上下文補。

〔一四〕適：原作『曰』，據上下文改。

〔一五〕墧：原作『墑』，宗譜别處皆作『墧』，故改之。

〔一六〕一、適：原缺，據上下文補。

〔一七〕鐶：原作『環』，據本派二十世輩行和名字用字『金』，又二十世世系表中亦作『鐶』，故改。

〔一八〕三：原作『二』，據上下文改。

〔一九〕村：原缺，據上下文補。

〔二〇〕賈氏：原作『賈』，據上下文補。

〔二一〕鍵：原作『健』，據本派二十世輩行和名字用字『金』，又二十世世系表中亦作『鍵』，故改。

〔二二〕山：原缺，據上下文補。

〔二三〕甲子：指清同治三年（一八六四）。

〔二四〕戊寅：指清光緒四年（一八七八）。貢生：原作『進士』，據民國本《萊陽縣志》改。民國本《萊陽縣志》卷三之一上『人物·科第·貢生·清·光緒』條有『宋壂』，該縣志進士條中無此人。

〔二五〕墀：原作『遲』，據本派十九世輩行用字『土』，又宗譜别處皆作『墀』，故改。

〔二六〕三子：當爲『四子』，因爲上文宋壂『繼埮公四子爲嗣，曰之銓』，本派二十世世系表中亦有

『之銓』，故『之銓』當爲堜四子。後文『一女，適崔家莊。張氏生子曰之銓』，當有誤，待考。

〔二七〕適：原缺，據上下文補。

〔二八〕氏：原缺，據上下文補。

〔二九〕女：原作『子』，據上下文改。

〔三〇〕之：原作『次』，據本派二十世輩行用字和二十世世系表改。

〔三一〕籍：原作『藉』，當誤，據上下文改。

度公派

世系	名
六世	祐
七世	孟昭
八世	仲道
九世	燿
十世	述
十一世	大典
十二世	玘
十三世	奕綸
十四世	餘瀾
十五世	度
十六世	**希傑** 度公長子，出繼庭公爲嗣。
	希仁 娶潘氏，生一子，曰楠。葬村西北祖塋。
	希伸 娶張氏，生一子，曰樸。

十五世度公派

度公派

十七世	十八世	十九世	二十世
楠　增生。娶徐氏諱廷霖公長女、太學生諱維屏邑庠生諱維墉公胞妹，生五子，少亡一人，長曰丕熹，次曰丕爲，三曰丕焕，四曰丕炤。葬村南新阡庚山甲向。	**丕熹**　娶劉氏。繼丕焕公長子爲嗣，曰圩。葬村南祖塋庚山甲向。	**圩**　娶蘇氏、劉氏，生三子〔二〕，長曰之釗，次曰之鍊〔三〕，三曰之鈿。葬村南祖塋新阡庚山甲向。	**之釗**　娶孫氏，生四子，長曰津，次曰洵，三曰溋，四曰滿。
			之鍊　出繼培公爲嗣。
			之鈿　出繼墇公爲嗣。
	丕爲　娶趙氏。繼丕焕公次子爲嗣，曰墇。		
	丕焕　娶李氏，生二子，長曰圩，次曰墇。	**墇**　娶曲氏，生一女，適索嵐李。繼圩公三子爲嗣，曰之鈿。	**之鈿**　娶劉氏，生二子。
	丕炤　娶孫氏。繼丕光公次子爲嗣，曰培。	**培**　娶呂氏。繼圩公次子爲嗣，曰之鍊。	**之鍊**　娶于氏，生一子，曰深。
樸　娶姜氏，生二子，長曰丕灼，次曰丕爛〔一〕。	**丕灼**　娶左氏、張氏，生一子，曰廷。	**廷**	
	丕爛　娶蘇氏、李氏，生一子，曰域。	**域**　娶隋氏，生一子，曰之鏡。	**之鏡**

十五世度公派

【校注】

〔一〕爛：原作『灡』，據本派十八世輩行和名字用字以及十八世世系表改。

〔二〕三：原作『二』，據上下文改。

〔三〕鍊：原作『鍊』，本派世系表中培公繼子和本分之鍊公派世系表中皆作『鍊』，故改。

之鏡公派

十一世	大典
十二世	玘
十三世	奕綸
十四世	餘瀾
十五世	庭
十六世	希傑
十七世	材
十八世	丕焜
十九世	虔
二十世	之鏡
二十一世	江 之鏡公子。

二十世之鏡公派

之釗公派

十一世	大典				
十二世	玘				
十三世	奕綸				
十四世	餘瀾				
十五世	度				
十六世	希仁				
十七世	楠				
十八世	丕熹				
十九世	圩				
二十世	之釗				
二十一世	津 之釗長子，配劉氏。	汶[二] 配孫氏，生二子，長曰長富，次曰長貴。		漒 配王氏。	滿 字謙齋，號益廷。配李氏，生□子，長曰長發。
二十二世		長富	長貴		長發

二十世之釗公派

【校注】

〔一〕汶：本分度公派二十世世系表中言之釗『生四子……次曰洵』，此處言『汶』，未知孰是，姑列之。

之鍊公派

世	名	事略
十一世	大典	
十二世	玘	
十三世	奕綸	
十四世	餘瀾	
十五世	度	
十六世	希仁	
十七世	楠	
十八世	丕炤	
十九世	培	
二十世	之鍊	
二十一世	深	之鍊公子。娶蓋氏，生□子。

二十世之鍊公派

之鈿公派

世	名
十一世	大典
十二世	玘
十三世	奕綸
十四世	餘瀾
十五世	度
十六世	希仁
十七世	楠
十八世	丕焕
十九世	墇
二十世	之鈿

二十世之鈿公派

世	名
二十世	之鈿
二十一世	得〔一〕 之鈿公子。

【校注】

〔一〕得：本分度公派二十世世系表中言之鈿『生二子』，未列其名，此處言『得』，可互相參看。

六世	祐
七世	孟昭
八世	仲道
九世	燿
十世	述
十一世	大典
十二世	玘
十三世	奕綸
十四世	餘瀾

十五世庭公派

庭公派		
十五世	庭	
十六世	希傑　庭公子。娶嵇氏，生二子，長曰材，次曰椐。	
十七世	材　娶宫氏，生二子，長曰丕焜，次曰丕成。	椐　娶徐氏。繼材公次子爲嗣，曰丕成。
十八世	丕焜　娶李氏，生一子，曰虔。	丕成
十九世	虔　娶孫氏。繼域公子爲嗣，曰之鏡。	
二十世	之鏡　娶隋氏。	

六世	祐
七世	孟昭
八世	仲道
九世	燿
十世	述
十一世	大典
十二世	玘
十三世	奕絅
十四世	餘浩

庥公派

十五世	十六世	十七世	十八世	十九世	二十世
庥	**希儀** 庥公子。娶杜氏太學生諱文思公侄女，生三子，長曰楷，次曰栗，三曰楓。葬村南新阡兑山震向。	**楷** 娶杜氏、葛氏，生一子，曰丕營。葬村南祖塋。	**丕營** 娶杜氏，生一子，曰坤。葬村南祖塋〔一〕。	**坤** 娶郝氏，生二子〔三〕，長曰文治，次曰文化；二女，長適南家村葛，次適江山遲。葬村南祖塋〔四〕。	**文治** 娶劉氏，生一女，適新莊張。繼文化公長子爲嗣，曰澮。 **文化** 娶李氏、王氏，生二子，長曰澮。
		栗 娶顧氏太學生諱文藻公女，生一子，曰丕照；一女，適深中周。葬村南祖塋。	**丕照** 娶周氏、劉氏，生四子，長曰埈，次曰嵩，三曰崇，四曰岳。出繼楓公爲嗣。二女，長適前堤賈，次適嵐嶺欒〔二〕。	**埈** 出繼丕熚公爲嗣。	
				嵩 娶李氏，生二子，長曰文泰，次曰文銘。	**文泰** **文銘** 娶閆氏，生四子，長曰漢，次曰添，三曰汶，四曰濤；二女，長適梁家莊梁，次適□。
				崇 娶曹氏，生三子，長曰文鐸，次曰文鉅，三曰文鑌。	**文鐸** 娶左氏。 **文鉅** 出繼岳公爲嗣。 **文鑌** 娶單氏。
				岳 娶遲氏，生一女，適張家莊徐。繼崇公子爲嗣〔五〕，曰文鉅。	
		楓 娶張氏。			

十五世庥公派

【校注】

〔一〕塋：原作『瑩』，據上下文改。

〔二〕出繼楓公爲嗣。二女，長適前堤賈，次適嵐嶺欒：此句原作『二女，次適嵐嶺欒，出繼楓公爲嗣，長適前堤賈』。『出繼楓公爲嗣』者不知何人，本派十九世世系中并未提及出繼楓公之事，存疑，姑列之。

〔三〕生二子：原作『生二子，生二子』，重複，故改。

〔四〕同〔一〕。

〔五〕繼：原缺，據上下文補。

六世	祐
七世	孟昭
八世	仲道
九世	燿
十世	述
十一世	大典
十二世	玘
十三世	奕絅
十四世	餘浩

麻公派

十五世	十六世	十七世	十八世	十九世	二十世
麻	**希傳**　麻公子。娶周氏，生一子，曰模。葬村南甲山乙向。	**模**　娶姜氏，生一子，曰丕燁。葬村南祖塋。	**丕燁**　娶張氏，生一女，適麗家嵐王。繼丕照公長子爲嗣，曰埈；又繼丕煖公次子爲嗣，曰⿰土從。	**埈**　娶李氏、吕氏，生四子，長曰文鴻，次曰文鉄，三曰文鐽，四曰文鍈。	**文鴻**　娶劉氏，生二子，長曰濱，次曰海；一女，適袁家泊遲。葬村南祖塋。
					文鉄　娶全氏、杜氏，生一子，曰桂；五女。
					文鐽　娶張氏，生二女，長適埠李，次適□。
					文鍈　娶尹氏，生一子，曰涓；一女，適姜山閆。
				⿰土從　娶張氏，生一子，曰文鉽。	**文鉽**　娶張氏，生一子，曰泑；五女，長適亭子口劉，次適保駕山張，三適□。

十五世麻公派

六世	祐
七世	孟昭
八世	仲道
九世	燿
十世	述
十一世	大典
十二世	玘
十三世	奕絅
十四世	餘浩

廣公派

世	
十五世	**廣**
十六世	**希儒** 廣公子。娶姜氏庠生諱聖清公胞妹，生一子，曰林；一女，適全家屯全。葬村南新阡庚山甲向。
十七世	**林** 娶張氏，生二子，長曰丕煖，次曰立賢；一女，適龍旺莊李。葬村西北祖塋丁山癸向。
十八世	**丕煖** 娶左氏，生三子，長曰⿰土遂，次曰⿰土從，三曰埂；一女，適麗家嵐郝。葬村南祖塋。 **立賢** 娶趙氏，生一子，曰岱；二女，長適江山暹，次適興隆莊李。葬村南祖塋。
十九世	**⿰土遂** 娶孫氏、李氏，生一子，曰文鋒；一女，適望埠莊劉。葬村南祖塋。 **⿰土從** 出繼丕熚公爲嗣〔一〕。 **埂** 娶任氏，生一子，曰文錄；二女，長適嶺後宮，次適後山張。葬村南祖塋。 **岱** 娶劉氏，生二子，長曰文義，次曰文鎮；一女，適牛北城莊董。
二十世	**文鋒** 娶李氏，生三子，長曰泉，次曰澎，三曰洸。 **文錄** 娶暹氏，生三子，長曰□，次曰□，三曰□；一女，適亭子口王。 **文義** 娶宮氏，生二女。 **文鎮** 娶江氏，生一子，曰旺。

十五世廣公派

【校注】

〔一〕出：原缺，據本分麻公派十八世、十九世世系表補。

此中四分分支之長分也。現住黄土臺。原住周家村，先遷霖格莊，又遷烏家疃，三遷而至今里。本分之人，雖大半務農，然一綫書香至今未絶。羨傳家衣鉢，竟私爲世世箕裘。

始祖	興公
二世	伯安
三世	居仁
四世	福全
五世	積
六世	祐
七世	孟昭
八世	仲道
九世	燿
十世	述
十一世	大典
十二世	玘
十三世	奕絅

十四世	**餘滂** 娶趙氏，生一子，曰應。	
十五世	**應** 娶侯氏，生三子，長曰希信，次曰希修，三曰希俠。	
十六世	**希信** 娶宫氏，生一子，曰棟；一女，適姜山張。葬村西北祖塋。	
十七世	**棟** 娶孫氏，生二子，長曰丕松，次曰丕林；一女，適岔里邢。葬村西北祖塋。	
十八世	**丕松** 娶孫氏，生二子，長曰克基，次曰考基；一女，適南前莊潘。	**丕林** 生一子，曰開基。

六世	祐
七世	孟昭
八世	仲道
九世	燿
十世	述
十一世	大典
十二世	玘
十三世	奕絅
十四世	餘滂
十五世	應

十六世

希修 應公次子。娶姜氏、周氏、張氏，生一子，曰柱。

十七世

柱 娶夏氏，生一子，曰丕杰。

十八世

丕杰 娶蓋氏，生二子，長曰岳，次曰圻；一女，適馬家莊高。葬村西新阡。

十九世

岳 娶劉氏，生一子，曰文鐶；一女，適楊格莊王。

圻 娶孫氏，生二子，長曰文山，次曰文海；一女。

二十世

文鐶

文山

文海

六世	祐
七世	孟昭
八世	仲道
九世	燿
十世	述
十一世	大典
十二世	玘
十三世	奕絅
十四世	餘滂
十五世	應

十六世	十七世	十八世	十九世	二十世
希俟 應公三子。娶姜氏，生二子，長曰樫，次曰栲；三女，長適中京宮，次適回河頭欒，三適雙山張。葬村西北祖塋。	**樫** 娶李氏，生一子，曰丕煇；二女，長適團旺丁，次適七里莊薛。葬於祖塋。	**丕煇** 娶張氏，生三子，長曰垠，次曰型，三曰垚；一女，適田格莊李。葬村南新阡。	**垠** 娶李氏，生二子，長曰文喜，次曰文平；五女，長適田格莊李，次適夏格莊王，三適塔埠頭高，四適曲格莊蘇，五適沈家莊沈。	**文喜** 娶崔氏，生二女。 **文平** 娶趙氏。
			型 娶王氏，生五子，長曰文恭，次曰文寬，三曰文信，四曰文敏，五曰文惠。	**文恭** 娶孫氏，生一子。 **文寬** 娶張氏。 **文信** 娶李氏。 **文敏** 娶欒氏。 **文惠** 娶隋氏。
			垚 娶隋氏、李氏，生二子，長曰文良，次曰文讓；三女，長適雙山張，次適田格莊李，三適後寨王。	**文良** 娶李氏。 **文讓** 娶高氏。
	栲 娶全氏，生一子，曰丕然。葬於祖塋。	**丕然** 娶孫氏、高氏，生四子，長曰境，次曰堌，三曰埻，四曰埒；三女，長適大泊于，次適雙山張，三適索嵐劉。葬村西北新阡乙山酉向。	**境** 娶劉氏，生一子，曰文協。	**文協** 娶薛氏，生一女。
			堌 娶滕氏，生三子，長曰文鏜，次曰文銅，三曰文鏵；四女，長適望埠莊任，次適中廟莊，三適本村劉，四適方里孫。	**文鏜** 娶孫氏。 **文鏵** 娶劉氏。
			埻 娶孫氏、高氏，一子，曰文銖；二女，長適孫嵐莊孫，次適老烏爪李。	
			埒 娶蘇氏邑庠生諱紹公女，生三子，長曰文鈄，次曰文鍾，三曰文鏰；三女，長適石格莊徐，次適田格莊李，三□。	**文鈄** 娶于氏。 **文鍾** 娶孫氏。 **文鏰**

此大典公分下之支也，黄土臺開來的係。此分原附於其本分支派之末，今遵其議亦載於此。

二、中四分之二分

世次	名
始祖	興公
二世	伯安
三世	居仁
四世	福全
五世	積
六世	祐
七世	孟昭
八世	仲道
九世	燿
十世	述

大猷公派

十一世	十二世	十三世	十四世	十五世
大猷 述公次子。庠生。一譜諱應猷。官訓導。配王氏、楊氏、石氏，生三子，長諱珽，次諱瑄，三諱琚。公葬周家村祖塋外西北之偏。	**珽** 配曲氏，生六子，長諱奕燦，次諱奕煥，三諱奕炳，四諱奕焞，五諱奕煒，六諱奕炷，俱全入旗。公葬周家村祖塋。	**奕燦** 庠生。配趙氏，生二子，長諱永穆，次諱永康。	**永穆** 配高氏，生一子，諱國璽。	**國璽** 配□氏，生二子，長曰兆鯨，次曰兆鰲。
			永康 配邴氏，生二子，長諱國經，次諱國綸。	**國經** 配□氏，生一子，曰成賢。
				國綸 配□氏，生一子，曰黑達。
		奕煥 缺嗣。		
		奕炳 配祝氏。因首舉于七謀反情由[一]，升拜他喇布勒哈番[二]。缺嗣。		
		奕焞[三] 承兄襲拜他喇布勒哈番。配臧氏，生一子，諱永清。	**永清**[四] 配崔氏，生四子，長諱國祚，次諱國昌，三諱國良，四諱國鈞。公授直隸延慶州知縣。	**國祚**
				國昌 配□氏，生二子，長曰兆鵬，次曰兆鯢。
				國良 配□氏，生一子，曰兆熊。
				國鈞
		奕煒 缺嗣。		
		奕炷 缺嗣。		

十一世大猷公派

大猷公派

十二世	十三世	十四世	十五世
瑄 配姜氏，生二子，長諱□，缺嗣，次諱奕玉。公葬周家村祖塋。	**奕玉** 配李氏，生二子，長諱永慶，次諱永齡。	**永慶** 配董氏，生三子，長諱國琦，次諱國珍，三諱國瑞。公於康熙年間携眷就食栖霞，遂入籍。現住邑東南五十里大中疃〔五〕。	**國琦** 配張氏、周氏，生四子，長曰克嶷，次曰克崇，三曰克輝，四曰克賢。公葬栖邑大中疃之南郊。
			國珍 配孫氏、牟氏、趙氏，生一子，曰克光。
			國瑞 配劉氏、邵氏、李氏，生四子，長曰克歧〔六〕，次曰克明〔七〕，三曰克勤，四曰克儉。
		永齡 配崔氏，生三子，長諱國禎，次諱國幹，三諱國棟。	**國禎** 配吕氏，生一子，曰克顯。
			國幹 配王氏、梁氏，生二子，長曰克恢，次曰克登。
			國棟 配喬氏，生三子，長曰雲鶴，次曰雲鵬，三曰雲鳴，俱寄留奉天。

十一世大猷公派

大猷公派

十二世	十三世	十四世	十五世
琚 配譚氏，生五子，長諱奕仕，次諱奕俊，三諱□，缺嗣，四諱奕佐，五諱奕佑。	**奕佐** 配董氏。繼奕俊公三子爲嗣，曰永貴。	**永貴** 配郭氏，生三子，長諱國勳，次諱國紀，三諱國欽。	**國紀** 配王氏，生一子，曰克義。 **國勳** 配柳氏，生二子，長曰克宏，次少亡。 **國欽** 配□氏，缺嗣。
	奕仕 配唐氏，生一子，諱永順。	**永順** 配王氏，生四子，長諱國法，次諱國興，三諱國成，四諱國祥。	**國法** 配徐氏，生一子，曰克仁。 **國興** 配李氏，生三子，長曰克明，次曰克振，三曰克英。 **國成** 配王氏。繼國興公三子爲嗣，曰克英。 **國祥** 配宮氏，生三子，長曰克榮，次曰克化，三缺名。
	奕俊 配陳氏，生三子，長諱永福，次諱永寧，三諱永貴。	**永福** 配張氏，生三子，長諱國柱，次諱國基，三諱國璽。	**國柱** 配崔氏，生一子，曰克亮。 **國基** 配宮氏，生二子，長曰克真，次曰克育。 **國璽** 配祝氏，生二子，長曰克正，次曰克敬〔八〕。
		永寧 出繼奕佑爲嗣。	
		永貴 出繼奕佐爲嗣。	
	奕佑 配□氏。繼奕俊公次子爲嗣，曰永寧。	**永寧** 配曲氏，生四子，俱缺名。公於乾隆十三年携眷赴奉天，現壽陽西祥坡。	

十一世大猷公派

【校注】

〔一〕奕炳：宗譜中亦作『一炳』，見中四分之四分書銘公派前首。首舉于七謀反情由：關於宋奕炳、于七及其與萊陽宋氏家族的關係，可參看《光緒增修登州府志》卷一三《海防·兵事》、民國本《萊陽縣志》卷末《附記·兵革》之『清代兵事』條、清代杜怡亭《譚略》、《清史稿》卷四八四、宋琬《清豐祭先太僕文》《感恩祝頌圖序》等，亦可參看李江峰、韓品玉著《明清萊陽宋氏家族文化研究》一書中的相關章節。

〔二〕拜他喇布勒哈番：原作『拜他喇布哈勒番』，據《中國歷代職官別名大辭典》改。

〔三〕奕焞：原作『奕惇』，據本派十三世輩行和名字用字改，又，宗譜別處皆作『焞』。

〔四〕宋永清：原籍山東萊陽。清康熙四十三年（一七〇四），由漢軍正紅旗監生知鳳山縣事。康熙五十一年（一七一二），升直隸延慶知府。工詩，著有《溪翁詩草》。

〔五〕大中疃：即今栖霞市唐家泊鎮大中疃村。

〔六〕克歧：原作『克明』，據本分十六世克歧公派世系表中『克歧，國瑞長子』改。

〔七〕克明：原作『克陞』，據本分十六世克明公派世系表中『克明，國瑞次子』改。

〔八〕克敬：原作『克恭』，據本分十六世克真克育克正克敬公派世系表改。

國璽公派

世	名		
六世	祐		
七世	孟昭		
八世	仲道		
九世	燿		
十世	述		
十一世	大猷		
十二世	斑		
十三世	奕燦		
十四世	永穆		
十五世	國璽		十五世國璽公派
十六世	兆鯨 國璽長子。	兆鰲 乾隆癸未年武科會魁〔一〕。	

【校注】

〔一〕癸未年：指清乾隆二十八年（一七六三）。武科會魁：武科會試第一名。

國經公派

世	名
六世	祐
七世	孟昭
八世	仲道
九世	燿
十世	述
十一世	大猷
十二世	斑
十三世	奕燦
十四世	永康
十五世	國經
十六世	成賢 國經公子。

十五世國經公派

國綸公派

六世	祐	
七世	孟昭	
八世	仲道	
九世	燿	
十世	述	
十一世	大猷	
十二世	斑	
十三世	奕燦	
十四世	永康	
十五世	國綸	十五世國綸公派
十六世	黑達 國綸公子。	

國昌公派

世系		
六世	祐	
七世	孟昭	
八世	仲道	
九世	燿	
十世	述	
十一世	大猷	
十二世	珽	
十三世	奕惇	
十四世	永清	
十五世	國昌	
十六世	兆鵬 國昌長子。配□氏，生一子，曰文奎。	兆鯢 配□氏，生一子，曰專兒。
十七世		專兒

十五世國昌公派

國良公派

世次	名諱
六世	祐
七世	孟昭
八世	仲道
九世	燿
十世	述
十一世	大猷
十二世	斑
十三世	奕焞
十四世	永清
十五世	國良
十六世	兆熊 國良公子。配□氏，生一子，曰玠。
十七世	玠 配□氏，生二子，俱缺名。

十五世國良公派

六世	祐
七世	孟昭
八世	仲道
九世	燿
十世	述
十一世	大猷
十二世	瑄
十三世	奕玉
十四世	永慶
十五世	國琦

克輝公派

十六世	十七世	十八世	十九世	二十世
克輝 國琦三子。配張氏，生一子，曰祥。	**祥** 配吴氏，生五子，長曰時俊，次曰時傑，三曰時儒，四曰時儼，五曰時仙。	**時俊** 配林氏，生一子，曰湖。	**湖** 配李氏。繼波公三子爲嗣，曰允寶。	**允寶** 配鄒氏，生三子，長曰孚文，次曰孚勛，三曰孚可。
		時傑 出繼。		
		時儒 缺嗣。		
		時儼		
		時仙 缺嗣。		

十六世克輝公派

六世	祐
七世	孟昭
八世	仲道
九世	燿
十世	述
十一世	大猷
十二世	瑄
十三世	奕玉
十四世	永慶
十五世	國琦

克崇公派

十六世	十七世	十八世	十九世	二十世
克崇 國琦次子。配魯氏。繼克光公次子爲嗣，曰芳。	**芳** 配隋氏，生二子，長曰時佳，次曰時傳。	**時佳** 配柳氏，生二子，長曰濱，次曰淑。	**濱** 配于氏，生二子，長曰允明，次曰允平。	**允明** 配稽氏，生二子，長曰孚光，次曰孚平。
				允平
		時傳 配孫氏。繼時佳公次子爲嗣，曰淑。	**淑** 配□氏，生一子，曰允太。	**允太** 配吕氏，生四子，長曰孚壽，次曰孚臨，三曰孚憲，四曰孚念。

十六世克崇公派

六世	祐
七世	孟昭
八世	仲道
九世	燿
十世	述
十一世	大猷
十二世	瑄
十三世	奕玉
十四世	永慶〔一〕
十五世	國琦

克嶷公派

十六世	十七世	十八世	十九世	二十世
克嶷 國琦長子。配姜氏，生一子，曰凱。繼配邵氏。公葬於上塋，有碑碣。	**凱** 字風南。太學生。配牟氏，生一子，曰時修。	**時修** 配張氏，生二子，長曰澄，次曰波。	**澄** 配劉氏，生二子[二]，長曰允秀，次曰允韶。	**允秀** 配牟氏，生三子，長曰孚舟，次曰孚楫，三曰孚甲。
				允韶 配王氏，生二子，長曰孚爵，次曰孚禄。
			波 配牟氏，生三子，長曰允卿，次曰允彰，三曰允寶。	**允卿** 配林氏，生一子，曰孚安。
				允彰 配劉氏，生二子，長曰孚興，次曰孚笛。
				允寶 出繼湖公爲嗣。

十六世克嶷公派

【校注】

〔一〕永慶：原作『永康』，誤，據本分大猷公派十三世、十四世、十五世世系表改，永慶乃奕玉長子，國琦乃永慶長子。

〔二〕生：原缺，據上下文補。

六世	祐
七世	孟昭
八世	仲道
九世	燿
十世	述
十一世	大猷
十二世	瑄
十三世	奕玉
十四世	永慶
十五世	國琦

克賢公派

十六世	十七世	十八世	十九世	二十世
克賢 國琦四子。配欒氏，生一女，適尹家莊劉；蔣氏、林氏，生一子，曰榮，四女。	**榮** 配衣氏、牟氏，生六子，長曰進儒，次曰進佐，三曰進佑，四曰進傀，五曰進偉，六曰進併〔一〕。	**進儒** 配劉氏、林氏、李氏，生一子，曰洋。	**洋** 配□氏。繼浩公長子爲嗣，曰允公。	**允公** 配蔡氏。
		進佐 配朱氏，生三子，長曰淵，次曰湘，三曰浮。	**淵** 出繼進偉公爲嗣〔二〕。	
			湘	
			浮 配馮氏，生二子，長曰允亨，次曰允翰。	**允亨** 配林氏。 **允翰**
		進佑 配李氏，生一子，曰洄。	**洄** 配劉氏，生二子，長曰允元，次曰允亨。	**允元** 出繼淵公爲嗣。 **允亨** 配劉氏。
		進傀 配趙氏，生一子，曰浩。	**浩** 配李氏，生三子，長曰允公，次曰允正，三曰允治。	**允公** 出繼洋公爲嗣。 **允正** 配孫氏、柳氏。 **允治**
		進偉 配張氏、李氏。繼進佐公長子爲嗣，曰淵。	**淵** 配□氏。繼洄公長子爲嗣，曰允元。	**允元** 配王氏、于氏。
		進併 配隋氏、牟氏，生一子，曰浚。	**浚** 配李氏，生三子，長曰允芳，次曰允菊，三曰允花。	**允芳** **允菊** **允花**

十六世克賢公派

【校注】

〔一〕進併：此處言榮公六子名曰『進併』，本派十八世世系表中則爲『進併』，未知孰是，遵照原文，姑列之。

〔二〕進偉：原作『進傀』，誤，據本派十八世、十九世世系表改。

六世	祐
七世	孟昭
八世	仲道
九世	燿
十世	述
十一世	大猷
十二世	瑄
十三世	奕玉
十四世	永慶[一]
十五世	國珍

克光公派

十六世	十七世	十八世	十九世	二十世
克光　國珍公子。配李氏、郝氏、高氏、湖氏，生三子，長曰仁，次曰芳，三曰富。	**仁**　配高氏。繼祥公次子爲嗣，曰時傑。	**時傑**　配郝氏，生二子，長諱海，次諱河。	**海**　配□氏。繼灝公長子爲嗣，曰允典。	**允典**
			河	
	芳　出繼。			
	富　配姜氏、劉氏，生五子，長曰時仲，次曰時作，三曰時佃，四曰時任，五曰時佶。	**時仲**　配李氏，生四子，長曰沅，次曰津，三曰瀛，四曰灝。	**沅**　配□氏。繼漣公長子爲嗣，曰允誥。	**允誥**
			津　配劉氏。	
			瀛	
			灝　出繼時作公爲嗣[二]。	
		時作　配林氏。繼時仲公四子爲嗣，曰灝。	**灝**　配牟氏，生二子，長曰允典，次曰允崗。	**允典**　出繼海公爲嗣。
				允崗　配孫氏。
		時佃　配劉氏，生四子，長曰□，次曰□，三曰□，四曰洧。		
		時任　配劉氏，生一子，曰漣。	**漣**　配李氏，生二子，長曰允誥，次曰允魁。	**允誥**　出繼沅公爲嗣。
				允魁　配牟氏。
		時佶　配連氏，生二子，長曰滙，次曰温。	**滙**	
			温　配馮氏。	

十六世克光公派

【校注】

〔一〕永慶：原作『永康』，誤，據十一世大猷公派十四世、十五世世系表改。國珍乃永慶次子。

〔二〕時作：原作『海』，據本派十八世、十九世世系表改。

克歧公派

十一世	大猷
十二世	瑄
十三世	奕玉
十四世	永慶
十五世	**國瑞**
十六世	**克歧** 國瑞長子。配譚氏。繼勤公長子爲嗣，曰義。
十七世	**義** 配欒氏，生一子，曰時信。
十八世	**時信** 配王氏，生四子，長曰潤，次曰洲，三曰洛，四曰漢。
十九世	**潤** 配林氏，生二子，長曰允英，次曰允奇。 **洲** 配姜氏，生三子，長曰允昌，次曰允福，三曰允彰。 **洛** 配牟氏。繼洲公次子爲嗣，曰允福。 **漢** 配劉氏，生五子，長曰允江，次曰允清，三曰允惠，四曰允慶，五曰允瑞。
二十世	**允英** 配于氏，生一子，曰孚學。 **允奇** 配張氏，生一子，曰孚傳。 **允昌** 配王氏，生一子，曰孚仲。 **允福** 出繼洛爲嗣。 **允彰** 配劉氏，生一子，曰孚海。 **允福** 配王氏。 **允江** 配馮氏，生一子，曰孚思。 **允清** **允惠** 配蔡氏。 **允慶** 配曲氏、于氏。 **允瑞** 配劉氏。

十六世克歧公派

克明公派

十一世	大猷
十二世	瑄
十三世	奕玉
十四世	永慶
十五世	國瑞

十六世克明公派

十六世	**克明** 國瑞次子。配王氏，生一子，曰欽。
十七世	**欽** 配高氏。繼祥公四子爲嗣，曰時儼。
十八世	**時儼** 配林氏、姜氏，生七子，長曰淇，次曰潤，三曰汶，四曰江，五曰溪，六曰沼，七曰濯，赴海北。
十九世	**淇** 配劉氏，生一子，曰允德。
十九世	**潤** 配孫氏，生二子，長曰允良，次曰允讓。
十九世	**汶**
十九世	**江**
十九世	**溪** 配□氏，生一子，曰允輝。
十九世	**沼**
十九世	**濯**
二十世	**允德** 配王氏。
二十世	**允良**
二十世	**允讓**
二十世	**允輝**

克勤公克儉公派

十一世	大猷				
十二世	瑄				
十三世	奕玉				
十四世	永慶				
十五世	國瑞				
十六世	**克勤** 國瑞三子。配徐氏，生四子，長曰義，次曰禮，三曰智，四曰信。				**克儉** 國瑞四子。配于氏、史氏，生一子，曰皋。
十七世	**義** 出繼。	**禮** 配柳氏，生一子，曰時住。	**智**	**信**	**皋** 配潘氏，生一子，曰時儉[一]。
十八世		**時住** 配□氏。繼時儼公六子爲嗣，曰沼。			**時倫**
十九世		**沼**			

十六世克勤公克儉公派

【校注】

〔一〕時儉：此處言皋公之子名曰『時儉』，本派十八世世系表中則爲『時倫』，未知孰是，遵照原文，姑列之。

十一世	大猷
十二世	瑄
十三世	奕玉
十四世	永齡
十五世	國禎

克顯公派

十六世

克顯 國禎公子。配孫氏。繼克恢公次子爲嗣，曰經。

十七世

經 配李氏。繼級公長子爲嗣，曰士和。

十八世

士和 配趙氏，生三子，長曰芝，次曰蘭，三曰蕙。

十九世

芝 配唐氏，生四子，長曰允長，次曰允安，三曰允富，四曰允貴。

蘭 配穆氏，生二子，長曰允元，次曰允利。

蕙 配趙氏，生三子，長曰允太，次曰允平，三曰允茂。

二十世

允長 配王氏，生三子，長曰孚魁，次曰孚增，三曰孚信。

允安 配趙氏。

允富 配閆氏。

允貴

允元 配李氏，生二子，長曰孚仁，次曰孚義。

允利 配修氏，生四子，長曰孚春，次曰孚夏，三曰孚秋，四曰孚冬。

允太 配呂氏，生二子，長曰孚通，次曰孚順。

允平 配吴氏，生一子，曰孚明。

允茂 配石氏，生三子，長曰孚雲，次曰孚嘉，三曰孚全。

十六世克顯公派

十一世	大猷
十二世	瑄
十三世	奕玉
十四世	永齡
十五世	國幹

克恢公派

十六世	十七世	十八世	十九世	二十世
克恢 國幹公子。配呂氏，生二子，長曰級，次曰經。	**級** 配徐氏，生四子，長曰士和，次曰士霖，三曰士升，四曰士豐。	**士和** 出繼經公爲嗣[二]。		
		士霖 配李氏，生二子，長曰莅，次曰葵；一女，適馮家疃。	**莅** 配修氏，生一子，曰建中。	**建中** 配王氏，生一子，曰孚綱；三女，長適中旺董，次適霖泊劉，三適吉格莊李。
			葵 出繼士豐公爲嗣。	
		士升[三] 配王氏，生二子，長曰范，次曰菊。	**范** 配孫氏。繼菊公長子爲嗣，曰永中。	**永中** 配孫氏、林氏，生二子，長曰孚德，次曰孚松。
			菊 出繼士豐公爲嗣。	
		士豐 配張氏。繼士霖公次子爲嗣，又繼士升公次子爲嗣，曰菊。	**葵** 配軌氏，生三子，長曰致中，次曰仁中，三曰成中。	**致中** 配劉氏，生一子，曰孚當。
				仁中 配唐氏、劉氏。
				成中
			菊 配王氏、李氏，生三子，長曰永中，次曰義中，三曰學中。	**永中** 出繼范公爲嗣。
				義中 配楊氏。
				學中 配王氏、于氏、賈氏。
	經 配□氏[一]。			

十六世克恢公派

【校注】

〔一〕配□氏：據克顯公派十六世世系表，可補『出繼克顯公爲嗣』。

〔二〕繼：原缺，據上下文補。

〔三〕士升：原作『士昇』，宗譜別處皆作『士升』，故改。

十一世	大猷
十二世	琚
十三世	奕佐〔一〕
十四世	永貴
十五世	國紀

克義公派

十六世	十七世	十八世	十九世	二十世
克義 國紀公子〔二〕。配于氏，生二子，長曰志，次曰林。	**志** 配閆氏，生一子，曰士奇。	**士奇** 配張氏，生二子，長曰錪，次曰鏡。	**錪** 配李氏、劉氏，生一子，曰允盛。	**允盛** 配祝氏。
			鏡 出繼士官公爲嗣。	
	林 配房氏、方氏，生三子，長曰士賢，次曰士官，三曰士祥。	**士賢** 配房氏。		
		士官 配劉氏。繼士奇公次子爲嗣，曰鏡。	**鏡** 配張氏、王氏。	
		士祥 配于氏，生一子，少亡。		

十六世克義公派

【校注】

〔一〕奕佐：原作『奕佑』，據本分大猷公派十三世、十四世世系表改。

〔二〕國紀：原作『國義』，據本分大猷公派十四世、十五世世系表改。

十一世	大猷
十二世	琚
十三世	奕佐
十四世	永貴
十五世	國勳

克宏公派

十六世	**克宏** 國勳公子。配李氏，生一子，曰純。
十七世	**純** 配呂氏，生一子，曰士貴。
十八世	**士貴** 配孫氏，生二子，長曰鐃，次曰鋒。
十九世	**鐃** 配楊氏，生二子，長曰允東，次曰允龍。 **鋒** 配戴氏，生三子，長曰允化，次曰允清，三曰允虎。
二十世	**允東** 配李氏、董氏。 **允龍** 配劉氏。 **允化** 配李氏。 **允清** 配張氏。 **允虎** 配房氏。

十六世克宏公派

克仁公派

世	
十一世	大猷
十二世	琚
十三世	奕仕
十四世	永順
十五世	國法
十六世	克仁　國法公子。配官氏，生三子，長曰文，次曰斌，三曰舉。
十七世	文　配李氏，生三子。

十六世克仁公派

十一世	大猷
十二世	琚
十三世	奕仕
十四世	永順
十五世	國興

克明公派

十六世	**克明** 國興公子。配徐氏，生二子，長曰絡，次曰統。
十七世	**絡** 配房氏。繼統公次子爲嗣，曰士雍。 **統** 出繼克振公爲嗣。
十八世	**士雍** 配李氏。繼士慶公次子爲嗣，曰鐸。
十九世	**鐸** 配董氏，生四子，長曰允達，次曰允開，三曰允山，四曰允昌。
二十世	**允達** 配田氏，生一子，曰仁。 **允開** 配李氏、趙氏。 **允山** 配李氏，生一子，曰禮。 **允昌** 配吕氏，生二子，長曰義，次曰智。

十一世	大猷
十二世	琚
十三世	奕仕
十四世	永順
十五世	國興

克振公派

十六世	十七世	十八世	十九世	二十世
克振 配解氏、梁氏。繼克明公次子爲嗣，曰統。	**統** 配宮氏，生三子，長曰士慶，次曰士雍，三曰士庠。	**士慶** 配劉氏、李氏，生五子，長曰鏞，次曰鐸，三曰鑑，四曰欽，五曰鈿。	**鏞** 出繼士庠公爲嗣。	
			鐸 出繼士雍公爲嗣。	
			鑑 配于氏，生二子，長曰允公，次曰允合。	**允公** 配王氏。
				允合 配閆氏。
			欽 配朱氏，生一子，曰允南。	**允南** 配趙氏。
			鈿 配江氏，生一子，曰允文。	**允文** 配葉氏。
		士雍 出繼絡公爲嗣。		
		士庠 配董氏。繼士慶公長子爲嗣，曰鏞。	**鏞** 配董氏，生三子，長曰允亭，次曰允翰，三曰允興。	**允亭** 配姜氏，生二子，長曰協，次曰清。
				允翰 配劉氏，生一子，曰惠。
				允興 配江氏，生二子，長曰香，次曰昇。
克英 出繼國成公爲嗣。				

十六世克振公派

克英公派

六世	祐	
七世	孟昭	
八世	仲道	
九世	燿	
十世	述	
十一世	大猷	
十二世	琚	
十三世	奕仕	
十四世	永順	
十五世	國成	
十六世	克英 國成公子。配石氏，生一子。	十六世克英公派

十一世	大猷
十二世	琚
十三世	奕仕
十四世	永順
十五世	國祥

克榮公派

十六世	十七世	十八世	十九世
克榮 國祥公子。配張氏，生三子，長曰田，次曰有，三曰辛。	**田** 配高氏，生三子，長曰士德，次曰士禄，三曰士爵。	**士德** 配孫氏，生一子，曰愷。	**愷** 配王氏。
		士禄 配孫氏，生一子，曰魁。	**魁** 配管氏。
		士爵	
	有 配郭氏，生二子，長曰士進，次曰士成。	**士進** 配賈氏，生四子，長曰賢，次曰作，三曰錫。	**賢** **作** **錫**
		士成 配姜氏。	
	辛 配吕氏、張氏，生一子，曰士運。	**士運**	
克化 配□氏。	**臣** 配孫氏。繼田公長子爲嗣，曰士德。	**士德**	

十六世克榮公派

克亮公派

世	
十一世	大猷
十二世	琚
十三世	奕俊
十四世	永福
十五世	國柱
十六世	**克亮** 國柱公子。配任氏，生五子，長曰仟，次曰份，三曰佩，四曰伯，五曰佺。

十六世克亮公派

克亮公派

十七世	十八世	十九世	二十世
仟 配董氏。繼佺公長子爲嗣，曰士淳。	**士淳** 配于氏。繼士太公長子爲嗣，曰鐗。	**鐗** 配孫氏，生一子，曰允茂。	
份 配□氏。繼佺公次子爲嗣，曰士太。	**士太** 配王氏。		
佩 配董氏、郭氏，生三子，長曰士文，次曰士舉，三曰士玉。	**士文** 配張氏。繼士舉公長子爲嗣，曰鐕。	**鐕** 配唐氏，生二子，幼。	
	士舉 配孫氏，生二子，長曰鐕，次曰鎧。	**鐕** 出繼士文公爲嗣。	
		鎧 配郭氏。	
	士玉 赴關東。		
伯 配劉氏，生一子，曰士照。	**士照** 配王氏，生一子，曰鉢。	**鉢** 配張氏、劉氏，生四子，長曰允佺，次曰允福，三曰允中，四曰允學。	**允佺** 配李氏、田氏，生四子，長曰富，次曰貴，三曰榮，四曰華。 **允福** 配于氏，生一子，曰德。 **允中** 字執正。配孫氏。 **允學** 配賈氏。
佺 配王氏，生三子，長曰士淳，次曰士太，三曰士仁。	**士淳** 出繼仟公爲嗣。		
	士太 出繼份公爲嗣。		
	士仁 配馬氏，生二子，長曰法，次曰祥。	**法** 配王氏，生一子，曰允喜。	**允喜** 配李氏、蕭氏〔一〕。
		祥 配馬氏。	

十六世克亮公派

【校注】

〔一〕氏：原缺，據上下文補。

十一世	大猷
十二世	琚
十三世	奕俊
十四世	永福
十五世	國基　國璽

克真公派

十六世	十七世	十八世	十九世
克真 國基公子。配張氏、王氏，生二子，長曰吉，次曰立。	**吉** 配張氏，生一子，曰士寬。	**士寬** 配冷氏、倪氏，生二子，長曰傳，次曰炬。	**傳** 配江氏，生□子。
			炬
	立		
克育			
克正 國璽長子。配閆氏，生四子，長曰侙，次、三、四俱幼，赴關東。			
克敬 赴關東。			

十六世克真克育克正克敬公派

此中四分之二分〔一〕。本分訓導公生三子〔二〕：長珽其後人入旗；次瑄生二子，長入籍栖霞，次仍故園是戀〔三〕，依舊住周家村；三琚生五子，均由周家村遷南龍灣莊。自此以下則遷徙無時，寄留异地者有之，糊口奉天者有之。非務農而株守，即謀食而奔馳。耕也讀也，幾留一字，考記之下，不禁再三擱筆。

【校注】

〔一〕四分：原作『四份』，當誤，故改。

〔二〕訓導公：即宋大猷，因曾『官訓導』，故稱。

〔三〕長入籍栖霞，次仍故園是戀：據大猷公派世系表，瑄公『生二子，長諱缺嗣，次諱奕玉』。奕玉『生二子，長諱永慶，次諱永齡』，長子永慶『康熙年間，携眷就食栖霞，遂入籍』，次子永齡當依舊住周家村。

三、中四分之三分

始祖	興公
二世	伯安
三世	居仁
四世	福全
五世	積
六世	祐
七世	孟昭
八世	仲道
九世	燿
十世	述

大訓公派

十一世	**大訓** 述公三子。配李氏,生一子,曰珂。
十二世	**珂** 配楊氏,生一子,曰奕隆。
十三世	**奕隆** 配姜氏,生四子,長曰光顯,次曰光明,三曰光德,四曰光照。
十四世	**光顯** 配劉氏、于氏,生二子,長曰文奇,次曰文章。
	光明 配于氏、冷氏,生一子,曰文高。
	光德 配李氏,生三子,長曰文林,次曰文江,三曰文生。
	光照 配王氏,生四子,長曰文茂,次曰文著,三缺嗣,四曰文萃。
十五世	**文奇** 配孫氏,生三子,長曰克長,次缺嗣,三曰克成。
	文章 配劉氏,生一子,曰克鋭〔一〕。
	文高 配孫氏。繼文茂次子爲嗣,曰克舉。
	文林 配于氏,生一子,曰克業。
	文江 配賈氏,生一子,缺嗣。
	文生 寄留於外。
	文茂 配李氏,生二子,長曰克信,次曰克舉。
	文著 配崔氏,携外。
	文萃 配姜氏,生四子,長曰克俊,次曰克玉,三曰克塱〔二〕,四曰克璉,少亡。

十一世大訓公派

【校注】

〔一〕克鋭：原作『克敬』，據本分克鋭公派世系表改。

〔二〕克塱：原作『克明』，據本分克俊克玉克塱公派世系表改。

十一世	大訓
十二世	珂
十三世	奕隆
十四世	光顯
十五世	文奇

克長克成公派

十六世	十七世	十八世	十九世	二十世
克長　文奇長子。配謝氏、胡氏，生二子，俱缺名。				
克成　文奇三子。配紀氏，生一子，曰綨。	**綨**　配于氏，生四子，長曰時法，次曰時福，三曰時貴，四曰時全。	**時法**　配夏氏，生一子，曰進。	**進**　配王氏，生二子，長曰文中，次曰文紅。	**文中**　配李氏，生□子。 **文紅**　配倪氏。
		時福　配于氏，生一子，曰春。	**春**　配喬氏，生二子，長曰雲龍，次曰奎龍。	**雲龍** **奎龍**
		時貴　配紀氏、韓氏，生一子，曰壽。	**壽**　配吳氏、馬氏，生三子，長曰化東，次曰化西，三曰化南。	**化東**　配于氏。 **化西** **化南**
		時全　配張氏、趙氏，生五子，長曰福，次曰禧，三曰有，四曰尧，五少亡。	**福**　配唐氏，生一子，曰賢中。	**賢中**　配王氏、戰氏、劉氏。
			禧　配劉氏、姜氏，生二子，長曰寶中，次曰玉中。	**寶中**　配李氏。 **玉中**
			有　配遲氏，生四子，長曰德中，次曰應中，三曰選中，四曰矩中。	**德中**　**應中** **選中**　**矩中**
			尧　配謝氏，生二子，長曰貴中，次曰尚中。	**貴中** **尚中**

十六世克長克成公派

六世	祐	
七世	孟昭	
八世	仲道	
九世	燿	
十世	述	
十一世	大訓	
十二世	珂	
十三世	奕隆	
十四世	光顯	
十五世	文章	

克鋭公派

十六世	**克鋭** 文章公子。配鄒氏，生二子，長曰成，次曰代。
十七世	**成** 配張氏，生一子，曰時玉。 **代**
十八世	**時玉** 配□氏。繼時貴公子爲嗣，曰壽。
十九世	**壽**

十六世克鋭公派

克舉公派

十一世	大訓
十二世	珂
十三世	奕隆〔一〕
十四世	光明
十五世	文高

十六世克舉公派

十六世	克舉　文高公子。配李氏，生一子，曰禮。
十七世	禮　配楊氏，生一子，曰時榮。
十八世	時榮　配姜氏，生一子，曰佶。
十九世	佶　配姜氏。繼化公長子爲嗣，曰振允。
二十世	振允　配劉氏，生一子，曰德之。

【校注】

〔一〕隆：原作『龍』，誤，宗譜別處皆作『隆』，故改。

十一世	大訓
十二世	珂
十三世	奕隆
十四世	光德
十五世	文林

克業公派

十六世	十七世	十八世	十九世	二十世
克業 文林公子。配□氏，生一子，曰智。	**智** 配□氏，生一子，曰時德。	**時德** 配姜氏，生二子，長曰化，次曰顔。	**化** 配徐氏，生三子，長曰振允，次曰振才，三曰振賓。	**振允** 出繼佶公爲嗣。
				振才 配王氏。
				振賓
			顔 配姜氏，生三子，長曰佐福，次曰佐禄，三曰佐壽。	**佐福** 配王氏。
				佐禄 配王氏。
				佐壽 配楊氏。

十六世克業公派（一）

【校注】

〔一〕克業：原作『克舉』，據上下文改。

十一世	大訓
十二世	珂
十三世	奕隆
十四世	光照
十五世	文茂

克信公派

十六世	十七世	十八世	十九世	二十世
克信 文茂公子。配修氏，生一子，曰義。	**義** 配張氏，生三子，長曰時敬，次曰時明，三曰時成。	**時敬** 配戰氏，生二子，長曰勤，次曰儉。	**勤** 配李氏，生三子，長少亡，次殿興，三曰殿福。	**殿興** 配田氏。 **殿福** 配王氏。
			儉 出繼時成公爲嗣。	
		時明 出繼允公爲嗣。		
		時成 配王氏。繼時敬公次子爲嗣，曰儉。	**儉** 配汪氏，生二子，長曰殿軍，次少亡。	**殿軍** 配劉氏。

十六世克信公派

世	名
十一世	大訓
十二世	珂
十三世	奕隆
十四世	光照
十五世	文萃

克俊克玉克朢公派

十六世	十七世	十八世	十九世	二十世
克俊 文萃長子。配鄒氏，赴外。 **克玉** 文萃次子。配吕氏，絶。				
克朢 文萃三子。配李氏，生一子，曰允。	**允** 配鮑氏、楊氏。繼義公次子爲嗣，曰時明。	**時明** 配董氏，生一子，曰德。	**德** 配楊氏，生四子，長曰殿春，次曰殿元，三曰殿仁，四曰殿賢。	**殿春** 配吴氏，生二子，長曰孚言，次曰孚行。 **殿元** 配劉氏。 **殿仁** 配劉氏。 **殿賢** 配梁氏。

十六世克俊克玉克朢公派

此中四分之三分，仍住周家村。本分之人務農者竟有八九，業儒者何絶無一二？君子之澤，五世而斬，計我封御史至大訓已六世矣。吁！此亦無足怪也。

四、中四分之四分

應亨公派

始祖	興公
二世	伯安
三世	居仁
四世	福全
五世	積
六世	祐
七世	孟昭
八世	仲道
九世	燿
十世	述
十一世	應亨

應亨　述公四子。字嘉甫，號長元。誥贈通議大夫、四川按察使司按察使。前明萬曆乙卯舉人[一]，天啓乙丑進士[二]。工部觀政，授直隸大名府清豐縣知縣[三]，舉循良第一。辛未行取入都[四]，考選授禮部主客司主事。壬申二月改吏部稽勛司主事[五]，旋調考功文選副郎。癸酉典試河南[六]，逾年轉稽勛司郎中。以母李太淑人春秋高，請終養歸。於崇禎十六年癸未二月初六日殉邑難。事聞贈太僕寺少卿[七]，予祭葬，崇祀名宦鄉賢。乾隆四十一年，欽定勝朝殉節諸臣録，賜謚節愍。公生於萬曆八年二月二十八日□時[八]，配郝氏、孫氏，贈淑人；張氏，封孺人。生四子，長諱璠，次諱璜，三諱琬，四諱珣。公傳載《明史》。享年五十歲，葬周家村北原壬山丙向。

十一世應亨公派

應亨公派

十二世	十三世	十四世	十五世
播　字玉伯，號□。以光祿簿上林丞加行太僕寺少卿。配張氏〔九〕。繼琬公次子爲嗣，諱思勃。公生於前明萬曆二十六年戊戌十月□日□時，卒於臨淄客寓，享□歲。葬周家村祖塋。	**思勃**　貢監〔一〇〕，考授同知。配王氏高密戊戌進士詹事府正詹諱颺昌公女〔一一〕、王氏、徐氏，生七子，長諱餘淌，次諱餘濬，三諱餘湘，四諱餘渥，五諱餘潤，六諱餘洸，七諱餘溥〔一二〕。葬周家村祖塋。	**餘淌**　太學生。配李氏、李氏，生五子，長諱惇，次諱憬，三諱愿〔一三〕，四諱惀，五諱愹；七女，長適李承芳〔一四〕，次適李承訓，三少亡，四適王得琳，五適李承輝，六適趙起樽，七適李承仁。	**惇**　配趙氏，生一子。 **憬**　配林氏，生一子。 **愿**　配姜氏，生五子。 **惀**　配李氏，生二子。 **愹**　配李氏，生二子。
		餘濬　出繼思陟公爲嗣。	
		餘湘　庠生。配鞠氏、李氏，生二子，長諱愷，次諱乾；六女，長適李承後，次適李，三適張，四適張，五適張，六適李承修。	**愷**　配李氏。 **乾**
		餘渥　庠生。配華氏，生三子，長諱忻，次諱悅，三諱怡〔一五〕；二女，長適乾，次適田。	**忻**　配于氏。 **悅**　配龍氏。 **怡**　配孫氏、潘氏。
		餘潤　配周氏、劉氏，生二子，長諱忭，次諱忱。	**忭**　庠生。配連氏，生二子。 **忱**
		餘洸　庠生。配林氏、張氏，生三子，長諱[illegible]，次諱愉，三諱快；三女，長適林，次適姜寧清，三適連。	**愉**　配呂氏。 **快**　配臧氏。
		餘溥　出繼思勷公爲嗣。	

十一世應亨公派

應亨公派

十二世

璜

字玉仲，號召石，一號答昊。崇禎丙子舉人[一六]，庚辰進士[一七]，禮部觀政，授浙江杭州府推官。壬午同考試官[一八]，升兵部職方司主事，敕封文林郎。傳載《縣志》。配夏氏[一九]、喬氏，封孺人。公生於前明萬曆三十三年乙巳十二月□日□時[二〇]，於順治十四年丁酉□月□日□時卒於京邸，享年五十二歲。葬周家村祖塋。

十三世

思陟

字孝瞻，號□。歲貢生[二一]，授平陰教諭，敕授文林郎，山西澤州府高平縣知縣。配王氏，封孺人，順治丙戌進士、翰林鳳宿兵備道諱一驥公女[二二]。繼思勃公次子諱餘濬爲嗣。公葬周家村祖塋乾山巽向。

十四世

餘濬

字子文，號□。國學生，候選州同知。配李氏海陽縣順治乙未進士任兵部右侍郎諱贊元公孫女、康熙癸巳舉人諱本雲公女[二三]，生一子，諱恬[二四]；三女，長適李承先，次適李承綱，三適李承緒。公葬谿聚新阡。

十五世

恬

字澹懷，號南圃。雍正甲寅拔貢[二五]，乙卯順天舉人[二六]，乾隆壬戌明通[二七]。任青州府樂安縣教諭，例贈文林郎，貤贈修職郎。配李氏，貤封太孺人，海陽縣順治乙未進士任兵部右侍郎諱贊元公曾孫女[二八]、康熙癸巳舉人諱瑄公孫女、乾隆丙辰進士山西汾州府知府諱果公女[二九]、壬申舉人諱承統公胞妹[三〇]、辛未進士翰林院編修甘肅西寧知府諱承瑞公胞妹[三一]，生五子，長諱鳴霄，次諱鳴泰，三諱鳴和，四諱鳴謙，五諱鳴豫；一女，適廩貢生候選訓導左彤衡[三二]。公葬谿聚村祖塋。

十一世應亨公派　現居陽關，距城一里

應亨公派

十二世

琬　字玉叔，號荔裳。順治丙戌舉人，丁亥進士〔三三〕，禮部觀政，授户部河南司主事，調吏部稽勳司主事，外補陝西分巡隴右兵備道，兼攝臨鞏等處學政，升永平副使，浙江寧紹臺參政，本省按察使司按察使，後補四川按察使司按察使。誥封通議大夫，崇祀鄉賢。著有《安雅堂全集》行世。傳載《山東通志》。配劉氏例贈淑人、王氏誥封淑人、袁氏、沈氏，生三子，長諱思勷，次諱思勃，三諱思勰。公生於前明萬曆甲寅八月初四日未時〔三四〕，以入覲於康熙甲寅三月初四日申時卒於京師〔三五〕，享年六十一歲。葬古城新阡。

十三世

思勷　貢監〔三六〕。配于氏寧海州甲辰進士四川納溪縣知縣諱濍公女〔三七〕。繼思勃公七子爲嗣，諱餘溥。公葬周家村祖塋。

思勃　出繼璠公爲嗣。

思勰　字孝和。歲貢生〔三八〕。候選訓導，敕封儒林郎。配高氏族表節孝敕封安人膠西甲午舉人登州教授諱昱公女〔三九〕，生一子，諱永年。

十四世

餘溥　國學生。配薛氏，生四子，長諱恢〔四〇〕，次諱恪，三諱怦，四諱愔；嗣女適李純。公葬周家村祖塋。

永年　字仁若，號鶴州。太學生。考授州同知。配張氏歲貢生鑲白旗教習考授州縣諱重繩公女〔四一〕、唐氏、湯氏、寧氏、丁氏，生五子，長諱寧，次諱宜，三諱宣，四諱憲，五諱審。

十五世

恢　配孫氏。繼恪公長子諱鳴莪爲嗣。公葬谿聚村塋。

恪　配趙氏，生四子，長諱鳴莪，次諱鳴岫，三缺名，四少亡。公葬周家村祖塋。

怦　配李氏，生四子，長諱鳴廷，次諱鳴清，三諱鳴林，四諱鳴堂；三女，長適李，次適李，三適王。

愔　配魏氏、張氏，生二子，長諱鳴福，次諱鳴麓。公葬周家村祖塋。

寧　太學生。候選鹽大使。配張氏山西按察司掖縣諱無咎公女〔四二〕，繼配楊氏寧海州生員諱秉𩡣公女。

宜　貢生〔四三〕。任廣西柳州府通判。配李氏海陽監生諱柜公女。

宣　太學生。配李氏栖霞附監諱秉衡公女。

憲　配李氏海陽監生諱樹公女。

審　郡廩生。配侯氏掖縣丙午舉人庚戌進士阜陽縣諱茲公女〔四四〕。

十一世應亨公派　現居崔疃村

應亨公派

十二世

珣　字玉季，號□。廩生。配左氏甲戌進士吏部文選司主事諱懋泰公女〔四五〕，生一子，諱思貽。

十三世

思貽　字孝穀。貢監〔四六〕。配周氏崇禎丁丑進士歷任蘇松巡撫諱伯達公女〔四七〕、張氏、李氏，生三子，長諱餘滋，次諱餘澎〔四八〕，三諱餘泓；三女，長適海陽高，次適栖霞李，三適海陽王。

十四世

餘滋　字梧臺，號魯源。蔭監生。配劉氏，生三子，長諱貞，次諱惠，三諱憲；一女，適姜。

餘澎　字□，號□。配沈氏，生二子，長諱英，次缺嗣；二女，長適王，次適閆。

餘泓　字□，號□。配林氏，生二子，長少亡，次諱忠；二女，長適劉，次適王。

十五世

貞　字□，號□。配孫氏，生一子，諱克存；二女，長適高，次適榮。

惠　字漢乘，號□。配王氏，生三子，長諱克儀，次少亡，三諱克昌；一女，適高。

憲　字世範，號□。配□氏，生一子，諱克新；一女，適趙。

英　字□，號□。配宮氏，生一子，諱克禮；一女，適姜。

忠　字□，號□。配王氏，生二子，長諱克住，次諱克立；二女，長適寵，次適林。

十一世應亨公派　現居江格莊村

此中四分之四分，共上三分，俱由大四分之二分分出，至我本分七世祖職方公，身又分爲四小分，以下即小四分支派矣。

【校注】

〔一〕前明：原作『前』，『明』據上下文補。萬曆乙卯：指明萬曆四十三年（一六一五）。

〔二〕乙丑：指明天啓五年（一六二五）。

〔三〕大名：原作『大明』，誤。知縣：原作『知』，『縣』據上下文補。

〔四〕辛未：指明崇禎四年（一六三一）。

〔五〕壬申：指明崇禎五年（一六三二）。

〔六〕癸酉：指明崇禎六年（一六三三）。

〔七〕少：原缺，據民國本《萊陽縣志》卷三之三上和《光緒增修登州府志》卷三九補。

〔八〕生：原作『主』，據上下文改。

〔九〕配：原缺，據上下文補。

〔一〇〕貢監：宋思勃乃清康熙例貢，《康熙萊陽縣志》卷之六『貢舉·例貢·清·康熙』條：『宋思勃，璠子，貢監，考授州同知。』

〔一一〕戊戌：指清順治十五年（一六五八）。王颺昌：字子言。清順治十四年（一六五七）舉人，順治十五年（一六五八）進士。選庶吉士，充會試同考官，散館授檢討，康熙年間官至禮部侍郎。

〔一二〕六諱餘洸，七諱餘溥：原作「六諱餘浦，七諱餘洸」，據本派十三世世系表中，思勷「繼思勃公七子爲嗣，諱餘溥」改。「浦」，宗譜别處皆作「溥」，故改。

〔一三〕憬：原作「源」，據本派十五世名字用字和十五世世系表改。

〔一四〕李承芳：字淑六，號谿南，海陽縣（今改市）人。清乾隆十二年（一七四七）舉人，乾隆十七年（一七五二）進士。工詩詞古文，兼工書法，尤精隸書。據劉廷鑾、孫家蘭編著《山東明清進士通覽·清代卷》，山東文藝出版社二〇一四年版，第二一八頁。

〔一五〕三諱怡：原文「三諱怡」在「次適田」後，據叙述順序改。

〔一六〕崇禎：原作「崇偵」，誤。丙子：指明崇禎九年（一六三六）。

〔一七〕庚辰：指明崇禎十三年（一六四〇）。

〔一八〕壬午：指明崇禎十五年（一六四二）。

〔一九〕夏氏：王崇簡《青箱堂文集》卷八有《夏安人墓志銘》：「兵部職方司主事宋公諱璜之妻曰夏安人，萊陽茂才國士之次女也。」

〔二〇〕萬曆三十三年乙巳：原作「萬曆三十年乙巳」，萬曆三十年爲壬寅年，三十三年爲乙巳年，因宋璜享年五十二歲，當生於萬曆三十三年乙巳十二月。

〔二一〕歲貢生：宋思陟乃康熙歲貢。據民國本《萊陽縣志》卷三之一上『人物・科第・貢生・清・康熙』條：『宋思陟，璜子，（康熙）歲（貢）。』

〔二二〕丙戌：指清順治三年（一六四六）。王一驥：字念石，號千里，蓬萊縣（今改市）人。明崇禎十六年（一六四三）舉人，清順治三年（一六四六）進士。選庶吉士，散館授弘文院編修。仕至江南按察司副使，分巡鳳宿道。

〔二三〕乙未：指清順治十二年（一六五五）。李贊元：初名立，順治帝賜名贊元。字公弼，號望石，山東大嵩衛（後屬海陽）人。順治八年（一六五一）舉人，十二年（一六五五）進士，選翰林院庶吉士，明年，除授山東道監察御史。先後奉命巡視京城，巡按湖北，巡視兩淮鹽課等，改革鹽政，清除積弊，多有建白。後歷户科給事中、右通政、大理寺卿、都察院左副都御史。康熙十三年（一六七四），擢兵部督捕侍郎。康熙十七年（一六七八），卒於任。工詩文，著有《信心齋稿》《巡楚詩稿》《滴翠園詩稿》《杜詩解》等。癸巳：原作『癸乙』，無此干支，當誤，據《乾隆海陽縣志》卷之五改。指清康熙五十二年（一七一三）。李本雲：《乾隆海陽縣志》卷之五『科貢・文鄉試・康熙癸巳恩科』條有『李本澐』，據李贊元子輩行用字『水』，『雲』當爲『澐』。另，據劉廷鑾、孫家蘭編著《山東明清進士通覽・清代卷》：『（李贊元）子孫中人才輩出。在十三子中，有一進士（本涵）三舉人（本澂、本瀶、本淳）。』未有『本澐』，不知何據，姑列之。

〔二四〕恬：原作『怡』，當誤。宗譜別處皆作『恬』。

〔二五〕甲寅：指清雍正十二年（一七三四）。

〔二六〕乙卯：指清雍正十三年（一七三五）。

〔二七〕壬戌：指清乾隆七年（一七四二）。

〔二八〕兵部：原脱『部』字，據上下文補。曾孫女：原脱『曾』字，據上下文補。

〔二九〕丙辰：指清乾隆元年（一七三六）。李果：字碩亭。清雍正十三年（一七三五）舉人，乾隆元年進士。由刑部主事，仕至山西大同府知府。宗譜云『汾州府知府』，疑誤。李果工詩文，善書法。祖父贊元，父瑄。

〔三〇〕壬申：原作『壬壬申』，衍一『壬』字。指清乾隆十七年（一七五二）。

〔三一〕辛未：指清乾隆十六年（一七五一）。李承瑞：字班牧，號玉典。清乾隆十五年（一七五〇）舉人，乾隆十六年進士，選庶吉士，散館授編修。仕至甘肅西寧府知府。父果。

〔三二〕左彤衡：字均六，彝勗子，萊陽南嵐村人。清乾隆四十二年（一七七七）貢士。著有《松墅詩草》一卷。據民國本《萊陽縣志》卷三之一上『人物·科第』條和卷三之三中『藝文·著述』條。

〔三三〕丙戌：指清順治三年（一六四六）。丁亥：指清順治四年（一六四七）。

〔三四〕甲寅：指明萬曆四十二年（一六一四）。

〔三五〕甲寅：指清康熙十三年（一六七四）。

〔三六〕貢監：宋思勷乃康熙例貢，據《康熙萊陽縣志》卷之六『貢舉·例貢·國朝·康熙』條：『宋思勷，琬子，貢監。』

〔三七〕甲辰：指清康熙三年（一六六四）。于濾：字秋一，號阜臺，登州府寧海州上莊人。清順治十七年（一六六〇）舉人，康熙三年（一六六四）進士。授四川瀘州納溪知縣。未及到任，值吴三桂之變，妻宫氏於戰亂中上吊殉國，濾被執迫降，誘以僞職，不屈，乘隙亡走南郭凡六載。著有《抗忠實迹》《溯回吟》。參見李進莉、潘榮勝編著《清代山東進士》，齊魯書社二〇〇九年版，第三三七頁。

〔三八〕歲貢生：宋思緦乃清康熙歲貢。民國本《萊陽縣志》卷三之一上『人物·科第·貢生·清·康熙』條：『宋思緦，琬三子，（康熙）歲（貢）。』

〔三九〕甲午：指清順治十一年（一六五四）。高昱：生平不詳。據《安雅堂未刻稿》卷八《清豐祭先太僕文，庚戌九月》：『戊申之夏，逾月雙雛。……幼孫阿端（思緦小字），慧而且都。李公望石，締好陳朱』、卷七《謝李望石婚啓》《又啓》，望石爲宋琬同邑李鐸之號，思緦當聘李鐸之女。李鐸，據《康熙萊陽縣志》卷八『人物·世賢』條之《李二公傳》：『李鐸，字孔教，號望石。辛酉，舉於鄉。壬戌，登進士。授行人，擢刑科給事中。多所建白，升大理寺少卿。……轉都御史，巡撫宣府。……以大同軍亂，因移大同。叛卒聞公至，安堵如故。卒賜祭葬，以子泂貴，進通議大夫。祀鄉賢。』

〔四〇〕悏：原作『焕』，宗譜别處皆作『悏』，又，餘溥子輩名稱用字爲『心』，故改。

〔四一〕張重繩：《康熙萊陽縣志》卷之六『貢舉·貢士·國朝·康熙』條：『張重繩，瑞徵子，癸亥貢。』

〔四二〕張無咎：字惕庵，山東掖縣（今萊州市）人。由廪貢任刑部郎中，清雍正二年（一七二四）任福建泉州府知府。後擢山西按察使，以疾告歸。

〔四三〕貢生：民國本《萊陽縣志》卷三之一上『人物·科第·貢生』條無宋宜。

〔四四〕丙午：指清雍正四年（一七二六）。庚戌：指清雍正八年（一七三〇）。侯兹：字美來，號東海。清雍正四年（一七二六）舉人，八年（一七三〇）進士。曾任全椒縣、阜陽縣知縣。

〔四五〕甲戌：指明崇禎七年（一六三四），原作『甲辰』，據民國本《萊陽縣志》改。民國本《萊陽縣志》卷三之一上『人物·科第·進士·明·崇禎』條：『左懋泰，之楨子，天啓辛酉舉人，甲戌（進士）。』左懋泰：民國本《萊陽縣志》卷三之一中『人物·鄉宦』之『清·順治』條：『左懋泰，明進士，授河南陳留祥符縣知縣，歷兵部主事、吏部員外郎，清任原官，以罪謫戍鐵嶺。』

〔四六〕貢監：宋思貽乃清康熙六年（一六六七）例貢。《康熙萊陽縣志》卷之六『貢舉·例貢·國朝·康熙』條：『宋思貽，丁未入監。』

〔四七〕丁丑：指明崇禎十年（一六三七），原作『丁卯』，據民國本《萊陽縣志》改。民國本《萊陽縣志》卷三之一上『人物·科第·進士·明·崇禎』條：『周伯達，臧家疃，（崇禎）丙子舉人，丁丑（進士）。』周伯達，字洱如，號康歧，據民國本《萊陽縣志》卷三之一中『人物·鄉宦』之『清·順治』條：『周伯達，明進士，授直隸深澤縣知縣，調河間知縣，歷官工部郎中、陝西按察司僉事，分守關西道。清超拜甘肅巡撫，調江寧巡撫，祀鄉賢祠。』

〔四八〕餘淜：原作『餘淜』，宗譜別處皆作『餘淜』，故改。

六世	祐
七世	孟昭
八世	仲道
九世	燿
十世	述
十一世	應亨
十二世	璠
十三世	思勃
十四世	餘淌
十五世	惇

鳴岐公派

十六世	十七世	十八世	十九世
鳴岐 惇公子。字西峯。配修氏，生二子，長曰天相，次曰挺相。	**天相** 配□氏。繼紋公次子爲嗣，曰樂賢。	**樂賢** 配□氏。繼美賢公四子爲嗣，曰塊。	**塊** 配戰氏。
	挺相		

十六世鳴岐公派　現住前譚格莊，距萊陽城五十里，以下同

世	名
六世	祐
七世	孟昭
八世	仲道
九世	燿
十世	述
十一世	應亨
十二世	璠
十三世	思勃
十四世	餘淌
十五世	悰

鳴岳公派

十六世	十七世	十八世	十九世
鳴岳 慷公長子。配李氏，生一子，諱紋。	**紋** 配李氏、趙氏、趙氏、張氏，生三子，長曰立賢，次曰樂賢，三曰美賢。	**立賢** 配任氏。繼美賢公長子爲嗣，曰墇。	**墇** 配吕氏。
		樂賢 出繼天相公爲嗣。	
		美賢 配李氏，生四子，長曰墇，次曰塽，三曰填，四曰塊。	**墇** 出繼立賢公爲嗣。
			塽 配孫氏。
			填
			塊 出繼樂賢公爲嗣。

十六世鳴岳公派　現居譚格莊

嗚崑公派

六世	祐
七世	孟昭
八世	仲道
九世	燿
十世	述
十一世	應亨
十二世	璠
十三世	思勃
十四世	餘淌
十五世	悰
十六世	嗚崑 悰公次子。配遲氏，生二子，長曰蘊，次曰蓄。

十六世嗚崑公派

現居譚格莊

六世	祐	
七世	孟昭	
八世	仲道	
九世	燿	
十世	述	
十一世	應亨	
十二世	璠	
十三世	思勃	
十四世	餘淌	
十五世	㦤	

鳴華公派

世系	記載
十六世	**鳴華** 惊公三子。配李氏，生一子，曰綝。
十七世	**綝** 配李氏，生一子，曰哲賢。
十八世	**哲賢** 配王氏，生一子，曰大喜。
十九世	**大喜**

十六世鳴華公派　現居前譚格莊

六世	祐
七世	孟昭
八世	仲道
九世	燿
十世	述
十一世	應亨
十二世	璠
十三世	思勃
十四世	餘淌
十五世	愫

鳴嵩公派

十六世	十七世	十八世	十九世	二十世
鳴嵩 惊公四子。配王氏。繼鳴岱公次子爲嗣，曰蕙。	**蕙** 配趙氏，生五子，長曰官賢，次曰敬賢，三曰招賢，四曰德賢，五曰增賢。	**官賢** 配張氏，生一子，曰坊。	**坊** 配劉氏，生一子，曰鴻山。	**鴻山**
		敬賢 配趙氏，生一子，曰均；一女，適姜。	**均** 配于氏[二]，生三子，長曰銀山，次曰福山，三曰有山；三女，長適于，次適劉，三適□。	**銀山**
				福山
				有山
		招賢 配李氏，生一子，曰坪。生於道光十一年五月二十五日，卒於光緒二十四年六月十一日未時，享年六十八歲[一]。	**坪** 配李氏，生三子，長曰鵬山，次曰青山，三曰壽山。生於咸豐九年三月十五日寅時，卒於民國四年三月初六日丑時。	**鵬山** 配李氏。
				青山 配董氏、仇氏、傅氏。
				壽山 配姜氏，生一子，曰志先。
		德賢 配蓋氏，生一子，曰培；二女，長適吳，次適于。	**培** 配趙氏，生一子，曰平安，號禮山，□於同治十二年三月十五日□時[三]。	**禮山** 配于氏，生二子。
		增賢		

十六世鳴嵩公派　現居前譚格莊

【校注】

〔一〕六十八歲：原作『六十一歲』，誤。因招賢生於道光十一年（一八三一），卒於光緒二十四年（一八九八），故當享年六十八歲。

〔二〕于氏：原作『于山』，當誤，據上下文改。

〔三〕曰平安……十五日□時：遵照原文，當有訛誤和缺字，待考。

嗚岱公派

六世	祐
七世	孟昭
八世	仲道
九世	燿
十世	述
十一世	應亨
十二世	璠
十三世	思勃
十四世	餘淌
十五世	愿
十六世	嗚岱 愿公五子。配張氏、蘇氏，生二子，長曰蘭，次曰蕙；四女，長適趙，次適左，三適劉，四適于。公葬村南新阡。

嗚岱公派

十七世	十八世	十九世	二十世
蘭 配左氏，生一子，曰進賢；一女，適李。繼配趙氏，生二子，長曰悦賢，次曰尊賢；二女，長適遲，次適史。公葬村北。	**進賢** 配王氏，生五子，長曰坫，次曰埒，三曰埰，四曰堦，五曰埨；二女，長適仲，次適左。公葬北疃村西。	**坫** 配滕氏。繼埰公長子爲嗣，曰景山。公葬於村北。	**景山** 配尹氏，生一子，曰玉慶；一女。
		埒 配隋氏，生四子，長曰鶴山，次曰喜山，三曰金山，四曰松山；三女，長適劉，次適于，三適姜。	**鶴山** 配鞠氏，生三子，長曰諷，次曰□，三曰□；一女，適張。
			喜山
			金山
			松山
		埰 配趙氏，生三子，長曰景山，次曰春山，三曰華山。	**景山** 出繼坫公爲嗣。
			春山 配李氏。
			華山 配王氏。
		堦 出繼悦賢公爲嗣。	
		埨 配張氏、李氏、張氏，生三子，長曰桂山，次曰芳山，三曰連山。	**桂山**
			芳山
			連山
	悦賢 配孫氏。繼進賢公四子爲嗣，曰堦。三女，長適尹，次適軓，三適于。公葬於村北。	**堦** 配王氏，生二子，長曰玉山，次曰泰山；一女，適王。公葬於村北。	**玉山** 配左氏。
			泰山
	尊賢 出繼緒公爲嗣。		
蕙 出繼嗚嵩公爲嗣。			

十六世嗚岱公派　現居前譚格莊

六世	祐
七世	孟昭
八世	仲道
九世	燿
十世	述
十一世	應亨
十二世	璠
十三世	思勃
十四世	餘淌
十五世	愉

鳴鳳公派

十六世	十七世	十八世	十九世
鳴鳳 愉公長子。配李氏，生一子，曰緒；一女，適劉。	**緒** 配□氏。繼蘭公次子爲嗣，曰尊賢。	**尊賢** 配劉氏，生一子，曰住。	**住**
鳴鸞 愉公次子。			

十六世鳴鳳公派

現居前譚格莊

賜榮公派

世	名
六世	祐
七世	孟昭
八世	仲道
九世	燿
十世	述
十一世	應亨
十二世	璠
十三世	思勃
十四世	餘淌
十五世	愹
十六世	賜榮 愹公長子。
	恩榮 愹公次子。

十六世賜榮公派

喜漢公派〔一〕

世	名
六世	祐
七世	孟昭
八世	仲道
九世	燿
十世	述
十一世	應亨
十二世	璠
十三世	思勃
十四世	餘湘〔二〕
十五世	愷
十六世	喜漢 愷公長子。
	乾 愷公次子。

十六世喜漢公派

前譚格莊

【校注】

〔一〕喜漢：原作『喜子』，據本派十六世世系表改。

〔二〕餘湘：原作『餘淌』，據本分應亨公派十四世世系表改。

忻怡悦公派

世次			
六世	祐		
七世	孟昭		
八世	仲道		
九世	燿		
十世	述		
十一世	應亨		
十二世	璠		
十三世	思勃		
十四世	餘渥		
十五世	忻	怡	悦

六世	祐
七世	孟昭
八世	仲道
九世	燿
十世	述
十一世	應亨
十二世	璠
十三世	思勃
十四世	餘潤
十五世	忭

鳴均公派

十六世	十七世	十八世	十九世	二十世
鳴均 忭公長子。配耿氏、張氏，生二子，長曰繪，次曰紬；二女，長適孫，次適臧。	**繪** 出繼鳴鐸公爲嗣。			
	紬 配孫氏。繼繕公長子爲嗣，曰希賢。公葬於賢都後祖塋。	**希賢** 配姜氏，生一子，曰城；三女，長適崔，次適李，三適胡。公葬於賢都村。	**城** 配李氏，生二子，長曰生亨，次曰生泰；一女，適馬格莊丁。	**生亨** 配張氏。
				生泰 配張氏。

十六世鳴均公派　後譚格莊

鳴鐸公派

世	名	注
六世	祐	
七世	孟昭	
八世	仲道	
九世	燿	
十世	述	
十一世	應亨	
十二世	璠	
十三世	思勃	
十四世	餘潤	
十五世	忭	
十六世	鳴鐸	忭公次子。配張氏。繼鳴均公長子爲嗣，曰繪。

十六世鳴鐸公派

現居後譚格莊

六世	祐
七世	孟昭
八世	仲道
九世	燿
十世	述
十一世	應亨
十二世	璠
十三世	思勃
十四世	餘潤
十五世	忱

嗚桐公派

十六世	十七世	十八世	十九世	二十世
嗚桐　忱公長子。庠生。號鶴亭。配李氏，生一子，曰綱；三女，長適卞家張，次適焦，三適鳳格莊孫。	**綱**　配臧氏，生一子，曰和春。	**和春**　配軓氏，生四子，長曰培，次曰基，三曰法，四曰坷；一女，適姜。	**培**　配□氏。繼法公長子爲嗣，曰國福。	**國福**　配于氏，生二子，長曰舉子，次曰亥兒。
			基　配□氏。繼坷公長子爲嗣，曰國興。	**國興**　配蓋氏。
			法　配仇氏，生四子，長曰國福，次曰國禄，三曰國壽，四曰國禧。	**國福**　出繼培公爲嗣。 **國禄** **國壽** **國禧**
			坷　配任氏，生二子，長曰國興，次曰□；三女，長適臧，次適李，三適李。	**國興**　出繼基公爲嗣。

十六世嗚桐公派　現居東賢都

六世	祐
七世	孟昭
八世	仲道
九世	燿
十世	述
十一世	應亨
十二世	璠
十三世	思勃
十四世	餘潤
十五世	忱

鳴鸞公派

十六世	十七世	十八世	十九世	二十世
鳴鸞 忱公次子。配趙氏，生二子，長曰緒，次曰繼；一女，適古城莊黃。公葬於祖塋。	**緒** 配李氏，生一子，曰和賢；二女，長適李，次適遲。	**和賢** 配王氏，生一子，曰奎；二女，長適海陽孫，次適□。	**奎** 配李氏。	
	繼 配高氏，生一子，曰富春。	**富春** 配姜氏，生二子，長曰考，次曰進；二女，長適崔，次適李。	**考** 配李氏，生二子，長曰國均，次曰國恩。	**國均**
				國恩
			進 配王氏。	

十六世鳴鸞公派　現居東賢都

六世	祐
七世	孟昭
八世	仲道
九世	燿
十世	述
十一世	應亨
十二世	璠
十三世	思勃
十四世	餘潤
十五世	忱

鳴盛公派

十六世	十七世	十八世	十九世	二十世
鳴盛 忱公三子。配王氏，生一子，曰繕；三女，俱適李。				
	繕 配董氏，生五子，長曰希賢，次曰常賢，三曰可賢，四曰成賢，五曰聚賢；三女，長適崔，次適張，三適劉。公葬祖塋。			
		希賢 出繼紬公爲嗣〔二〕。		
		常賢 配周氏。繼成賢公長子爲嗣，曰增。	**增** 配李氏，生二子，長曰華山，次曰中山。	**華山**
				中山
		可賢 配喬氏。繼成賢公次子爲嗣，曰坤。	**坤** 配姜氏，生一子，曰傅。	**傅**
		成賢 配宫氏，生三子，長曰增，次曰坤，三曰垛。	**增** 出繼常賢公爲嗣。	
			坤 出繼可賢公爲嗣。	
			垛	
		聚賢 配李氏，生三子，長曰垠，次曰塏，三曰圻。	**垠** 配高氏。	
			塏 配高氏。	
			圻 配柳氏。	

十六世鳴盛公派　現居東賢都

【校注】

〔一〕紬：原作『綱』，誤，據本分鳴均公派十七世、十八世世系表改。

六世	祐	
七世	孟昭	
八世	仲道	
九世	燿	
十世	述	
十一世	應亨	
十二世	璠	
十三世	思勃	
十四世	餘潤	
十五世	忱	

鳴雲公派

十六世	十七世	十八世	十九世	二十世
鳴雲 忱公四子。配趙氏，生一子，曰樂；三女，長適李，次適李，三適李。公葬祖塋。	**樂** 配李氏，生三子，長曰名賢，次曰福賢，三曰信賢。	**名賢** 配李氏，生一子，曰圩；二女，長適林，次適張。	**圩** 配趙氏，生三子，長曰國忠，次曰國恕，三曰國心；一女，適楊。	**國忠** 配解氏，生一子，曰山。 **國恕** **國心**
		福賢 配王氏，生四子，長曰坎，次曰⿰土彥，三曰垚，四曰壇。	**坎** 配左氏。	
			⿰土彥 配高氏，生一子，曰桂山〔一〕。	**國本**
			垚 配趙氏，生一子，曰丑。	**丑**
			壇 配姜氏。	
		信賢 配周氏，生一子，少亡；五女，長適刁，次適劉，三適林，四適初，五適李。配趙氏，生一子，曰墨。	**墨**	

十六世鳴雲公派 現居東賢都

【校注】

〔一〕桂山：此處言『桂山』，本派二十世世系表則言『國本』，當有誤，遵照原文，待考。

世次	
六世	祐
七世	孟昭
八世	仲道
九世	燿
十世	述
十一世	應亨
十二世	璠
十三世	思勃
十四世	餘洸
十五世	慥

鳴禎公派

十六世

鳴禎

㦧公子。配崔氏，生一子，曰縝。

十七世

縝

配趙氏，生二子，長曰英賢，次曰諡賢；二女，長適李，次適林。

十八世

英賢

配□氏。繼俊賢公次子爲嗣，曰𡍯〔一〕。

諡賢

配富氏。

十九世

𡍯

配李氏。

十六世鳴禎公派

現居後譚格莊

【校注】

〔一〕墶：原作『墋』。據本分鳴雲公派十八世世系表，『墋』爲福賢公次子，據本分鳴通公派十八世世系表，俊賢公次子爲『墶』，故改。

六世	祐
七世	孟昭
八世	仲道
九世	燿
十世	述
十一世	應亨
十二世	璠
十三世	思勃
十四世	餘洸
十五世	愉

鳴通公派

十六世	十七世	十八世	十九世
鳴通 愉公五子。配蓋氏，生一子，曰素；一女，適李。葬村東南新阡。	**素** 配李氏，生一子，曰俊賢；三女，長適王，次適軌，三適左。公葬村東新阡。	**俊賢** 配高氏，生三子，長曰墫，次曰墶，三曰⿰土巷；三女，長適王，次適劉，三適趙。公葬村北。	**墫** 配趙氏。
			墶
			⿰土巷
鳴俊〔一〕 配姜氏，生一子，曰生兒。	**生兒**		
鳴樵 愉公長子。			
鳴達 愉公次子。			
鳴遠 愉公三子。			
鳴令 愉公四子。			

十六世鳴通公派 現居後譚格莊

【校注】

〔一〕嗚俊：關於嗚俊是否愉公子，如是，排行第幾，皆待考。

嗚祥公派

六世	祐
七世	孟昭
八世	仲道
九世	燿
十世	述
十一世	應亨
十二世	璠
十三世	思勃
十四世	餘洸
十五世	快
十六世	嗚祥 快公子。配□氏。

十六世嗚祥公派

現居後譚格莊

六世	祐	
七世	孟昭	
八世	仲道	
九世	燿	
十世	述	
十一世	應亨	
十二世	琬[一]	
十三世	思懃[二]	
十四世	餘溥	
十五世	恪	

鳴崗公派

十六世	十七世	十八世	十九世	二十世
鳴崗[三] 恪公子。配□氏，生一子，曰永聚。	**永聚** 配姜氏、于氏，生二子，長曰顯玉，次曰顯尊；二女，長適孫家莊王，次適王。	**顯玉** 配王氏，赴關東。		
		顯尊 配陳氏，生三子，長出外，次曰良，三曰喜；三女，長適馬嵐孫，次適褚家疃戰，三適小官莊董。	**良** 配喬氏，生二子，長曰松山，次曰樂山。	**松山**
				樂山
			喜	

十六世鳴崗公派

【校注】

〔一〕琬：原作『璠』，據中四分之四分應亨公派十二世世系表改，思勤當爲宋琬長子。

〔二〕思勤：原作『思勃』，據本分應亨公派十三世世系表，思勤『繼思勃公七子爲嗣，諱餘溥』，餘溥當爲思勤繼子，故改。

〔三〕嗚崗：據本分應亨公派十五世世系表，愘『生四子，長諱嗚峩，次諱嗚屾，三缺名，四少亡』，嗚崗應非愘子，遵照原文，待考。

六世	祐
七世	孟昭
八世	仲道
九世	燿
十世	述
十一世	應亨
十二世	璜
十三世	思陟
十四世	餘濬
十五世	恬

鳴霄公派

十六世

鳴霄　恬公長子。字雲翥，號□。附監生，候選分巡司。配趙氏，例贈孺人，海陽縣順治丙戌進士歷任浙江道監察御史巡按兩浙兼視鹽漕諱維祺公五世孫女[一]、庠生諱叔耀公女，生二子[二]，長諱維，次諱繇。公葬馬山埠東坡新阡。

十七世

維　字又詰，後改又摩，再改丹琴；號輞園，改秧村，又改西埠，改西林。邑廩生。配趙氏海陽縣順治丙戌進士歷任浙江道監察御史巡按兩浙兼視鹽漕諱維祺公六世孫女、戊戌進士原任武定府陽信縣教諭候選知縣諱乃普公女[三]，生三子[四]，長曰望僊，次曰器賢，三曰齊賢。

繇　字□，號竹村。配張氏太學生文炎公女，生一子，曰印賢。

十八世

望僊　字僊舟，號蘭谿，原名登賢，字爾登，號雨峯。配趙氏前天啓辛酉舉人崇禎丁丑進士敕授中書科中書舍人殉邑難贈光禄寺少卿崇祀鄉賢賜謚節愍公諱士驥公八世孫女[五]、丁酉副貢癸卯舉人丙辰會試欽賜翰林院檢討諱瑑公孫女[六]、邑庠生諱振寓公女，生一女，適趙。

器賢　字玉器，號梅谿。邑庠生。配李氏海陽縣順治乙未進士任兵部右侍郎諱贊元公七世孫女、諱諸公女，生一女。

齊賢　字子齊，號□。配張氏黄縣前萬曆戊午亞元天啓乙丑進士授河南開封府推官殉難贈光禄寺少卿崇祀鄉賢諱瑶公十一世孫女[七]、庠生諱壽昌公女。

印賢　配李氏海陽登城，生一子，曰盼。

十九世

晨　配姜氏，繼配張氏，生一子，曰大仕；一女，適劉。公葬馬山埠東草場。

盼　配于氏，邑東關。

十六世鳴霄公派　現居陽關

【校注】

〔一〕丙戌：指清順治三年（一六四六）。維祺：民國本《萊陽縣志》卷三之二『禮俗·氏族·唐宋故家』條作『維旗』，未知孰是。趙維祺，字介眉，登州府萊陽縣趙疃人。清順治二年（一六四五）舉人，順治三年進士。授行人，擢浙江道監察御史。

〔二〕二子：原作『二女』，據上下文改。

〔三〕戊戌：指清乾隆四十三年（一七七八）。趙乃普：字廷則，號蘆溪，海陽縣（今改市）人。清乾隆二十一年（一七五六）舉人，爲陽信縣教諭。乾隆四十三年（一七七八）進士，以教授仍回陽信縣任教諭。後爲養親而不仕。工詩詞。

〔四〕三子：原作『三女』，據上下文改。

〔五〕辛酉：指明天啓元年（一六二一）。丁丑：指明崇禎十年（一六三七）。士驥公：原作『士驥』，『公』據上下文補。趙士驥，字卓午，號黄澤，萊陽縣（今改市）人。《明史》有傳。明天啓元年（一六二一）舉人，崇禎十年（一六三七）進士，授中書舍人。充順天鄉試同考官。以丁憂回籍。崇禎十六年（一六四三），清兵圍攻萊陽城，士驥與同城士紳率領百姓分守。城破，不屈而死。被贈光禄寺少卿。著有《春秋四傳合解》《文起樓文稿》《感喁集》。事詳見民國本《萊陽縣志》卷三之三上『藝文·傳志』條之鞠濂《趙光禄士驥墓表》。

〔六〕丁酉：指清乾隆四十二年（一七七七）。癸卯：指清乾隆四十八年（一七八三）。丙辰：原作『己未』，據民國本《萊陽縣志》卷三之一上『人物・科第・舉人・清・乾隆』條改。趙瑑：趙起棕長子。登州府萊陽縣果佳圈村人。據民國本《萊陽縣志》卷三之一上『人物・科第・舉人・清・乾隆』條：『趙瑑，果佳圈村（人）。起棕長子。癸卯（舉人）。丙辰會試賜檢討銜。』

〔七〕前萬曆戊午亞元天啓乙丑進士：原作『前天啓戊午亞元乙丑進士』。戊午，天啓無此干支，當誤。戊午指明萬曆四十六年（一六一八）。乙丑，指明天啓五年（一六二五）。張瑶：字天游，號海眉，軍籍山東登州衛。入載《蓬萊縣志》。《明史》有傳。明萬曆四十六年（一六一八）鄉試亞魁，天啓五年（一六二五）進士。授河南開封府推官。後謫河州通判，未赴任歸里。崇禎五年（一六三二），叛將李九成等兵逼登州，瑶率家衆拒守，城陷被殺。瑶被贈光禄寺少卿。崇祀鄉賢、忠孝祠。著有《持忠堂詩文集》。據劉廷鑾、孫家蘭編著《山東明清進士通覽・明代卷》，山東文藝出版社二〇一四年版，第三五二頁。

鳴泰公派

六世 祐

七世 孟昭

八世 仲道

九世 燿

十世 述

十一世 應亨

十二世 璜

十三世 思陟

十四世 餘濬

十五世 恬

十六世

鳴泰 恬公次子。字階平，號□。配李氏、李氏，均屬海陽縣庠生諱承感公女，生四子，長曰綬，次曰藥，三曰絢[一]，四曰緐；二女，長適黃縣庠生張壽昌，次適海陽李。

十七世

綬 字若亭，號西泉。配趙氏海陽邑增生諱漢儀公女，生一子，曰七賢；一女，適趙。

藥 庠生。配□氏。繼緐公次子爲嗣[二]。

絃 配王氏。寄居海陽埠後村。

緐 配譚氏，生五子，長曰榮賢，次曰昇賢，三曰發賢，四曰俊賢，五曰冠賢。

十六世鳴泰公派 現居陽關

鳴泰公派

	十八世	十九世	二十世
綬	**七賢** 配任氏，生四子，長曰煦，次曰瞅，三曰照，四曰暌。	**煦** 配趙氏。繼瞅公長子爲嗣，曰瑞慶。	**瑞慶** 配趙氏。
		瞅 配趙氏，生二子，長曰瑞慶，次曰翰慶。	**瑞慶** 出繼煦公爲嗣。
			翰慶 配李氏。
		照 出外。	
		暌 配尉氏，生二女，長適五龍黃，次適孫。	
藥	**昇賢** 配楊氏，生二子，長曰曆，次曰景。	**曆** 配王氏，生一子，曰令漢。	
		景 配劉氏。	
絃			
絣	**榮賢** 配王氏，生三子，長曰昭，次曰暉，三曰暖；一女，適王。	**昭** 配左氏，生三子，長曰□，次少亡，三曰壽山。	**□** 配姜氏。
			壽山 配趙氏。
		暉 配馮氏。	
		暖	
	昇賢 出繼藥公爲嗣。		
	發賢 配賈氏，生二子，長曰曉，次曰□；一女，適馬。	**曉**	
	俊賢 配蘇氏，生一子，曰春。	**春** 配左氏。	
	冠賢 配王氏，生六子，長曰□，次曰□，三曰□，四曰□，五曰□，六曰□；一女，適戳底李。		

十六世鳴泰公派 現居陽關

【校注】

〔一〕絢：此處作『絢』，本派十七世世系表中則作『絃』，未知孰是，遵照原文，待考。

〔二〕次子：原作『長子』，據本派十七世、十八世世系表改。

六世	祐
七世	孟昭
八世	仲道
九世	燿
十世	述
十一世	應亨
十二世	璜
十三世	思陟
十四世	餘濬
十五世	恬

嗚和公派

十六世

嗚和 恬公三子。邑庠生。字元調。配李氏明通甘肅平涼府鹽茶同知承弼公女[一]，生二子，長曰系，次曰紳；三女，長適平度州焦瑞李，次適海陽李士中，三適棲霞庠生牟奇珝。葬谿聚塋西南角。

十七世

系 字□，號柳亭。配趙氏，生三子，長曰鼎賢，次曰象賢，三曰軼賢。公葬谿聚新阡。

十八世

鼎賢 字新亭，號芳軒。配李氏海陽庠生士達公女。繼軼賢公長子爲嗣[二]，曰墉。一女，適喬家泊龍。

象賢 配趙氏、張氏，生二子，長曰均，次少亡，次曰塏[三]；三女，長適鞠，次適趙，三適相。葬谿聚村。

軼賢 配李氏，生三子，長曰墉，次曰坊，三曰坤；一女，適李。

十九世

墉 字子元。配高氏，生三子，長曰國慶，次曰承慶，三曰崇慶。

塏 字爽軒。配李氏、左氏，生一子，曰治慶；一女，適□。

墉 出繼鼎賢公爲嗣。

坊 配趙氏，生三子，長曰仁慶，次曰餘慶，三曰錫慶，少亡；二女，長適趙。

坤 配趙氏，生一子，曰惠慶；一女，適左。

二十世

國慶 字繼周。配高氏，生一子，曰福祥；一女，適東門里孫。

承慶 字省三。配李氏。

崇慶 配柳氏。

治慶

仁慶 配趙氏。

餘慶

惠慶 配趙氏。

十六世嗚和公派 現居陽關

鳴和公派

十七世	十八世	十九世	二十世
紳 字□，號雪橋。邑庠生。配高氏，生二子，長曰舉賢，次曰英賢；一女，適李。公葬疃前南山新阡。	**舉賢** 配趙氏，生一子，曰暘。公葬南山塋。	**暘** 字春旭，號和齋。配趙氏，生三子，長曰釗慶，次曰鎮慶，三曰鈉慶。	**釗慶** 字□，號明遠。配姜氏。
			鎮慶 字静臣，號琴堂。配李氏。
			鈉慶 配喬氏。
	英賢 字育才。配李氏，生二子，長曰耆，次曰會；一女，適趙。葬南山。	**耆** 配李氏。繼會公長子爲嗣，曰恩慶。	**恩慶** 配喬氏。
		會 出繼賓賢公爲嗣。	

十六世鳴和公派　現居陽關

【校注】

〔一〕同知：原作『通知』，誤。李承弼：山東海陽人。清乾隆年明通榜副貢。官甘肅平涼鹽茶同知。據王功仁編著：《山東省科考名録彙編·清代　下册》，華文出版社二〇〇五年版，第六四七頁。

〔二〕軼賢：原作『軒賢』，據本派十八世、十九世世系表改。

〔三〕長曰均，次少亡，次曰塏：此處當有誤，待考。

六世	祐	
七世	孟昭	
八世	仲道	
九世	燿	
十世	述	
十一世	應亨	
十二世	璜	
十三世	思陟〔一〕	
十四世	餘濬	
十五世	恬	

鳴謙公派

十六世	十七世	十八世	十九世
鳴謙　恬公四子。字敬軒，號若谷。郡廩生，乾隆乙酉拔貢[二]。敕授修職郎，歷任濟南府長清縣教諭。配趙氏，生三子，長曰縉，次曰紘，三曰綖；二女，長適按察司王存禮，次適海陽鞠廣勤。公葬馬山埠東坡新阡□山乙向。	**縉**　字薦廷，號西厓。壬子優貢[三]，乙卯順天舉人[四]，戊辰大挑二等[五]，候選教諭[六]。配趙氏，生一子，曰開賢。公葬馬山埠東坡新阡。	**開賢**　字啓亭。配周氏，生一子，曰龍甲。	**龍甲**
	紘　號西橋。配王氏、王氏，生一子，曰伍賢。公葬馬山埠東坡辛山乙向。		
	綖　號笠山，亦號延之。配李氏，生一子，曰鵬賢。	**鵬賢**　字搏九。配李氏，生一子，曰煜。	**煜**

十六世鳴謙公派　現居陽關

【校注】

〔一〕陟：原作「涉」，宗譜別處皆作「陟」，故改。

〔二〕乙酉：指清乾隆三十年（一七六五）。

〔三〕壬子：指清乾隆五十七年（一七九二）。

〔四〕乙卯：指清乾隆六十年（一七九五）。

〔五〕戊辰：指清嘉慶十三年（一八〇八）。

〔六〕候選教諭：民國本《萊陽縣志》卷三之一中「人物·鄉宦·清·乾隆」條：「宋縉，舉人，歷任蒙陰縣訓導，金鄉縣教諭。」

六世	祐
七世	孟昭
八世	仲道
九世	燿
十世	述
十一世	應亨
十二世	璜
十三世	思陟〔一〕
十四世	餘濬
十五世	恬

嗚豫公派

十六世	十七世	十八世	十九世	二十世
嗚豫 恬公五子。字士恬。配李氏，生二子，長曰綺，次曰繡；一女，適平度州載金鼎。公葬馬山埠東坡新阡。	**綺** 號西谷。邑庠生。配王氏，生一子，曰賓賢。	**賓賢** 配李氏。繼英賢公次子爲嗣，曰會。	**會** 配傅氏，生四子，長曰恩慶，次曰善慶，三曰長慶，四曰家慶。	**恩慶** 出繼者公爲嗣。
				善慶 配趙氏。
				長慶
				家慶 配趙氏。
	繡			

十六世嗚豫公派　現居陽關

余作祭皋，一炳之害釋矣。此等賊心，真萬世不了之冤。今余病篤，囑思貽等切記：嗣後凡有要事，不許與一炳諸近支同謀〔二〕，且世世子孫，有乏嗣之人，更不許過繼伊子。如違此命，以不孝論。

【校注】

〔一〕陟：原作『勑』，據本分應亨公派十三世、十四世世系表改。

〔二〕不許與一炳諸近支同謀：原文斷句爲『不許與一炳，諸近支同謀』，當誤。

書銘公派

世系	名
六世	祐
七世	孟昭
八世	仲道
九世	燿
十世	述
十一世	應亨
十二世	琬
十三世	思䰭
十四世	永年
十五世	寧
十六世	書銘　寧公長子。字佩紳，號吟山。歲貢生〔一〕，候選訓導。配李氏、趙氏，生四子，長曰莊，次曰芾，三曰葵，四曰蓉。

書銘公派

十七世

莊 字臨之，號敬安。配李氏，生一子，曰純仁；四女，長適李，次適胡，三適召，四適張。

芾 字慕米，號□。配趙氏，生二子，長曰秉仁，次曰卯子；一女，適李。

葵 字心陽。配李氏[二]，生二子，長曰誌仁，次曰詮仁。

蓉 字庚依，號麗塘。配張氏，生一子，曰用仁；三女，長適初，次適趙，三適張。

十八世

純仁 配李氏，生二子，長曰德堂，次少亡。

秉仁 出外。

卯子 少亡。

誌仁 出外。

詮仁 出外。

用仁 字子行，號□。配李氏，生二子，長曰□[三]，次少亡；三女，長適呂，次適□，三適劉。

十九世

德堂 配趙氏，生一子，曰清溥；二女，長適萬底，次適張格莊趙。

傳鉢 字衣村，號□。配蓋氏、佐氏，生三子，長曰雨溥，次曰靜溥，三曰源溥。

二十世

清溥 缺嗣。

雨溥 字陞階。配尹氏，生三子，長曰炳良，次曰□，三曰□；一女，適河北省喬。

靜溥 字濟臣。配□氏，長曰□，次曰□；五女。

源溥 配□氏，生一子，曰□；一女。

二十一世

炳良

二十二世

培福

培華

十六世書銘公派　現居崔疃村

【校注】

〔一〕歲貢生：《光緒增修登州府志》卷四一『貢生·萊陽縣·國朝·乾隆』之歲貢條有『宋書銘』。民國本《萊陽縣志》卷三之一上『人物·科第·貢生·清·乾隆』條：『宋書銘，崔疃，（乾隆）歲（貢）。』

〔二〕配李氏：原作『配配李氏』，衍一『配』字，删。

〔三〕□：此處用仁長子缺名，而本派十九世世系表中又有『傳鉢』，未知孰是，遵照原文，待考。

六世	祐
七世	孟昭
八世	仲道
九世	燿
十世	述
十一世	應亨
十二世	琬
十三世	思禗
十四世	永年
十五世	寧

書鈞公派

十六世

書鈞　寧公次子。字賓田，號□。邑庠生。配胡氏、藍氏，生一子，曰菊；五女，長少亡，次適胡，三適李，四適胡，五適修。

十七世

菊　字東籬。配周氏。繼□。

十八世

錫雲　配黃氏，生二子，長曰德玉。

十九世

德玉　配梁氏，缺嗣。

十六世書鈞公派　現居崔疃

六世	祐
七世	孟昭
八世	仲道
九世	燿
十世	述
十一世	應亨
十二世	琬
十三世	思䰀
十四世	永年
十五世	寧

書錦公派

十六世	十七世	十八世	十九世	二十世
書錦　字濯江，號□。配張氏，生二子、四女。長適李，次適張，三適□，四適劉；長曰芸，次曰藹。	**芸**　字衛編，號香圃。配初氏，生四子，長曰維仁，次曰維義，三曰維禮，四曰維智；一女，適周。	**維仁**　配杜氏，生一子，曰德圻。	**德圻**　配張氏，生一子，曰漢溥；一女，適王。	**漢溥**　配鞠氏，生三子，長諱振海，次諱振洲，三諱振家。
		維義　配劉氏，生四子，長曰得福，次曰得禄，三曰得壽，四曰得禧；一女，適李。	**得福**	
			得禄	
			得壽　出繼。生一子，曰春浦。	**春浦**　配吴氏，生一子，炳成。
			得禧	
	藹　字華亭。配王氏，生一子，曰維信。	**維信**　配劉氏，生一子，曰得增。	**得增**	

十六世書錦公派　現居崔疃

書錦公派

二十世	二十一世	二十二世	二十三世
漢溥 配鞠氏，生三子，長諱振海，次諱振洲，三諱振家。	**振海** 配馬氏。	**明奎**	
	振洲 配□氏。	**文義** 配李氏，生一子，修杰。	**修杰**
		文德 配呂氏，生三子，長曰修起，次曰修東，三曰修山。	**修起**
			修東
			修山
	振家 配遲氏。	**文恒**	
		文旬 配姜氏，生二子，長曰修仁，次曰修義。	**修仁** 配宮氏，缺嗣。
			修義 配李氏，生二子，長曰繼磊，次曰繼超。

十六世書錦公派

現居崔疃

六世	祐
七世	孟昭
八世	仲道
九世	燿
十世	述
十一世	應亨
十二世	琬
十三世	思勰
十四世	永年
十五世	宜

書翰公派

十六世	十七世	十八世
書翰 宜公長子。字墨林，號西園。太學生。配楊氏、趙氏、雷氏，生二子，長曰晟，次曰昂；四女，長適李，次適李，三適趙，四適李。	**晟** 出繼書勛公爲嗣。	
	昂〔一〕 字展卿。配李氏、李氏、劉氏，生三子，長曰禄，次曰當，三曰丑。	**禄**
		當
		丑
	昂 字五星。配王氏、趙氏，生五子，長曰□，少亡，次曰錫誥，三曰錫祉，四曰錫强，五曰□。	

十六世書翰公派　現居崔疃村

書翰公派

十七世	**昴**
十八世	**錫誥** 配李氏，生二子，長曰得林，次出外；二女，長適張，次適仲。
	錫祉 配程氏，生二子，長曰文林，次曰玉林[二]；二女，長適張，次適李。
	錫强 配趙氏，生一子，曰得均；一女，適張。
十九世	**得林** 配周氏、梁氏，缺嗣。
	文林 配李氏，生二子，長曰仁溥，次曰信溥。
	儒林 配王氏、王氏、李氏，生一子[三]，曰□。
	得均 配王氏，生一子，曰利溥。
二十世	**仁溥** 字利生。配孫氏，生三子，長炳謙，次炳南[四]，三炳先。
	信溥 字世全。配初氏，長炳正，次炳大，三炳光，四炳明。
	修溥 配姜氏，缺嗣。
	介溥 配李氏，生二子，長炳坤，次炳安。
	俊溥 配蓋氏，缺嗣。
	利溥
二十一世	**炳坤** 配李氏，生二子。
	炳安 配湯氏，生一子。
二十二世	**培平** 配安氏，生一子，凱倫。
	培雲 配梁氏，生一子，修倫。
	培波 配姜氏，生一子，修恩。

十六世書翰公派　現居崔疃村

書翰公派

二十世	二十一世	二十二世	二十三世
仁溥〔五〕	**炳謙** 仁溥長子。配□氏，生三子，長培海，次培東，三培京。	**培海** 配趙氏，生二子，長曰金章，次曰金芳。	**金章** 配徐氏，生一子，曉飛。 **金芳** 配于氏，生一子，林林。
		培東	
		培京 配高氏，生一子，小蕊。	
	炳南 配李氏，生二子，長曰培元，次曰培末。	**培元** 炳南長子。配張氏。	
		培末 配宮氏，生一子，蕊。	
	炳先		

十六世書翰公派　現居崔疃村

書翰公派

二十世	二十一世	二十二世
信溥[六]	**炳正** 信溥長子。配沈氏，生三子，長曰大男，次曰南男，三曰小男。	**大男** 配朱氏。 **南男** 配梁氏。 **小男** 配趙氏，生一子，藹倫。
	炳大 配王氏，生三女。	
	炳光 配趙氏，生二子，長曰培君，次曰培民。	**培君** 配宮氏。 **培民** 配宮氏。
	炳明 配李氏、趙氏，生三子，長曰培臣，次曰培新，三曰培杰。	**培臣** 配辛氏。 **培新** 配唐氏。 **培杰**

十六世書翰公派　現居崔疃村

【校注】

〔一〕昴：本派十七世世系表中出現兩個『昴』，未知孰是，遵照原文，待考。

〔二〕玉林：此處作『玉林』，本派十九世世系表中則作『儒林』，未知孰是，遵照原文，待考。

〔三〕生一子：此處言『生一子』，且缺名，本派二十世世系表中則有修溥、介溥、俊溥三子，未知孰是，遵照原文，待考。

〔四〕炳南：原作『丙南』，據本派二十一世輩行用字『炳』和二十一世世系表改。

〔五〕仁溥：原譜本派仁溥三子及其子孫誤入書勛公派。

〔六〕信溥：原譜本派信溥四子及其子孫誤入書勛公派。

書勛公派

六世	祐
七世	孟昭
八世	仲道
九世	燿
十世	述
十一世	應亨
十二世	琬
十三世	思勰
十四世	永年
十五世	宜
十六世	書勛　宜公次子。字文弼，號□。配牟氏。繼書翰公長子爲嗣，曰晟。
十七世	晟　字□，號□。配李氏，生二子，長曰夢祈，次曰夢齡；四女，長適劉，次少亡，三適李，四適胡。

十六世書勛公派　現居崔疃村

書勛公派

十八世	十九世	二十世	二十一世	二十二世
夢祈 配王氏，生二子，長曰得温，次曰得良。	**得温** 配梁氏，生二子，長曰滋溥，次曰濯溥。	**滋溥**		
		濯溥		
	得良 配崔氏，生二子，長少亡，次漼溥；一女，適周。	**漼溥**		
夢齡 配初氏，生五子，長曰得恭，次曰得儉，三曰得讓，四曰得忠，五曰得恕；一女。	**得恭** 配李氏。			
	得儉			
	得讓 配初氏，生一子，曰源溥。	**源溥**		
	得忠			
	得恕 配邵氏。	**澤溥** 字兑泉，號潤生。配李氏。	**炳進** 配林氏，生一子，文化。	**文化** 配陳氏，生二子，長曰修玉，次曰□。
			炳文 配初氏，生一子。	**培國** 配高氏，生二子，長曰修明，次曰修雙。
			炳成 配宫氏，生一子，培竹。	**培竹**

十六世書勛公派 現居崔疃村

六世	祐
七世	孟昭
八世	仲道
九世	燿
十世	述
十一世	應亨
十二世	琬
十三世	思緦
十四世	永年
十五世	宜

書獻公派

十六世	十七世	十八世	十九世	二十世	二十一世	二十二世	二十三世
書獻 宜公三子。字文徵，號杞庭。配葉氏、簡氏，生二子，長曰葉，次曰荃；一女，適李。	**葉** 字竹溪。太學生。配董氏，生二子，長曰錫田，次曰錫甸。	**錫田** 配李氏。繼錫甸次子爲嗣，曰得住。	**得住**				
		錫甸 出繼荃公爲嗣。					
	荃 字□。配姜氏。繼葉公次子爲嗣，曰錫甸。	**錫甸** 配李氏，生五子，長得茂，次曰得住，三曰□，四曰□，五曰□。	**得茂** 配趙氏。	**玉溥** 配隨氏，生一子，治國。	**治國** 配張氏，生一子，蕊。	**蕊** 配吴氏，生一子，源旭。	**源旭**
				雲溥 配佐氏。			
			得住 出繼錫田爲嗣。				

十六世書獻公派 現居崔疃村

六世	祐	
七世	孟昭	
八世	仲道	
九世	燿	
十世	述	
十一世	應亨	
十二世	琬	
十三世	思緦	
十四世	永年	
十五世	宜	

書奎公派

十六世	十七世	十八世	十九世
書奎 宜公四子。字文宿，號星輝。太學生。配劉氏、李氏，生四子，長英，次曰芹，三曰芳，四曰華[一]；二女，長適李，次少亡。	**英** 字□，號□。配李氏，生四子，長曰振子，次曰臻子，三曰元子，四曰喜子。	**振子** 配李氏。	**定兒**
		臻子	
		元子	
		喜子	
	芹 配李氏，生一子，曰振忠；一女，適李。	**振忠** 配李氏，生二子，長少亡，次曰得敏。	**得敏** 配高氏。
	芳 配任氏，生一子，曰振冬；三女，長適□，次適胡，三適李。	**振冬** 配左氏、黃氏，生一子，曰得根。	**得根**
	華 配高氏，生一子，曰獅子。	**獅子**	

十六世書奎公派 現居崔疃村

【校注】

〔一〕四曰華：原文在『次少亡』後，據叙述順序改。

六世	祐
七世	孟昭
八世	仲道
九世	燿
十世	述
十一世	應亨
十二世	琬
十三世	思緦
十四世	永年
十五世	宣

十六世書鑑公派

現居崔疃村

書鑑公派

十六世	**書鑑** 宣公子。太學生。配張氏、馮氏，生一子，曰荷；四女，長適李，次適初，三適張，四適李。
十七世	**荷** 字百禄。配張氏。繼□公子爲嗣，曰錫綸。一女，適史。
十八世	**錫綸** 配高氏，生一子，曰文焕；四女。
十九世	**文焕** 字聲南。配王氏、蓋氏。
二十世	**訓溥** 配孫氏，生二子，長炳信，次炳兆[一]。 **連溥** 配李氏，生二子，長炳彦，次炳慶。
二十一世	**炳信** 訓溥長子[二]。配初氏，生一子，培起。 **炳兆** 配初氏，生一子，培杰。 **炳彦** 配初氏，生二子，長曰培蛟，次曰培旭。 **炳慶**
二十二世	**培杰** **培蛟** 配張氏，生一子，修昊。 **培旭**

【校注】

〔一〕炳兆：原作『丙兆』，據本派二十一世輩行用字『炳』和二十一世世系表改。

〔二〕溥：原作『浦』，宗譜別處皆作『溥』，故改。

書升公派

世	名
六世	祐
七世	孟昭
八世	仲道
九世	燿
十世	述
十一世	應亨
十二世	琬
十三世	思觀
十四世	永年
十五世	憲
十六世	書升　憲公子。字秀亭，號□。例授登仕左郎。配李氏，生四子，長曰保，次曰儆，三曰例，四曰倬；七女，長適李，次適趙，三適趙，四適呂，五適趙，六適李，七適左。
十七世	保　配李氏、牟氏，生三子，長曰□，次曰□，三曰□；二女，長適楊，次適□。
十七世	儆
十七世	例
十七世	倬

十六世書升公派　現居崔疃村

六世	祐
七世	孟昭
八世	仲道
九世	燿
十世	述
十一世	應亨
十二世	琬
十三世	思緦
十四世	永年
十五世	審

書壇公派

十六世	十七世	十八世
書壇 審公子。字杏亭，號□。太學生。配吕氏，生二子，長曰韞，次曰蒶；一女，適李。	**韞** 字仕芬，後改名詡，字德輝，號呐菴。配李氏海陽太學生宗德女，生三子，長曰守祁，次曰守禮，三曰守祚；一女，適姜疃張。	**守祁**
		守禮
		守祚
	蒶 字蘭圃，後改名諸〔一〕，字鳳清。配李氏，生四子，長曰守禎，次曰守祥，三曰守祐，四曰守禧；二女，長適張，次適□。	**守禎**
		守祥
		守祐
		守禧

十六世書壇公派　現居崔疃村

【校注】

〔一〕名：原缺，據上下文補。

克存公派

世	
六世	祐
七世	孟昭
八世	仲道
九世	燿
十世	述
十一世	應亨
十二世	珣
十三世	思貽
十四世	餘滋
十五世	貞
十六世	克存　貞公長子。字如初。配趙氏，生三子，長曰敏，次曰敷，三曰斂；二女，長適□，次適孫。公葬周格莊祖塋。
十七世	敏　字遜修。邑生。娶郭氏、王氏，生三子，長曰時衡，次曰時振，三曰時益；一女，適梁。 敷　字文典。配尉氏，生二子，長曰時翔，次曰時雲；八女，長適張，次接，三適王，四適趙疃周，五適姜，六適張，七適□，八少亡。 斂　字幃光，號西峯。恩榮九品。配姜氏，生一子，曰時可；三女，長適周，次適鄒，三適張。

十六世克存公派　現居江格莊

十六世克存公派　現居江格莊

克存公派

	十八世	十九世	二十世
敏	**時衡** 字何平。恩榮九品。配潘氏。繼趙格莊族弟本聰次子爲嗣，曰價；六女，長適劉，次適吕，三適張，四適胡家崖梁，五少亡，六適李。	**價** 配趙氏，生一女，適辛。繼秋登公次子爲嗣，曰延慶。	**延慶** 配孫氏，生二子，長曰法先，次曰從先。
	時振 配接氏。繼時益公次子爲嗣，曰寅虎[一]。	**寅虎**	
	時益 配趙氏，生二子，長少亡，次曰寅亮。	**寅亮** 配趙氏，生一子，曰敦叙。	**敦叙** 配李氏，生一女。繼配董氏，生一子，曰啓先；一女，適接。
敷	**時翔** 字大觀。配王氏，生一子，曰俠；一女，適牟。公葬周格莊祖塋。	**俠** 配姜氏、張氏。繼黄土臺族弟塄公次子爲嗣，曰延祚。	**延祚** 配李氏，生二子，長曰學先，次曰孝先；五女，長適李，次適李，三適梁，四適李，五適李。
	時雲 字雲衢。配張氏。繼時可公次子爲嗣，曰壽登。	**壽登** 字静山，號仁齋。太學生。配周氏，生一子，曰延第。繼配王氏，生一子、二女，皆少亡。	**延第** 配林氏，生三子，長曰希先，次曰繼先，三曰緒先；二女，長少亡，次適林。唐氏生一女，少亡。趙氏生三子，四曰繩先，五曰純先，六曰承先。
斂	**時可** 字會昌，號河南。太學生。配于氏，生二子，長曰秋登，次曰壽登；四女，長少亡，三適唐。	**秋登** 字弼亭，號蓁洲，又號小南。邑庠生。配劉氏，生二子，長延安，次延慶；二女，長適蓋，次少亡。繼配趙氏，生一女，適荆夼。	**延安** 配接氏，生二子，長少亡，次曰榮先，出繼。
			延慶 配孫氏。
		壽登 出繼時雲公爲嗣。	

【校注】

〔一〕寅虎：此處言寅虎乃時振繼子，其爲『時益公次子』。而本派十八世世系表中，時益『生二子，長少亡，次曰寅亮』，寅亮并未過繼他人。當有誤，未知孰是，遵照原文，待考。

延慶公派

世系		
十一世	應亨	
十二世	珣	
十三世	思貽	
十四世	餘滋	
十五世	貞	
十六世	克存	
十七世	敏	
十八世	時衡	
十九世	價	
二十世	延慶	
二十一世	法先 延慶公長子。	從先

二十世延慶公派

現居江格莊

敦叙公派

世代	名	事略
十一世	應亨	
十二世	珣	
十三世	思貽	
十四世	餘滋	
十五世	貞	
十六世	克存	
十七世	敏	
十八世	時益	
十九世	寅亮	
二十世	敦叙	
二十一世	啓先	敦叙公子。配龍氏、左氏，生一子，曰志源。
二十二世	志源	配董氏。

二十世敦叙公派

現居江格莊

十一世	應亨
十二世	珣
十三世	思貽
十四世	餘滋
十五世	貞
十六世	克存
十七世	敷
十八世	時雲
十九世	壽登

延第公派

二十世

延第

二十一世

希先 延第長子。配張氏，生一子，曰志詠。

繼先 配李氏，生二子，長曰志謀，次曰志謂。

緒先 配徐氏。

繩先 配左氏。

純先

承先

二十二世

志詠

志謀

志謂

二十世延第公派

現居江格莊

克儀公派

世	名	
六世	祐	
七世	孟昭	
八世	仲道	
九世	燿	
十世	述	
十一世	應亨	
十二世	珣	
十三世	思貽	
十四世	餘滋	
十五世	惠	
十六世	克儀	惠公長子。配左氏，生一子，曰政；四女，長適張，次適鄒，三適譚，四適張。
十七世	政	配□氏。繼教公長子爲嗣，曰時來。
十八世	時來	

十六世克儀公派

現居江格莊

克昌公派

世	名	記
六世	祐	
七世	孟昭	
八世	仲道	
九世	燿	
十世	述	
十一世	應亨	
十二世	珣	
十三世	思貽	
十四世	餘滋	
十五世	惠	
十六世	克昌	惠公三子。配劉氏，生一子，曰教；一女，適呂。
十七世	教	配劉氏，生二子，長曰時來，次曰時成；一女，適修。
十八世	時來	出繼政公爲嗣。
十八世	時成	

十六世克昌公派

現居江格莊

克新公派

六世	祐	
七世	孟昭	
八世	仲道	
九世	燿	
十世	述	
十一世	應亨	
十二世	珣	
十三世	思貽	
十四世	餘滋	
十五世	憲	
十六世	克新	憲公子。配趙氏，生一子，曰敬；二女，長適王，次適王。
十七世	敬	配王氏、梁氏，生三子，長曰振坤，次曰發坤，三曰成坤。
十八世	振坤	配遲氏，赴關東。
	發坤	
	成坤	赴關東。

十六世克新公派

現居江格莊

六世	祐
七世	孟昭
八世	仲道
九世	燿
十世	述
十一世	應亨
十二世	珣
十三世	思貽
十四世	餘澎
十五世	英

克禮公派

十六世	十七世	十八世	十九世	二十世
克禮 英公子。配修氏，生一子，曰攻；二女，長適趙，次適吴。				
	攻 配趙氏、韓氏、王氏，生三子，長曰時淳，次曰時洽，三曰時淑；三女，長適于，次適趙，三適江。			
		時淳 配劉氏，生一子，曰玉山；一女，適丁。		
			玉山 配董氏，生四子，長曰延起，次曰延喜，三曰延貴，四少亡；三女，長適劉，次適斗山楊，三適崔。	
				延起 配王氏。
				延喜
				延貴 配張氏。
		時洽 配閆氏，生三子，長曰福山，次曰壽山〔一〕，三曰舉山。		
			福山 配于氏，生四子，長少亡，次曰延興，三少亡，四曰延文。	
				延興
				延文
			永山	
			舉山	
		時淑 配趙氏，生二子，長曰德山，次曰增山。		
			德山 配趙氏，生六子，長曰延馨，次曰延歆，三曰延緒，四曰延義，五曰延吾，六曰延平。	
				延馨 配江氏。
				延歆 配王氏，生一子，曰學瑞。
				延緒 出繼增山公爲嗣。
				延義 配劉氏。
				延吾 配李氏。
				延平 配隋氏。
			增山	

十六世克禮公派　現居江格莊

【校注】

〔一〕壽山：此處言時洽次子曰『壽山』，而本派十九世世系表中則曰『永山』，當有誤。未知孰是，遵照原文，待考。

克住公派

世次			
六世	祐		
七世	孟昭		
八世	仲道		
九世	燿		
十世	述		
十一世	應亨		
十二世	珣		
十三世	思貽		
十四世	餘泓		
十五世	忠		
十六世	克住 忠公長子。配□氏，生二子，長曰馬兒，次少亡。	克立 配趙氏。	十六世克住公派 現居江格莊

此中四分之四分〔一〕，原居邑西門里街南白河縣東宅，後遷木峪別墅，再遷石和樂村，今住姜格莊深柳堂。

【校注】

〔一〕中：原作『小』，據上下文改。

卷四　大四分之三分

寬公派

始祖	**興公**
二世	**伯安**
三世	**居仁**
四世	**福全**
五世	**積**

六世寬公派

六世	**寬** 積公三子。前明散官。娶□氏，生一子，曰希周。
七世	**希周** 配□氏，生一子，曰仲學。
八世	**仲學** 配□氏，生二子，長曰昆，次曰蛟。
九世	**昆** 配倪氏。 **蛟** 配唐氏、董氏。
十世	**克孝** 配殷氏。 **克敬** 配牟氏。 **克讓**[一]
十一世	**朋登** 配富氏。 **朋科** 配江氏。 **朋禹** 配陳氏。 **朋高** 配安氏。

寬公派

十二世	十三世	十四世	十五世
爽　配王氏、李氏、宫氏、王氏，生一子，曰顯禮。	**顯禮**　配柳氏，生一子，曰悦。	**悦**　配宫氏、姜氏，生一子，曰永富；三女，長適王，次適王，三適徐。	**永富**　配李氏，生一子，曰照；四女，長適韓，次適王，三適馬，四適李。
振　配臧氏，生一子，曰顯禎。	**顯禎**　配李氏、紀氏，生一子，曰瑞。	**瑞**　配□氏。繼永賓公五子爲孫，曰俊。	
壘　配姜氏、李氏，生二子，長曰顯文，次曰顯祥。	**顯文**　配趙氏，生二子，長曰雲，次留奉天。	**雲**　配趙氏，生一子，曰永來。	**永來**
	顯祥　配□氏，生一子，曰煥。	**煥**　配譚氏，生一子，曰永賓。	**永賓**　配倪氏，生五子，長曰仁，次曰佶，三曰俠，四曰健，五曰俊。
熙　配姜氏，生三子，長顯倫，次曰顯經，三曰顯智。	**顯倫**　配劉氏，生四子，寄籍鐵嶺。		
	顯經　配郝氏，生二子，長曰起，次曰興。	**起**　配王氏，生一子，曰永和。	**永和**　配譚氏，生一子，曰齡。
		興	
	顯智　配牟氏，生二子，長曰發，次曰旺。	**發**　配□氏，生二子，長曰永壽，次曰永吉。	**永壽**　配林氏，生三子，長曰朝，次曰富，三曰官。
		旺　配辛氏，生二子。	

六世寬公派

【校注】

〔一〕克讓：原缺，據宗譜後文補。

六世	寬			
七世	希周			
八世	仲學			
九世	昆	蛟		
十世	克孝	克敬	克讓	
十一世	朋登	朋科	朋禹	朋高
十二世[一]	爽	振	壘	熙
十三世[二]	顯經	顯智		
十四世[三]	起	發		

永壽永吉永和公派				
十五世[四]	十六世	十七世	十八世	十九世
永和	**齡**　永和公子。配祁氏。繼允恭長子爲嗣孫，曰烝。		**烝**　配王氏、吴氏。繼君公次子爲嗣，曰振福。	**振福**　配吕氏，生□子。
永壽	**朝**　永壽長子。配祁氏、閆氏，生□。	**允開**　配王氏，生一子，曰君。	**君**　配韓氏，生三子，長曰振翰，次曰振福，三曰振禄。	**振翰**　配鄭氏，生一子。 **振福**　配吕氏，生一子。 **振禄**
		允義　少亡。		
		允龍　配劉氏，生一子，曰賦[六]。	**斌**　配韓氏，生二子，長曰□。	
		允才　配董氏。		
		允奎　配姜氏。繼君三子爲嗣。		
	富　配李氏。繼官公長子爲嗣，曰允東。	**允東**　配崔氏。繼允南公長子爲嗣，曰津。	**津**　配唐氏，生一子，曰振安。	**振安**
	官　配修氏，生二子，長曰允東，次曰允南[五]。	**允東**　出繼富公爲嗣。		
		允南　配王氏，生二子，長曰津，次曰善。	**津**　出繼允東公爲嗣。	
			善　配□氏。	
永吉	**林**　永吉公子。配劉氏、徐氏，生二子，長曰允章，次曰允□。	**允章**　配劉氏，生二子。		
		允□		
十五世永壽永吉永和公派				

【校注】

〔一〕十二世：原譜此處僅有『熙』，『爽』『振』『壘』三人據本分寬公派世系表補。

〔二〕十三世：原譜此處僅有『顯經』，『顯智』據本分寬公派世系表補。

〔三〕十四世：原譜此處僅有『起』，『發』據本分寬公派世系表補。

〔四〕十五世：原譜此處僅有『永壽』，『永吉』『永和』二人據本分寬公派世系表補。永壽爲發子，原譜誤爲起子。

〔五〕允南：原缺名，據本派十七世世系表補。

〔六〕賦：原作『賦』，本派十八世世系表則作『斌』，未知孰是，遵照原文，待考。

六世	寬			
七世	希周			
八世	仲學			
九世	昆	蛟		
十世	克孝	克敬	克讓	
十一世	朋登	朋科	朋禹	朋高
十二世	爽			
十三世	顯禮			
十四世	悦			

永富公派

十五世	十六世	十七世	十八世	十九世	二十世
永富	**照** 永富公子。配徐氏，生一子，曰允升。	**允升** 配李氏，生三子，長曰元愷，次曰仲愷，三曰季愷。	**元愷** 配李氏。繼仲愷公長子爲嗣，曰立名。三女，長適姜，次適王，三適鄭。	**立名** 字芳亭。配魯氏，生二子，長曰國琦，次曰國瑞；四女，長適張，次適龍，三適鄭，四適辛。	**國琦** 配于氏，生一子，曰金城；一女，適□。
					國瑞
			仲愷 字西峰。附貢生。咸豐年率鄉勇禦賊，殉難，附祀忠義祠〔一〕。配郭氏，生二子，長曰立名，次曰正名；一女，適林。	**立名** 配崔氏。出繼元愷公爲嗣。	
				正名 配崔氏。繼立名公次子爲嗣，曰國瑞。	
			季愷 配宮氏，生一子，曰東名；二女，長適狄，次適龍。	**東名** 配孫氏、張氏、張氏，生三子，長曰國珍，次曰國棟，三曰國藩；四女，長適龍，次適仲，三適李。	**國珍** 配李氏。

十五世永富公派

【校注】

〔一〕附祀忠義祠：民國本《萊陽縣志》卷三之一中『人物·忠節·清』條言『宋西峰，附貢生，於海陽廢城禦賊陣亡』，亦言『以上咸豐十一年殉邑難者』。

六世	寬			
七世	希周			
八世	仲學			
九世	昆	蛟		
十世	克孝	克敬	克讓	
十一世	朋登	朋科	朋禹	朋高
十二世	壘〔一〕			
十三世	顯文			
十四世	雲			

十五世永來公派

永來公派

世		
十五世	永來	
十六世	曉　永來公子。配戴氏，生二子，長曰允清，次曰允綱。	
十七世	允清　配王氏，生三子，長曰雙，次曰全，三曰德。	允綱　配譚氏，生二子，長曰哲，次曰啓。
十八世	雙　全　德	哲　配王氏。 / 啓

【校注】

〔一〕壘：原作『振』，誤，據本分寬公派十二世、十三世世系表改。

六世	寬			
七世	希周			
八世	仲學			
九世	昆	蛟		
十世	克孝	克敬	克讓	
十一世	朋登	朋科	朋禹	朋高
十二世	振			
十三世	顯禎			

瑞公派

世	
十四世	**瑞**
十六世	**俊** 瑞公嗣孫。配王氏、李氏，生三子，長曰允中，次曰允平，三少亡。
十七世	**允中** 配李氏，生三子，長曰寅，次曰信，三曰修。 **允平** 配于氏，生子，曰倫。
十八世	**寅** 配劉氏。繼信公長子爲嗣，曰德昌。 **信** 配閆氏，生二子，長曰德昌，次曰旭昌。 **修** 配房氏，生二子，長曰瑞昌，次曰鴻昌。
十九世	**德昌** 配姜氏，生二子，長曰福成，次曰連成。 **德昌**〔一〕 出繼寅公爲嗣。 **旭昌** 配劉氏，生一子，曰六。 **瑞昌** 配宮氏。 **鴻昌** 配張氏，生一子，曰騰文。
二十世	**福成** 配姜氏。 **連成** 配劉氏。

十四世瑞公派

【校注】

〔一〕德昌：原作『龍昌』，宗譜別處皆作『德昌』，故改。

六世	寬			
七世	希周			
八世	仲學			
九世	昆	蛟		
十世	克孝	克敬	克讓	
十一世	朋登	朋科	朋禹	朋高
十二世	壘			
十三世	顯祥			
十四世	焕			

永賓公派

十五世	十六世	十七世	十八世	十九世	二十世
永賓	**仁** 永賓長子。配張氏，生四子，長曰允文，次曰允武，三允功〔一〕，四允狄。	**允文**			
		允武 配侯氏，生一子，曰價。			
		允恭 配王氏，生一子，曰杰。	杰 配王氏。		
		允狄 配姜氏。			
	賢〔二〕 永賓公次子。缺嗣。				
	住 永賓公三子。配張氏，生一子，曰允成。	**允成** 配王氏，生三子，長曰佐，次曰仙，三曰保。	**佐** 配倪氏，生二子，長曰尚志，次曰元志。	**尚志** 配高氏，生二子，長曰大起，次曰小起。	**大起** **小起**
				元志 配李氏。	
			仙 配姜氏，生一子，曰魯山。	**魯山** 配韓氏，生一子，曰雲臣。	**雲臣**

十五世永賓公派

【校注】

〔一〕允功：此處言仁公三子曰『允功』，本派十七世世系表中則作『允恭』，未知孰是，遵照原文，待考。

〔二〕賢：本分寬公派十五世世系表云永賓『生五子，長曰仁，次曰佶，三曰佚，四曰健，五曰俊』，本派十六世世系表則云『賢，永賓公次子』『住，永賓公三子』，未知孰是，遵照原文，待考。

以上七、八、九世名諱，俱察記於碑碣。本分主祭者，溺於六世不祀之論，宗譜中并未一一載登，故今日則不知九世之名係八世某名所出，十世之名係九世某名所出，以致八、九兩世并不知何名缺嗣，何名承祧。甚矣，世習俗誤入，可畏可畏！

卷五　大四分之四分

派	世	名
德公派	始祖	興公
	二世	伯安
	三世	居仁
	四世	福全
	五世	積
六世德公派	六世	德　積公四子。字竹齋。前明任山西平陽府絳縣主簿，封將仕郎。配荀氏，封孺人，生一子，曰冠。公葬周格莊祖塋。
	七世	冠
	八世	旌　旂　旆　旃
	九世	瑶　珩　璇　璣　珀
	十世	繼良　配李氏、崔氏，生四子，長缺嗣，次曰茂，三四俱缺嗣。

世系	名				
始祖	興公				
二世	伯安				
三世	居仁				
四世	福全				
五世	積				
六世	德				
七世	冠				
八世	旌	旂	旆	旃	
九世	瑶	珩	璇	璣	珀
十世	繼良				

茂公派

十一世	十二世	十三世	十四世	十五世
茂　繼良公子。配董氏，生四子，長曰久魁，次曰久武，三少亡，四曰久福。	**久魁**　配江氏，生六子，長缺嗣，次曰思公，三曰思敬，四失系，五曰思德，六曰思新。	**思公**　配戰氏、呂氏，生二子，長曰餘泮，次缺嗣。	**餘泮**　配梁氏，生一子，曰文景，寄留奉天。	
		思敬　配王氏，生三子，長曰餘才，次曰餘淵，三失名，寄留奉天。	**餘才**　配杜氏，生一子，曰文彥。	**文彥**　配耿氏，生二子，長曰克興，次曰克隆。
			餘淵　配□氏。寄留奉天。	
		思德　配李氏，生三子，長曰餘霖，次曰餘儀，三曰餘澎。	**餘霖**　配呂氏，生三子，長曰文遠〔一〕，次曰文漢，三曰文清。	**文遠**　配趙氏，生一子，曰克復。
				文漢　配姜氏，生一子，曰克全。
				文清　配王氏，生四子，長曰克忠，次曰克恕，三四缺名〔二〕。
			餘儀　配相氏，生一子，曰文煥。	**文煥**　配梁氏，生三子，長曰克成，次曰克有〔三〕，三曰克發，具未聘。公雙承餘公嗣。
			餘澎　配□氏。繼餘儀子爲嗣，曰文煥。	
		思新　配王氏，生一子，曰餘輝。	**餘輝**　配王氏、徐氏，生三子，長寄留奉天，次曰文成，三缺名。	

十一世茂公派

茂公派

十二世	十三世	十四世	十五世
久武 配祝氏、劉氏，生四子，長曰思法，次缺嗣，三少亡，四曰思賢。	**思法** 配梁氏，生一子，曰餘興。	**餘興** 配崔氏，生三子，長曰文魁，次曰文殿，三曰文堂。	**文魁** 配張氏、冷氏，生一子，曰克寧。
			文殿 配李氏，生一子，曰□。
			文堂 配隋氏。
	思賢 配孫氏，生二子，長缺嗣，次曰餘和。	**餘和** 配唐氏，生二子，長曰文法，次曰文有。	**文法** 配唐氏。
			文有

十一世茂公派

茂公派

十二世

久福　配李氏，生一子，曰思明。

十三世

思明　配□氏，生六子〔四〕，長少亡，次曰餘鳳，三曰餘龍，四曰餘虎，五曰餘錫，六曰餘杰。

十四世

餘鳳　配王氏，生三子，長曰文廷，次曰文禮，三失名。

餘龍　配吕氏、張氏。繼餘鳳公次子爲嗣，曰文禮。

餘虎　配李氏，生一子，曰文成。

餘錫　配朱氏，生一子。

餘杰　配姜氏，生三子，長□，次□，三□。

十五世

文廷　配邵氏，生二子，長曰克己〔五〕，次曰克讓〔六〕。

文禮　出繼餘龍公爲嗣。

十一世茂公派

【校注】

〔一〕文遠：原作『文選』，當誤，據後文克復公派十五世世系表改。本派十五世世系表中亦改作『文遠』。

〔二〕三四缺名：據後文克忠公派十六世世系表，文清三子曰『克孝』，文清四子曰『克第』，未知孰是，遵照原文，待考。

〔三〕克有：後文克成公派世系表中皆作『克游』，未知孰是，遵照原文，待考。

〔四〕生六子：原文作『生五子』，據其後所列，應爲『生六子』。

〔五〕克己：原缺名，據後文克己公派十六世世系表補。

〔六〕克讓：原缺名，據後文克己公派十六世世系表補。

十一世	茂
十二世	久魁
十三世	思敬
十四世	餘才
十五世	文彦

克興公派

十六世	十七世	十八世	十九世	二十世
克興 文彥長子。配賈氏、徐氏，生一子，曰元選。	**元選** 配梁氏，生一子，曰時林。	**時林** 配徐氏，生三子，長曰玳，次曰璉，三曰珠。	**玳** 配狄氏。繼珠公長子爲嗣，曰允芳。	**允芳** 配李氏。
			璉 配賈氏，生四子，長曰允發，次曰允峯，三曰允祥，四曰允□。	**允發** 配郭氏。
				允峯 配吕氏。
				允祥
				允□
			珠 配劉氏，生五子，長曰允芳，次曰允相，三曰允士，四曰允慶，五曰允吉。	**允芳**
				允相
				允士
				允慶
				允吉
克隆 文彥次子。絕。				

十六世克興克隆公派

十一世	茂
十二世	久魁
十三世	思德
十四世	餘霖
十五世	文遠

克復公派

十六世	十七世	十八世	十九世	二十世
克復 文遠公子。配董氏，生三子，長曰會選，次曰廷選，三曰清選。	**會選** 配姜氏，生二子，長曰時和，次曰時盛。	**時和** 配臧氏，生二子，長曰鎮，次曰尊。	**鎮** 配相氏，生四子，長曰允綱，次曰允穀，三曰允木，四曰允訥。	**允綱** 配房氏。 **允穀** **允木** **允訥**
			尊 出繼時盛公爲嗣。	
		時盛 配孫氏。繼時和公次子爲嗣，曰尊。	**尊** 配□氏。	
	廷選 配唐氏，生二子，長曰時中，次曰時有。	**時中** 配修氏、唐氏，生五子，長曰鎬，次曰鏉，三曰鉦，四曰鑄，五曰快。	**鎬** **鏉** **鉦** 配唐氏。 **鑄** **快**	
		時有 配李氏，生二子，長曰雲，次曰進。	**雲** 配□。 **進** 配□。	
	清選 配宫氏，生一子，曰時良。	**時良** 配徐氏，生一子，曰清。	**清** 配李氏，生一子，曰允高。	**允高**

十六世克復公派

十一世	茂
十二世	久魁
十三世	思德
十四世	餘霖
十五世	文漢

克全公派

十六世	十七世	十八世	十九世	二十世
克全 文漢公子。配劉氏，生二子，長曰明選，次曰昇選。	**明選** 配李氏、江氏，生四子，長曰時廷，次曰時立，三曰時琇，四少亡。	**時廷** 配于氏、李氏，生三子，長曰叙，次曰瑚，三曰昇。	**叙** 出繼時琇公爲嗣。	
			瑚 配姜氏，生二子，長曰允義，次曰允生。	**允義** 配李氏。
				允生 出繼昇公爲嗣。
			昇 配修氏。繼瑚公次子爲嗣，曰允生。	**允生**
		時立 出繼登選爲嗣。		
		時琇 配張氏。繼時廷公長子爲嗣，曰叙。	**叙** 配姜氏，生二子，長曰允登，次曰允增。	**允登** 配修氏。
				允增 配接氏。
	昇選 配王氏，生一子，曰時行。	**時行** 配劉氏，生一子，曰壽。	**壽** 配李氏，生二子，長曰允德，次曰允恕。	**允德** 配于氏，生三子，長□，次□，三□。
				允恕 配李氏。

十六世克全公派

十一世	茂
十二世	久魁
十三世	思德
十四世	餘霖
十五世	文清

克忠公派

十六世	十七世	十八世	十九世	二十世
克忠 文清長子。配張氏，生二子，長曰彥選，次曰棟選。	**彥選** 配程氏。繼棟選公長子爲嗣，曰時瑱。	**時瑱** 配姜氏，生一子，曰魁。	**魁** 配趙氏。	
	棟選 出繼克恕公爲嗣。			
克恕 文清次子。配閆氏。繼克忠公次子爲嗣，曰棟選。	**棟選** 配梁氏、李氏，生三子，長曰時瑱，次曰時同，三曰時蕊。	**時瑱** 出繼彥選公爲嗣。		
		時同 配曲氏，生一子，曰仁。	**仁** 配倪氏。繼魁公長子爲嗣，曰得福。	**得福**
		時蕊〔一〕 出繼華選公爲嗣。		
克孝 文清三子。配倪氏，生一子，曰華選。	**華選** 配楊氏。繼棟選公三子爲嗣，曰時蕊。	**時蕊** 配李氏，生三子，長曰仙，次曰恩，三曰吉。	**仙** 配官氏，生二子，長曰允壽，次曰允滋。	**允壽** **允滋**
			恩 配李氏，生一子，曰允道。	**允道**
			吉 配姜氏，生一子，曰允登。	**允登**
克第 文清四子。配梁氏，生一子，曰登選。	**登選** 配王氏。繼明選公次子爲嗣，曰時立。	**時立** 配鄭氏，生三子，長曰福，次曰田，三曰桂。	**福** 配修氏，生一子，曰允來。	**允來**
			田 配李氏，生一子，曰允成。	**允成**
			桂 配祝氏，生五子，俱幼。	

十六世克忠克恕克孝克第公派〔二〕

【校注】

〔一〕時蕊：原譜誤入本派十九世，改入十八世。

〔二〕克孝：原作『公派』，誤，據本派世系表改。

克成公派

世系			
十一世	茂		
十二世	久魁		
十三世	思德		
十四世	餘儀		
十五世	文煥		
十六世	克成 文煥長子。	克游 文煥次子。	克發 文煥三子。

十六世克成克游克發公派

克寧公派

十六世克寧公派

世		
十一世	茂	
十二世	久武	
十三世	思法	
十四世	餘興	
十五世	文魁	
十六世	克寧　文魁公子。配李氏，生二子，長曰君選，次曰俊選。	
十七世	君選　配魯氏，生一子，曰時正。	俊選　配趙氏。
十八世	時正　配閆氏，生一子，曰信。	
十九世	信　配修氏，生二子，長曰允莊，次曰允平。	
二十世	允莊	允平

克田公派

十一世	茂		
十二世	久武		
十三世	思賢		
十四世	餘和		
十五世	文法		
十六世	**克田** 文法長子。配王氏。繼克夏公長子爲嗣，曰世選。	**克夏** 文法次子。配李氏，生二子，長曰世選，次曰立選。	
十七世	**世選**	**世選** 出繼克田公爲嗣。	**立選** 配唐氏，生一子，曰時學。
十八世			**時學**

十六世克田克夏公派

克盛公派

世	
十一世	茂
十二世	久武
十三世	思賢
十四世	餘和
十五世	文有

十六世克盛公派

世				
十六世	**克盛** 文有公子。配石氏，生二子，長曰文選，次曰壽選。			
十七世	**文選** 配修氏，生三子，長曰時聰，次曰時雨，三曰時相。		**壽選** 配郭氏。繼文選公次子爲嗣。	
十八世	**時聰** 配江氏。	**時雨** 出繼壽選公爲嗣。	**時相**	**時雨** 字仲霖。

克己公派

世		
十一世	茂	
十二世	久福	
十三世	思明	
十四世	餘鳳	
十五世	文廷	
十六世	**克己** 文廷長子。配胡氏，生一子，曰遴選。	**克讓** 文廷次子。配趙氏，生一子，曰經選。
十七世	**遴選** 配王氏，生一子，曰時魁。	**經選** 配崔氏，生一子，曰時玉。
十八世	**時魁** 配李氏、張氏，生二子。	**時玉** 配楊氏。

十六世克己克讓公派

克泗公派

世系	名	事略
十一世	茂	
十二世	久福	
十三世	思明	
十四世	餘龍	
十五世	文禮	
十六世	克泗	文禮公子。配趙氏，生一子，曰萬選。
十七世	萬選	配王氏。

十六世克泗公派

克有公派

世系	名	事略
十一世	茂	
十二世	久福	
十三世	思明	
十四世	餘虎	
十五世	文成〔一〕	
十六世	克有	文成公子〔二〕。配王氏，生一子，曰禎選。
十七世	禎選	

十六世克有公派

【校注】

〔一〕文成：原作『文有』，據本分茂公派十四世世系表改。

〔二〕文成：原作『文智』，據上下文改。

此大四分之四分，住南龍灣莊，弗悉昔日原居何里。自十世至十二世名諱，俱遵其開來的係載登。此二世昭穆相承，伊宗譜中原未分次詳記，况老成凋卸，備考無人。余雖訪詢情殷，能不空使於夢寐？所幸者，世世名諱未失，分分遷徙有方。由十三世以下，尚可因流尋澤。本分之人，雖經商於异地，躬耕於田園，然知守我家風，未泯敦睦二字，是以詩書一脉，十一世後猶使能延。

附録

一、人物傳記

《宋玫傳附族叔應亨傳》

宋玫〔一〕，字文玉，萊陽人。父繼登〔二〕，萬曆三十二年進士。歷官陝西右參議。天啓五年大計謫官。玫即以是年偕族叔應亨同舉進士。玫授虞城知縣，應亨得清豐。

崇禎元年，玫兄琮亦舉進士〔三〕，知祥符，而玫以才調繁杞縣。三人壤地相接，并有治聲。應亨遷禮部主事，玫亦擢吏科給事中。嘗疏論用人，謂：『陛下求治之心愈急，則浮薄喜事之人皆飾詭而釣奇。陛下破格之意愈殷，則巧言孔壬之徒皆乘機而鬥捷。』衆韙其言。時應亨已改吏部，累遷稽勛郎中，落職歸。玫方除母喪，起故官，歷刑科都給事中。請熱審概行於天下。又言獄囚稽滯瘐死，與刑死幾相半，宜有矜釋。帝采納之。遷太常少卿，歷大理卿、工部右侍郎。玫父繼登已久廢，至是爲浙江右參政。大學士周延儒客盛順者〔四〕，爲浙江巡撫熊奮渭營内召〔五〕，果擢南京户部侍郎，繼登父子信之。

十五年夏，廷推閣臣，順爲玫營推甚力。會詔令再推，玫與焉。帝已中流言，疑諸臣有私。比入對，玫冀得帝意，侃侃敷奏。帝發怒，叱退之，與吏部尚書李日宣等并下獄〔六〕。日宣等遣戍，玫除名，順乃鷩竄。

閏十一月，臨清破，應亨與知縣陳顯際謀城守〔七〕。應亨以城北庳薄，出千金建瓮城，浹旬而畢。玫及邑人趙士驥亦出資治守具〔八〕。無何，大清兵薄城，城上火炮矢石并發，圍乃解。明年二月復至，城遂破，玫、應亨、顯際、士驥并死之。顯際，真定人，士驥官中書舍人，并起家進士。玫、應亨有文名。

（清張廷玉等撰《明史》卷二六七，中華書局一九七四年版，第六八七九—六八八〇頁。）

【校注】

〔一〕宋玫：宋玫（一六〇七—一六四三），字文玉，號九青，一説别字九青。宋繼登三子，宋琮弟。明天啓四年（一六二四）舉人，天啓五年（一六二五）進士。初授河南虞城縣知縣，歷官大理卿、太僕寺卿、工部右侍郎。崇禎十六年（一六四三）殉萊陽邑難，贈兵部尚書，清乾隆間賜謚忠節。

〔二〕繼登：字先之，號渌溪，山東萊陽人。明萬曆二十八年（一六〇〇）舉人，萬曆三十二年（一六〇四）進士。歷任直隸定興縣知縣、户部郎中、浙江布政使司參政、南京鴻臚寺卿，有政聲。

〔三〕琮：即宋琮。宋琮（一五九七—一六三七），字宗玉，號五河。宋繼登長子。明天啓元年（一六二一）舉人，崇禎元年（一六二八）進士。初授祥符知縣，後補金壇知縣。博學宏文，名動一時，無疾暴卒。著有《柏園藝》《葡子草》及所選《明文續古》等，今多佚。

〔四〕周延儒：周延儒（一五九三—一六四三），字玉繩，號挹齋，宜興（今屬江蘇）人。明萬曆四十一年（一六一三）會試、殿試皆第一，授翰林院修撰。崇禎年間曾官禮部尚書兼東閣大學士，因任人唯親，遭彈劾歸鄉。清兵入關時，周延儒冒功受賞，被賜死。盛順：周延儒門下客，生平不詳。

〔五〕熊奮渭：直隸光州（今河南潢川）人。明萬曆四十四年（一六一六）進士。崇禎十一年至十四年（一六三八—一六四一）任浙江巡撫。

〔六〕李日宣：字晦伯，吉水（今屬江西）人。明萬曆四十一年（一六一三）進士。授中書舍人，擢御史。曾任兵部、吏部尚書。崇禎年間因廷推不公被下獄，發配戍邊。著有《敬修堂全集》。

〔七〕陳顯際：陳顯際（？—一六四三），字道隆，真定（今河北正定）人。明崇禎十三年（一六四〇）進士，授萊陽知縣。崇禎十六年（一六四三）清兵攻萊陽，與鄉紳共守城，城陷而死。

〔八〕趙士驥：字卓午，號黄澤，萊陽縣（今改市）人。《明史》有傳。明天啓元年（一六二一）舉人，崇禎十年（一六三七）進士。授中書舍人，充順天鄉試同考官，以丁憂回籍。崇禎十六年

（一六四三），清兵圍攻萊陽城，士驥與同城士紳率領百姓分守。城破，不屈而死。被贈光禄寺少卿。著有《春秋四傳合解》《文起樓文稿》《感嗝集》。事詳見民國本《萊陽縣志》卷三之三上『藝文·傳志』條之鞠濂《趙光禄士驥墓表》。

《宋四公傳》

宋瓛，字景章，生岐嶷，賦性堅定。成童游庠，言動不苟。三十領鄉書，四十登第。觀政時，以户部檄賫賚遼東官軍。舊時，主是差者，餌於監軍，總戎苟且報竣，事恩不盡所施。公則却宴拒遺，處斷在己，人飽實惠焉。歸擢御史，清肅儉約，七年無私干，奉敕巡關務，修實政，高深如度，訓練必精。無何，大同有警卒恃無恐，時圻内饑民流入京師，衆議述荒政施濟之宜。公曰：『此老生常談耳！何如按奸贓，省冗費，以惠我元元乎？』又時有荆襄之出師，議者請檄四方添京，操固根本。公曰：『兵貴精，不貴多，四方之士在館，可令知中國虚實乎？』因條備邊四事，皆得其宜。民有信繼妻言告前子不孝者，公令逮後妻子并鞫證，其民驚走，曰：『御史洞見人腹中事。』按大同值妖僧惑衆，誤從者幾千人。中丞欲獮獲之，公不可，止戮其渠魁，餘皆全活。有柴甲兄弟七人，本非盗，爲怨家所誣，已斃四人，而三人仍當大辟。公察情，論活之。及副浙臬，理德清沈壽之冤，而按軍妻殺夫之獄，部雖欲矜疑之，公曰：『此風教所關也。』卒論如法。其用刑平，當如此。且天性篤孝，卒之日，謂子孟清拳拳以己身宦游養生送死有缺，目不能瞑。爲言作秀才時，即堅挺無所撓，同輩曰：『景章他日仕，必廉潔敢死。』公任之曰：『是不可以常品，料必珠玉滿前鼎鑊在側，斯時始見真廉敢死耳。』斯言也，不孟子所謂大丈夫乎？子孟清祀鄉賢。

孟清，字元潔。清修博學，網羅舊聞，訂疑義，多著述。以貢訓導漢中，再升宜川縣諭，隨在接引後學。所著有《孝經集説》《詩學體要》《綱目辨疑管窺》〔一〕，刻行於世。

應亨，字嘉甫，號長元。黻四世孫〔二〕。明萬曆乙卯舉鄉〔三〕，天啓乙丑成進士〔四〕。初授大名府清豐縣令，鋤豪强，擒巨盜，百廢修舉，教化大行。考選授禮部主事。旋調吏部文選副郎署選事，内外銓除，一秉至公，而情法曲當。癸酉典試中州〔五〕，得名士最多。晋稽勛司郎中，以母年逾九十，陳情乞終養。家居數載，鄉里賴以舉火者甚衆，好賢喜士，食客滿座，酒樽不空，真有孔北海遺風。庚辰、辛巳大饑〔六〕，人相食，公出粟賑之，活數千人。聖廟頽，捐金數千，改作殿廡，戟門高廣倍前，輪奂一新。事母至孝，居喪過哀，左目瞳昏，黑白莫析。子琬禱於泰山，感异夢，果遇良醫，以金針撥之，目復明。公亦夢青衣童子曰：『上帝以公純孝，遺余默相，今已無恙，予將報命焉。』公之莅清也，多惠政，百姓歌思不忘，去之後，建祠郭外，曰益咏堂。二月晦爲公生日，士女歲歲醵金爲社會，陳百貨於祠前，三日乃罷。甲申盗蜂起〔七〕，焚燒官府，至公祠則下拜，且相戒曰：『宋公有德於民，祠不可毁。』癸未不禄〔八〕，贈太僕寺少卿，賜祭葬，本朝入清豐名宦。以季子琬貴，贈中大夫、浙江參政。公三子：璠、璜、琬。琬，文名滿海内，見爲蜀臬。不□傳。璠，字玉伯，以光禄簿上林丞加行太僕寺少卿，任俠好客，雅歌投壺，有翩翩佳公子風。仲璜任兵部，别有傳，祀鄉賢。

璜，字玉仲，號答昊。少負奇氣，磊落不羈。崇禎丙子舉鄉〔九〕，庚辰登第。授浙江杭州推官，威望岳岳，人不敢犯。杭倅某署邑篆有墨稱夜懷兼金爲餉，公正色拒之。壬午分校得士七人〔一〇〕，皆名下士。富賈汪某，兄弟相仇，訟三十年不決。公以一械共關之，人各一手，語吏曰：『匝月後方破械訊之。』兩人者卧起便溺，晝夜與居，越三日請公悔罪。公曉之，曰：『兄弟猶手足也，吾今爲爾聯之。』兩人叩頭出血，流涕而去，遂和好如初。丙戌北闈鄉試〔一一〕，公適司理京府，通州士楊、士炌、士烒兄弟三人同號舍，少京兆疑其有私，題參褫革，付公訊鞫。公曰：『此恒事耳。』力白其無他，趙公不悦，公執愈堅。三人卒無事，後皆進士高第，爲顯官，而士炌領鄉薦第一焉。公伉直剛毅，不肯少挫。與人交，片言相許，不惜傾身以之；少有不合，雖貴勢，必謝絶之。以故與世寡諧，鬱鬱不得志而没焉，亦其天性然也。邑有公事，不憚力請，至今人思其庇云。

（《康熙萊陽縣志》卷之八『人物·世賢』條。）

【校注】

〔一〕《詩學體要》：原作『《詩學禮要》』，『禮』誤，當爲『體』。

〔二〕蔽四世孫：民國本《萊陽縣志》卷三之三上『藝文·傳志』條之王熙《宋廉訪琬墓志銘》亦

云：『公，山東萊陽人也，諱琬……公高祖浙江副使諱黻……曾祖諱耀，祖諱述……考諱應亨。』按《宋氏宗譜》，宋應亨則爲宋黻二弟宋祐之後。據李江峰、韓品玉考證，《宗譜》所言似無誤，詳見李江峰、韓品玉著《明清萊陽宋氏家族文化研究》，第一七—一八頁。

〔三〕乙卯：指明萬曆四十三年（一六一五）。

〔四〕乙丑：指明天啓五年（一六二五）。

〔五〕癸酉：指明崇禎六年（一六三三）。

〔六〕庚辰、辛巳：庚辰指明崇禎十三年（一六四〇），辛巳指明崇禎十四年（一六四一）。

〔七〕甲申：指明崇禎十七年（一六四四）。

〔八〕癸未：指明崇禎十六年（一六四三）。此年，宋應亨與邑人抵禦清兵攻邑，殉難。

〔九〕丙子：指明崇禎九年（一六三六）。

〔一〇〕壬午：指明崇禎十五年（一六四二）。

〔一一〕丙戌：指清順治三年（一六四六）。

《宋趙董三封公傳》

宋述，儒學廩生。博洽能文，慷慨任氣，以子應亨貴，贈文林郎、清豐知縣，祀鄉賢；又以孫琬貴，贈中大夫、浙江布政司參政。誥云『植德不替，佑啓後人，綿及乃孫，丕彰鴻緒，休貽大父，聿觀世澤』。

（《康熙萊陽縣志》卷之八『人物·世賢』條。）

《宋積》

宋積，純篤好善，歲饑，煮粥全活甚衆，療病瘞死，罄廩不吝。以子黻貴，贈御史，壽九十四亡。

（《康熙萊陽縣志》卷之八『人物·孝義』條。）

《宋宜》

宋宜，字在中，號蔭堂，爲永年次子。九歲時，沈觀察廷芳至縣造訪永年，永年出游河南，宜與兄寧應對，無失儀，廷芳甚悦，録爲門人。以保舉銓除通判，分發廣西署平樂知縣，旋補柳州通判。未幾，署横州，有賈客被殺於途，賈爲廣東永發號客人。宜適赴泗城，遇雨，見人手傘，柄書『廣東永發號』五字，詰所自來，其人惶懼，因嚴訊得實。時諸凶星散，卒懸賞購得抵罪。既調龍州，龍俗，男女自由爲婚，每春夏交各相約於山澗中，飲酒作樂。宜嚴加禁止，諭以廉耻，其風頓革，大府奏升大平府同知，委辦臺灣兵差，以疾卒。

（民國本《萊陽縣志》卷三之一中『人物・鄉宦・清・乾隆』條。）

《宋副使巘傳》《宋太僕應亨傳》《宋司理璜傳》

同《康熙萊陽縣志》卷之八『人物・世賢』條《宋四公傳》之《宋巘傳》《宋應亨傳》《宋璜傳》。

（民國本《萊陽縣志》卷三之三上『藝文・傳志』條。）

《宋應亨》

宋應亨，述子。萬曆乙卯舉人[一]，乙丑（進士）[二]，授清豐知縣，鋤豪强，擒巨盜，百廢修舉，民祠祀之。擢禮部主事、吏部員外郎，内外銓除，一秉至公。典試河南[三]，得士最多，轉郎中。以母年逾九十終養。值歲洊饑，出粟賑之。事母至孝，居喪哀毁，目幾失明。崇禎十六年，殉難。贈太僕寺少卿，賜祭葬，祀鄉賢祠，并祀清豐名宦祠。乾隆間謚節愍，以子琬贈中大夫。

（《光緒增修登州府志》卷三九『進士・萊陽縣・明・天啓』條。）

【校注】

〔一〕乙卯：指明萬曆四十三年（一六一五）。

〔二〕乙丑：指明天啓五年（一六二五）。

〔三〕典試河南：宋應亨主河南鄉試之事當在明崇禎六年（一六三三）。據宋琬《益咏堂紀略》：『癸酉，典試河南，取士八十六人。』癸酉即明崇禎六年。

《宋應亨傳》

宋應亨，山東萊陽人。乙丑進士，天啓六年任〔一〕。才猷綽裕，清聲載道。課士，稱爲宗主。凡廟祠、書院及公署廢敝，曰：『此皆後日不便吾民者也。』輸俸率先，百廢俱舉。升吏部主事。有專祠北門外（今三施庵）。

〔清楊燝編纂《清豐縣志》卷之五『循良』條，清同治十一年（一八七二）刻本。〕

【校注】

〔一〕天啓六年任：據宋琬《益咏堂紀略》『（應亨）丙寅謁選人，授大名府清豐縣令』，丙寅即明天啓六年（一六二六），宋應亨任清豐縣令。

《宋應亨不屈》

宋應亨，字長元，山東萊陽人。中天啓乙丑進士，初令清豐，擢禮部主客司主事，遷吏部，歷驗封、考功、稽勛、文選四署，尋轉稽勛郎，甲戌歸〔一〕。逾六年，長子成進士〔二〕，授杭州理刑。應亨教之曰：『毋束濕，毋草菅，毋長莠。』崇禎十五年閏十一月，清兵破臨清，應亨率士民守萊陽。北隅單弱，捐千金建瓮城，浹旬而畢。清兵至，應亨獨當一面，懸賞購死士，夜劫營，兵拔圍去。十六年二月初五日，大衆掩至，避北城不攻。次日辰時，由城東北緣雲梯上。應亨平巾箭衣，驅家僮巷戰。家人勸令易帽，不可。戰良久，家僮死者三十餘人，應亨項中一刀，被執，不屈以死。後太史王崇簡吊之以詩云〔三〕：『拜手松楸酒一杯，傷心灑泣踏蒼苔。寒林風起山光動，衰壑雲移海氣來。泉路幾年空夙恨，人間此日有餘哀。高踪已自成千古，夕影淒淒照草萊。』聞者傷之。應亨死後，詔贈太僕寺少卿。長子名璜，字玉仲，登庚辰榜。次名琬，字玉叔，中丁亥進士，尤善詩，陝西、浙江副使。

（清計六奇《明季北略》卷一九，中華書局一九八四年版，第三五〇頁。）

【校注】

〔一〕甲戌：指明崇禎七年（一六三四）。

〔二〕長子：即宋璜。

〔三〕王崇簡：即王熙父。王崇簡（一六〇二—一六七八），字敬哉，順天宛平（今屬北京）人。明崇禎十六年（一六四三）進士。清順治三年（一六四六）授内翰林國史院庶吉士。官至禮部尚書。卒謚文貞。著有《青箱堂文集》。

《宋璜》

宋璜，應亨子。丙子舉人〔一〕，庚辰（進士）〔二〕，授杭州推官。杭倅某署邑篆有墨稱夜懷兼金爲餉，璜正色拒之。壬午分校浙江鄉試〔三〕，有汪某兄弟相仇，訟三十年不決。公以一械共關之，人各一手，越三日，叩頭悔罪。璜曰：『兄弟猶手足也，吾今爲爾聯之。』兩人垂涕而去。國初調順天推官。丙戌鄉試〔四〕，通州楊士炌兄弟三人同號舍〔五〕，府丞疑其有私，題參褫革，付璜訊鞫，力白其無他。三人卒無事，後皆成進士，爲顯官。

（《光緒增修登州府志》卷三九『進士·萊陽縣·明·崇禎』條）。

【校注】

〔一〕丙子：指明崇禎九年（一六三六）。

〔二〕庚辰：指明崇禎十三年（一六四〇）。

〔三〕壬午：指明崇禎十五年（一六四二）。

〔四〕丙戌：指清順治三年（一六四六）。

〔五〕通州楊士烚兄弟三人：《康熙萊陽縣志》卷之八『人物·世賢』條《宋四公傳》之《宋璜傳》云『通州士楊、士烚、士烒兄弟三人』，未知孰是，姑列之，待考。

王熙《通議大夫四川按察使司按察使荔裳宋公墓志銘》〔一〕

吾師四川按察使司按察使宋公既卒之八年，公子思勱等始來請銘以葬。其辭曰：『昔先大夫旅寓江南，生不孝等於客舍。甫七歲，携而之蜀，曾不知家鄉所在。今者生還，始望見里門，而遭背弃者八年矣。其嘉言懿行，童稚既無所識知，迨詢之宗族鄉黨，雖略聞而又不能盡也。聞族兄大塗云：先大夫與公之先文貞公甚善〔二〕，且授經於公，宜知其詳，願有銘也。』嗚呼！公以文章政事著名海內者五十餘年，然仕進齟齬不得如其志，中遭奇禍，幾蹈不測。晚歲自蜀朝覲京師，值軍變，家陷賊中。雖事平得歸，而公已没，不及見。悲夫！熙幼即拜識公於京師子舍，繼避寇禍江南，因隨公受學。自此同舉鄉、會試，同受知於趙介眉、劉元公兩先生之門〔三〕。及公寢疾，又得啓手足，既没而視含殮焉。蓋嘗荷公之德，不敢忘，而又悲公之不幸，故記録終始於此爲詳。

公，山東萊陽人也，諱琬，字玉叔，號荔裳。萊陽明初無登進士者，自公高祖、浙江副使諱黻者始〔四〕，事具縣志。曾祖諱耀；祖諱述，廩膳生；考諱應亨，登天啓乙丑狀元余煌榜〔五〕，累官至吏部郎中。妣曰孫孺人；前妣郝孺人。祖暨考皆以公贈中大夫、浙江布政使司參政，祖妣及妣皆贈淑人。公爲吏部公第三子〔六〕。

方明萬曆之季，士子皆習爲軟靡庸腐之文以取科第。獨公族兄五河公琮、九青公玟能爲文幽峭奇險〔七〕，拔地特起，與浙人翁鴻業齊名〔八〕，相繼取甲科，天下謂之『翁宋』。萊陽文字，遂爲山東之冠。公，名家子弟，生抱异質，與仲兄、兵部主事公璜皆依父兄，自相師友，蜚聲振藻，比美二難焉。

公小試縣、府、道，皆冠軍，以高才生充乙亥拔貢〔九〕。入京，先文貞公與公定交自此始。是時，公父吏部公方以清直宿望參選事，九青公亦官給諫，公緣省覲而游太學。一日，偕九青公過予家，與先公恨相見之晚，蓋自此四十年相好也。時公年雖少，而詩文名實聞見四方，人皆意其騰達必蚤，乃公仲兄庚辰已成進士〔一〇〕，而公仍困成均中，數舉皆不第。

甲申寇禍作〔一一〕，吏部及九青公已先没。公兄弟皆挈家南徙，與先文貞相遇於江寧，相對悲哭。蓋予家亦以避難渡江也，良久則又相大悦已。遂相約趨蘇州，轉入杭州、餘杭，出汾湖，爲亂兵所劫。予與公共載一船，幾不免。時方受業於公，雖處敗舟荒屋之間，兵戈搶攘，未嘗無訓誨焉。

順治三年，世祖章皇帝以東南大定，特命再行鄉、會試。公中丙戌鄉試亞魁〔一二〕，丁亥進士〔一三〕，授户部河南司主事。蕪湖抽分，調吏部稽勛司主事。旋外補陝西分巡隴右道僉事，升永平副使、浙江寧紹臺參政本省按察使。先是文登有劇盜于七爲地方之害〔一四〕，公族人某誣公與通謀〔一五〕，而七遂作亂。乃自浙江械繫公送刑部獄中，窮治無迹，猶輕重兩比以請廷議，謂證虚不當坐，緣是放廢者八年。值今上親政，公投牒自訟，寃始盡白。補四川按察使，又給以爲參政，時應得誥命，送一子入監讀書。在任以發舉奸贓加一級將柄用矣。而公病，猶自力入覲，遂卒於京師。公既來蜀，亂家留於賊。没時蓋知其陷，而不見其獲全歸也。悲夫！

公博聞强記，詩文兼諸家之長，故辭非一體，制舉藝尚俊麗光偉。中年屢遭患難，幾爲奸人所死者數矣。其發於危疑悲憤、對時感物之作，尤淒清嗚咽，讀之甚爲流涕。擬古《悲鐘鳴》《落葉》二詩〔一六〕，《獄中羊賦》〔一七〕，世争傳寫，然不怨天尤人，先文貞公以爲庶幾風人之旨，蓋必傳於後世無疑也。

公吏事精敏，榷税溢額至五萬七千餘兩，然不倚羨餘求進。居吏部四十餘日，遽例轉外用官，畿輔及秦越蜀皆有治行。在秦州，遇地震，民死傷失業，公自萊陽致家財以恤其灾。捕殺禮縣富民張應才之盜馬旦、王老虎，由於冤魂夢訴曰：『殺我，王和馬也。』〔一八〕公億中鞫伏，人皆异之。以卓异欽賜蟒服，加一級。優升永平副使，管軍餉。公嚴刻虚冒，而禁將吏之朘削者。減舊餉津旅花布之征，以寬恤民力。寧、紹地皆邊海，時方下舟山兵，旋將爲民患。公先期令州縣具委積，而推誠約其主者，遂得無擾。浙東俗雖刁訟，聞公至，皆斂迹。掌臬篆數月，即擒治奸民王式，保全烏程人温枚士之家。王式後以誣公伏法者也。四川屢經兵火，公招來流散，奪豪强所占城中隙地及郊野久廢閑田，使窮人任耕乘屋，以爲永業。除頭人把持之弊，爲申定婚禮，使男女年貌不相怨，禁奸猾强贅及圖娶寡婦者，風俗大變。蜀亂，而公家得保全者以此。嗚呼！公蚤以文學擅名，吏事非其所好，雖數當方面有能聲，恒鬱鬱不得意。方其乘風雲之會，即人莫不謂宜官禁近，爲左右論思之臣，而竟不得，且數遭蹉跌。迨公没後四年，上思得淹洽之士，以備顧問，詔舉博學宏詞，廷臣欲求其人如公者以應，不可得矣。士之遇不遇，豈非命哉！

公風義過人，哀其兄兵部公不幸遭禍，撫猶子思陟，恩意甚篤，思陟今知高平縣。又以蔭補從孫餘滋，尤人情所難。同邑友人生子於越，欲携歸而自計不敢入，病革遺人語公，公爲計送得還。嘗江行，募人泅出墮水者。余家自江南偕公北歸，而朝夕不憂乏絶，皆公兄弟之惠也，蓋不止教之而已。公病，予往問。公卧不能起，詢及滅賊之術，尚爲規畫川蜀山川要害及賊虚實情僞，所以行師制勝、營陣出入之法，若指諸掌。後王師蕩定，多如其言。此尤深可痛悼者也。

公配王淑人〔一九〕，官參政時所得封也。男三：長思勷，太學生〔二〇〕；次思勃〔二一〕，出爲公兄太僕公諱璠後；次思勰〔二二〕。女一〔二三〕，適廩膳生王成〔二四〕。命以某年月日，葬於某里〔二五〕。銘曰：

皇皇我公，文章之伯。雕琢精巧，而無形迹。繼父擬兄，標持風格。雖致通顯，數遭毒螫。非公是尤，奸人含射。惟秦蜀越，孤竹之石。勒公勛庸，永垂無斁。在昔江南，流離行役。辱承訓誨，贈資分宅。四十餘年，感念疇昔。悲我嚴師，邈焉塵隔。刻詩垂聲，置諸窀穸。固密其藏，以安劍舄。

（王熙《王文靖公集》卷一九，《四庫全書存目叢書·集部》第214册影印清康熙四十六年王克昌刻本。）

【校注】

〔一〕王熙：王熙（一六二八—一七〇三），字子雍，一字胥庭，號慕齋，順天宛平（今屬北京）人。王崇簡子。清順治四年（一六四七）進士，授檢討。順治末年，擢至禮部侍郎，兼翰林院掌院學士，加尚書銜。康熙初爲左都御史。吴三桂反時，爲兵部尚書。官至保和殿大學士，兼禮部尚書。卒謚文靖。著有《王文靖公集》。《通議大夫四川按察使司按察使茘裳宋公墓志銘》：本文亦見於民國本《萊陽縣志》卷三之三上『藝文·傳志』條，題作『宋廉訪琬墓志銘』。清代錢儀吉輯《碑傳集》卷七八亦録此文，題作『通議大夫四川按察使司按察使宋公琬墓志銘』。文字小有不同，此不另録。

〔二〕文貞公：即王熙父王崇簡。王崇簡（一六〇二—一六七八），字敬哉，順天宛平（今屬北京）人。明崇禎十六年（一六四三）進士。清順治三年（一六四六）授内翰林國史院庶吉士。官至禮部尚書。卒謚文貞。著有《青箱堂文集》。

〔三〕趙介眉：即趙維祺。趙維祺，字介眉，登州府萊陽縣趙曈人。清順治二年（一六四五）舉人，順治三年進士。授行人，擢浙江道監察御史。劉元公：生平不詳。

〔四〕萊陽明初無登進士者，自公高祖、浙江副使諱轍者始：據李江峰、韓品玉考證，萊陽明代初年無進士，明英宗天順年間始有進士，但并非從宋轍始。天順元年（一四五七）丁丑科黎淳榜，萊陽有于懋名列其中。『王熙此處應是誤記，然亦可見宋轍在萊陽當時開風氣的作用及其在後世的巨大影響。』詳見李江峰、韓品玉：《明清萊陽宋氏家族文化研究》，第一六—一七頁。

〔五〕乙丑：指明天啓五年（一六二五）。

〔六〕吏部公：即宋應亨。因其官至吏部郎中，故稱。

〔七〕五河公琮：即宋琮，號五河，生平見前注。九青公玫：即宋玫，亦作宋玫。其號爲九青，一説別字九青。宋玫其名，史籍記載多不一致，《康熙萊陽縣志》多作『玫』，《明史》、民國本《萊陽縣志》及其他典籍中多作『玫』。王小舒在《宋玫及萊陽宋氏作家佚詩考》一文中，推測『宋玫的原名似應爲宋玫』，『究竟應爲何名，又何時作的更改，尚不得而知』。詳見王小舒：《宋玫及萊陽宋氏作家佚詩考》，《文獻》二〇〇四年第三期，第一七五—一七六頁。宋玫生平見前注。

〔八〕翁鴻業：翁鴻業（?—一六三九），字一巘，號水因，明錢塘（今杭州）人。曾任山東提學。清兵入關南下濟南時，翁鴻業奮勇殺敵，自投烈火而死。

〔九〕乙亥：原作『乙丑』，當誤。乙亥爲明崇禎八年（一六三五）。王熙《王文靖公集》卷一九和錢儀吉輯《碑傳集》卷七八皆作『乙丑』，民國本《萊陽縣志》卷三之三上『藝文·傳志』條作『乙亥』，《康熙萊陽縣志》卷之六『貢舉·貢士·明·崇禎』條亦有『宋琬，應亨子，乙亥拔貢』，『乙亥』當是。乙丑爲明天啓五年（一六二五），宋琬年僅十二歲，似不可能選爲拔貢。另，宋琬作品中亦有乙亥年貢舉的記録，如《安雅堂未刻稿》卷六《書卓永瞻詩後》『余以乙亥與珂月先生同貢於有司』、《安雅堂文集》卷二《傳經堂記》『珂月先生者，余同年友也。崇禎乙亥，詔舉茂才异等，貢入太學』等。

〔一〇〕庚辰：指明崇禎十三年（一六四〇）。宋琬仲兄宋璜此年中進士。

〔一一〕甲申：指明崇禎十七年（一六四四）。

〔一二〕丙戌：指清順治三年（一六四六）。

〔一三〕丁亥：指清順治四年（一六四七）。

〔一四〕于七：本名樂吾，山東栖霞唐家泊村人。明崇禎三年（一六三〇）武舉人。于七爲栖霞人，并非文登人。民國本《萊陽縣志》卷三之三上『藝文·傳志』條『于七』後有注『按七為栖霞人，非文登』。

〔一五〕公族人某：即宋奕炳，宋氏宗譜中亦作『一炳』，詳見前注。

〔一六〕《悲鐘鳴》《落葉》二詩：即《聽鐘鳴》《悲落葉》二詩。詳見宋琬著，馬祖熙標校：《安雅堂全集》，第一六八—一六九頁。

〔一七〕《獄中羊賦》：即《獄中之羊賦》。詳見宋琬著，馬祖熙標校：《安雅堂全集》，第四五八—四六〇頁。

〔一八〕冤魂托夢一事，可參看宋琬《重刻安雅堂文集》卷二《雪冤紀夢》一文。

〔一九〕公配王淑人：此句民國本《萊陽縣志》卷三之三上『藝文·傳志』條作『公前配劉，未封；配王，封淑人』。

〔二〇〕太學生：民國本《萊陽縣志》卷三之三上『藝文·傳志』條在『太學生』後有言『庶袁出』。

〔二一〕次思勃：民國本《萊陽縣志》卷三之三上『藝文·傳志』條在『次思勃』後有言『庶沈出』。

〔二二〕次思勰：民國本《萊陽縣志》卷三之三上『藝文·傳志』條在『三思勰』後有言『亦袁出』。

〔二三〕女一：民國本《萊陽縣志》卷三之三上『藝文·傳志』條在『女一』後有言『劉出』。此指宋琬女道啓，曾隨宋琬入川。吴三桂反時，四川亂，夫王成死後，道啓祝髮爲尼。據《安雅堂未刻稿》卷八《祭王酉山夫人文》『何晤彼蒼，連催三鳳。途人掩袂，黄鳥載咏』，宋琬至少另有三女，惜早夭。

〔二四〕王成：即宋琬女道啓之夫，宋琬同邑王章子。據宋琬《安雅堂未刻稿》卷四《同閔官用、王古直及小婿王五文南屏看紅葉作》、《二鄉亭詞》卷三《滿江紅·小女歸次淮北，舉第三子。真州聞報，口占志喜，寄五文婿》等作品，知五文當是王成的字或號。王章，字闇子，號酉山，萊陽人。清順治四年（一六四七）進士，歷官井陘知縣、湖廣石首丞等。工古文辭。

〔二五〕命以某年月日，葬於某里：民國本《萊陽縣志》卷三之三上『藝文·傳志』條作『命以康熙二十二年二月十二日葬於里』。

《宋琬》

宋琬，字玉叔，山東萊陽人。父應亨，明天啓中進士，官直隸清豐縣知縣，有惠政，罷歸。崇禎十六年，殉節萊陽，贈太僕寺卿。

琬少負隽才，著聲譽。順治四年進士，授户部主事。七年，監督蕪湖鈔關，潔己恤商，税額仍溢。累遷吏部郎中。十年，授陝西隴西道。十一年，道出清豐縣，民扶老携幼，遮邀至所建應亨祠下，追述往績，相持泣戀。琬益自刻勵，期不墜先緒。適秦州地震，加意撫恤，生全者無算。十四年，遷直隸永平道。十七年，調浙江寧紹臺道。十八年，擢按察使。時登州于七爲亂，琬同族子因宿憾，思陷琬，遂以與聞逆謀告變，立逮下獄，闔門縲繫者三載。緣坐中有需外訊，下督撫治之，巡撫蔣國柱鞫得誣狀〔一〕，上聞，頗與部讞抵牾，命覆質，得申雪。康熙三年冬〔二〕，得旨免罪，放歸。流寓江南，寄孥泖上，往來秦淮、鍾阜，陟金焦，攬武林山水以自適。十年，有詔起用，復來京師。琬始官吏曹，與給事中嚴沆〔三〕、部郎施閏章、丁澎輩相唱和〔四〕，有『燕臺七子』之目〔五〕。既出任外臺，猝罹無妄，凡所遭豐瘁，一發之於詩。王士禛點定其《安雅堂集》爲三十卷〔六〕。十一年，授四川按察使。十二年，入覲，值吴三桂叛〔七〕，成都陷，琬家屬皆在蜀，聞變驚惋，遂以疾卒，年六十。所爲詩零落略盡。越二十餘年，族孫邦憲僅綴輯爲《拾遺》六卷〔八〕。琬詩格合聲諧，明靚溫潤，撫時觸緒，類多淒清激宕之調。而境事既極，亦復不戾於和平。王士禛嘗舉施閏章相況，目爲『南施北宋』云〔九〕。

（王鍾翰點校《清史列傳》卷七〇，中華書局一九八七年版，第五七一〇—五七一一頁。）

【校注】

〔一〕蔣國柱：蔣國柱（？—一六六八），漢軍鑲白旗人。清順治間，授都察院啓心郎。歷工部右侍郎、户部左侍郎、山東巡撫、浙江巡撫等官，爲政勤清。傳見《國朝耆獻類徵初編》卷一五二、

《清史列傳》卷五。

〔二〕康熙三年：誤，當爲康熙二年。據宋琬《二鄉亭詞》卷二《感皇恩·冤繫二年，一朝解網，感荷天恩，歌以代泣，時癸卯十一月朔三日也》，癸卯即康熙二年（一六六三）。蔣國柱爲宋琬申雪，宋琬繪感恩祝頌圖，并爲之作序，可參看宋琬《安雅堂文集》卷二《感恩祝頌圖序》。

〔三〕嚴沆：嚴沆（一六一七—一六七八），字子餐，號顥亭，浙江餘杭（今杭州）人。清順治十二年（一六五五）進士，曾官户部侍郎，總督倉場。善書畫，詩文爲『西泠十子』之一，著有《古秋堂集》等。

〔四〕施閏章：施閏章（一六一八—一六八三），字尚白，號愚山，又號蠖齋，宣城（今屬安徽）人。清順治六年（一六四九）進士，授刑部主事，後進侍讀。文章醇雅，尤工於詩。著有《學餘堂文集》《試院冰淵》等。丁澎：丁澎（一六二二—一六九一以後），字飛濤，號藥園，仁和（今浙江杭州）人。清順治十二年（一六五五）進士。曾官禮部郎中。著有《扶荔堂詩稿》等。

〔五〕燕臺七子：指宋琬、施閏章、嚴沆、丁澎、張文光、趙賓、陳祚明七人。汪超宏云：『燕臺七子詩酒酬唱之事，不止於一年，其交往和得名之始時間，一時難以考詳。』詳見汪超宏：《宋琬年譜》，第九五頁。

〔六〕王士禛點定其《安雅堂集》爲三十卷：此事當在康熙壬子年（一六七二）。據王士禛《池北偶談》卷一一『施宋』條：『康熙已（以）來，詩人無出南施北宋之右，宣城施閏章愚山，萊陽宋琬荔裳也。……宋浙江後詩，頗擬放翁，五古歌行，時闖杜、韓之奧。康熙壬子春在京師，求予定其詩筆，爲三十卷。』王士禛（一六三四—一七一一），字子真，一字貽上，號阮亭，又號漁洋山人，世稱王漁洋，謚文簡，山東新城（今桓臺縣）人。清順治十五年（一六五八）進士。歷任揚州推官、禮部主事、户部郎中、刑部尚書等。著有《池北偶談》《香祖筆記》等。

〔七〕吴三桂：吴三桂（一六一二—一六七八），字長白，一字月所，遼東（今遼寧遼陽）人。武舉出身。明崇禎時，鎮守山海關。崇禎十七年（一六四四）降清，引清軍入關，封平西王。清康熙十二年（一六七三）舉兵叛清，發動三藩叛亂。康熙十七年（一六七八）在衡州（今湖南衡陽）稱帝，不久病卒。

〔八〕《拾遺》六卷：即《安雅堂拾遺集》六卷。

〔九〕『南施北宋』：見前注〔六〕。

《宋琬》

宋琬，應亭子。明崇禎乙亥選貢〔一〕，丙戌舉人〔二〕，丁亥（進士）〔三〕。授户部主事，榷蕪湖關税溢額五萬七千餘金。調吏部，外補隴西道僉事。遇地震，民死傷失業，琬出家財以恤其灾。遷永平道副使、寧紹臺道參政、浙江按察使，皆有治行。于七之亂〔四〕，琬族人誣以同謀〔五〕，乃自浙械繫至京，送刑部獄中，窮治無迹，坐是放廢者八年。值上親政，琬投牒自訟，冤始盡白。補四川按察使。四川屢經兵燹，招來流散，奪豪强所占及郊野久廢田，以惠窮民，發舉奸贓，裁禁蠹猾，申定婚禮，風俗大變。力疾入覲，值吴逆變〔六〕，蜀亂，家屬陷賊中，遂卒於京邸。蜀民思之，家屬卒得保全。琬工詩、古文、詞，有雋才。與施閏章齊名〔七〕，時號『南施北宋』。著有《安雅堂詩文集》《治蜀讞案條約》《秦川紀异》〔八〕。祀鄉賢祠。

（《光緒增修登州府志》卷三九『進士·萊陽縣·國朝·順治』條。）

【校注】

〔一〕乙亥：指明崇禎八年（一六三五）。

〔二〕丙戌：指清順治三年（一六四六）。

〔三〕丁亥：指清順治四年（一六四七）。

〔四〕于七之亂：即于七抗清及謀反一案。于七，本名樂吾，山東栖霞唐家泊村人，明崇禎三年（一六三〇）武舉人。

〔五〕琬族人：即宋奕炳，宋氏宗譜中亦作『一炳』，詳見前注。

〔六〕吴逆：即吴三桂。生平見前注。

〔七〕施閏章：生平見前注。

〔八〕《秦川紀异》：應作《秦州紀异》。

《宋琬傳》

宋琬，字玉叔，號荔裳。萊陽人。少負雋才，著聲譽。順治四年成進士，授户部主事。監督蕪湖鈔關，吏事精敏，榷税溢額。授陝西隴右兵備道。初，琬父應亨知清豐縣，有惠政，民爲立祠。至是琬道出清豐，縣民老幼遮道邀至祠下，追述往績，相持泣戀。琬益自刻勵，期不墜先緒。適秦州地震，琬自萊陽致家財以恤其災。移直隸永平道，調浙江寧紹臺道，擢按察使，擒治奸民，保全善類。十七年，登州有于七之亂，琬族子某因宿憾思陷琬，遂以與聞逆謀告變，逮入都，一門咸就縶。久之，事得白。康熙三年放歸，流寓江南，往來秦淮、鍾阜，陟金焦，攬武林山水以自適。十年，起用，復來京師。十一年，授四川按察使。蜀地屢經兵燹，琬招徠流散，奪豪强所占城中隙地及郊野久廢閑田，使窮民任耕，乘屋以爲永業，爲申定婚禮，禁奸猾强贅及圖娶寡婦者，風俗大變。十九年，入覲，值吴三桂叛，成都陷，琬家屬皆在蜀，聞變驚悸，卒於京師，而家屬卒賴川人爲保全之。

琬詩格合聲諧，明靚温潤。始官户曹，與給事中嚴沆、部郎施閏章、丁澎輩相唱和，有『燕臺七子』之目。既出任外臺，猝罹無妄，凡所遭豐悴，一發之於詩，撫時觸緒，類多淒凉激宕之調，而境事既極，亦復不戾於和平。新城尚書王士禛點定爲三十卷，嘗舉施閏章相況，目爲『南施北宋』。著有《安雅堂集》。國史列《文苑傳》。

（《乾隆山東通志》卷一七六，上海古籍出版社一九九一年版。）

《宋琬傳》

宋琬，字玉叔，萊陽人。父應亨，明天啓中進士。令清豐，有惠政，民爲立祠。崇禎末殉節，贈太僕寺卿。

琬少能詩，有才名。順治四年進士，授户部主事，累遷吏部郎中。出爲隴西道，過清豐，民遮至應亨祠，款留竟日，述往事至泣下。琬益自刻厲，期不墜先緒。調永平道，又調寧紹臺道，皆有績。十八年，擢按察使。時登州于七爲亂。琬同族子懷宿憾，因告變，誣琬與于七通，立逮下獄，并繫妻子。逾三載，下督撫外訊。巡撫蔣國柱白其誣，康熙三年放歸。十一年，有詔起用，授四川按察使。明年，入覲，家屬留官所。值吴三桂叛，成都陷，聞變驚悸卒。

始琬官京師，與嚴沆、施閏章、丁澎輩酬倡，有『燕臺七子』之目。其詩格合聲諧，明靚温潤。既構難，時作淒清激宕之調，而亦不戾於和（平）。王士禛點定其集爲三十卷。嘗舉閏章相況，目爲『南施北宋』。殁後詩散佚，族孫邦憲綴輯之爲六卷。

（趙爾巽等《清史稿》卷四八四，中華書局一九七七年版，第一三三二七頁。）

《宋琬傳》

宋琬，字玉叔，號荔裳，山東萊陽人。父應亨，明天啓中進士，官直隸清豐縣知縣，有惠政。罷歸，崇禎十六年殉節萊陽，贈太僕寺卿。琬少負雋才，著聲譽。順治四年進士，授户部主事。七年，監督蕪湖鈔關，潔己恤商，税額仍溢，累遷吏部郎中。十年，授陝西隴西道。十一年，道出清豐，縣民扶老携幼，遮邀至所建應亨祠下，追述往績，相持泣戀。琬益自刻勵，期不墜先緒。適秦州地震，加意撫恤，生全者無算。十四年，遷直隸永平道。十七年，調浙江寧紹臺道。十八年，擢按察使。時登州于七爲亂，琬同族子因宿憾，思陷琬，遂以與聞逆謀告變，立逮下獄，闔門縲繫者三載。緣坐中有需外訊，下督撫治之。巡撫蔣國柱鞫得誣狀上聞，頗與部讞抵牾，命覆質，得申雪。康熙三年冬，得旨免罪放歸。流寓江南，寄弩泖上，往來秦淮、鍾阜。陟金焦，攬武林山水以自適。十年，有詔起用，復來京師，琬始官吏曹，與給事中嚴沆、部郎施閏章、丁澎輩相唱和，有『燕臺七子』之目。既出任外臺，猝罹無妄，凡所遭豐瘁，一發之於詩。王士禛點定其《安雅堂集》爲三十卷。十一年，授四川按察使。十二年，入覲，值吴三桂叛，成都陷。琬家屬皆在蜀，聞變驚惋，遂以疾卒，年六十。生平所爲詩，零落略盡。越二十餘年，其族孫邦憲僅綴輯爲《拾遺》六卷。琬詩格合聲諧，明靚温潤，撫時觸緒，類多凄清激宕之調，而境事既極，亦復不戾於和平。王士禛嘗舉施閏章相況，目爲『南施北宋』云。

（蔡冠洛編纂《清代七百名人傳》下册，中國書店一九八四年版，第一七五二頁。）

《安雅堂詩鈔小傳》

宋琬，字玉叔，號荔裳，萊陽人。少負异才，風格遒上，自十八九時即以詩賦古文詞屈其曹偶。每一篇出，學者視若虬珠拱璧，無异詞者。壯歲成進士，回翔郎署。其標格意氣，文采風流，并足推倒一世，如景星鳳凰，争先睹之爲快。嗣出備兵秦州，晋兩浙憲長，漸向用矣。族不逞子以夙憾飛章告密〔二〕，逮入對簿，一門咸就縶，羈西曹且逾歲。久之，事得白，自傷非常奇禍，起於骨肉之間，躓險騎危，慬而後免。遂流寓吴越，夢斷鄉關。居無何，天子察其冤抑，起補蜀臬。會入覲留京師，而吴逆告變，發憤填膺。既則成都失守，妻子皆在蜀，卒鬱鬱不得志以死。嗟夫！以彼其才，謂宜排金門，侍玉几，一鳴國家之盛，顧乃浮沉郎署，俯仰隨人。及分藩建節，總憲外臺，方少自發舒，復中蜚語，幾罹不測。既賜環柄用矣，烽烟間隔，全家陷賊中。幽憂侘傺，終至傷生。時命之窮，可爲扼腕。然所爲詩具在，覽古寫懷，思鄉望闕，江山資其凄惋，風雨壯其羈愁，豪宕感激，怨誹而不怒，有勞人志士之思焉。荔裳殁後四年，詔征鴻博之士授翰林官有差，論者謂荔裳而在，石渠天禄自當首推一席，而不幸墓草宿矣，悲夫！

荔裳雅善謔。京師有市猾某者，本縣馬行牙人，以附勢焰至巨富。一日，堂成宴客，壁間有孔竇。客疑問之，答曰：『手脚眼也。』蓋工匠登降攀附置手足處。荔裳在坐應聲曰：『吾有對句矣，乃「頭口牙」也。』又，萊人某居旗，常狎一婦，婦嚙其舌，持赴刑部訴，急騎追之。荔裳往視，因戲曰：『此所謂駟不及舌。』新語流傳，俱可入《啓顔録》也〔二〕。

（清鄭方坤《名家詩鈔小傳》卷一，中華書局一九九一年版，第八九—九一頁。）

【校注】

〔一〕族不逞子：即宋奕炳，宋氏宗譜中亦作『一炳』。以夙憾飛章告密：即宋奕炳誣告宋琬兄弟與于七串通謀反一案。詳見前注。

〔二〕《啓顔録》：隋侯白編撰笑話集，十卷。所記或取自前人小説，或來自民間故事，或記述作者自己的滑稽言行。原書久佚，佚文散見於唐開元敦煌寫本殘卷、《太平廣記》及《類説》等。侯白，字君素，臨漳（今屬河北）人。好學有捷才，滑稽善辯。舉秀才，官儒林郎。好爲俳諧雜説。

《宋荔裳先生事略》

宋先生琬，字玉叔，號荔裳，山東萊陽人。順治四年進士，授户部主事。監督蕪湖關，潔己恤商，歲額逾於舊。遷吏部郎，選人無滯抑之嘆。出爲隴西道，值地震後，修城垣，瘞尸賑粥，不遺餘力。隨督隴西學政，清慎公明，稱得士。歷永平兵備及寧紹臺道，駸駸向用矣。族有不逞子，以夙憾飛章告密，被逮，對簿西曹，久之，事得白。流寓吴越。居無何，天子察其冤，起四川按察使。會入覲留京師，而吴逆叛，成都失守，妻子皆在蜀，憂憤而卒。

性孝友，虚懷下士。工詩古文詞，盛名滿天下，有『南施北宋』之目，『施』謂愚山也。所著有《安雅堂集》。

（清李元度纂，易孟醇校點《國朝先正事略》卷三七『文苑』，岳麓書社二〇〇八年版，第一一三〇—一一三一頁。）

《宋琬》

宋琬，山東萊陽人。父應亨，明天啓中進士，官直隸清豐縣知縣，有惠政。罷歸，崇禎十六年殉節萊陽，贈太僕寺卿。琬少負俊才，著聲譽。順治四年進士，授户部主事。七年，監督蕪湖鈔關，潔己恤商，税額仍溢，累遷吏部郎中。十年，授陝西隴西兵備道。十一年，道出清豐，縣民扶老携幼，遮邀至所建應亨祠下，追述往績，相持泣戀。琬益自刻勵，期不墜先緒。適秦州地震，加意撫恤，生全者無算。十四年，遷直隸永平道。十七年，調浙江寧紹臺道。十八年，擢按察使。時登州于七爲亂，琬同族子因宿憾，思陷琬，遂以與聞逆謀告變，立逮下獄，闔門縲繫者三載。緣坐中有需外訊，下督撫治之。巡撫蔣國柱鞫得誣狀上聞，頗與部讞抵牾，命覆質，得申雪。康熙三年冬，得旨免罪放歸。流寓江南，寄孥泖上，往來秦淮、鍾阜。陟金焦，攬武林山水以自適。十年，有詔起用，復來京師，琬始官吏曹，與給事中嚴沆、部郎施閏章、丁澎輩相唱和，有『燕臺七子』之目。既出任外臺，猝罹無妄，凡所遭豐瘁，一發之於詩。王士禛點定其集爲三十卷。十一年，授四川按察使。十二年，入覲，值吳三桂叛，成都陷。琬家屬皆在，聞變驚惋，遂以疾卒。所爲詩，零落略盡。越二十餘年，族孫邦憲僅綴輯爲《拾遺》六卷。琬詩格合聲諧，明靚温潤，撫時觸緒，類多淒清激宕之調，而境事既極，亦復不戾於和平。王士禛嘗舉施閏章相況，目爲『南施北宋』云。

右國史館本傳〔一〕。

宋琬，字玉叔，號荔裳，萊陽人。少負异才，風格遒上，自十八九時即以詩賦古文詞屈其曹偶。每一篇出，學者視若虬珠拱璧，無异詞者。壯歲成進士，回翔郎署。其標格意氣，文采風流，并足推倒一世，如景星鳳皇，争先睹之爲快。嗣出備兵秦州，晋兩浙憲長，漸向用矣。族不逞子以夙憾飛章告密，逮入對簿，一門咸就縶，羈西曹且逾歲。久之，事得白，自傷非常奇禍，起於骨肉之間，躓險騎危，慬而後免。遂流寓吳越，夢斷鄉關。居無何，天子察其冤抑，起補蜀臬。會入覲，留京師，而吳逆告變，發憤填膺。既則成都失守，妻子皆在蜀，卒鬱鬱不得志以死。嗟夫！以彼其才，謂宜排金門，侍玉几，一鳴國家之盛，顧乃浮沉郎署，俯仰隨人。及分藩建節，總憲外臺，方少自發舒，復中蜚語，幾罹不測。既賜環柄用矣，烽烟間隔，全家陷賊中。幽憂侘傺，終至傷生。時命之窮，可爲扼腕。然所爲詩具在，覽古寫懷，思鄉望闕，江山資其凄惋，風雨壯其羈愁，豪宕感激，怨誹而不怒，有勞人志士之思焉。荔裳殁後四年，詔征鴻博之士授翰林官有差，論者謂荔裳而在，石渠天禄自當首推一席，而不幸墓草宿矣，悲夫！

荔裳雅善謔。京師有市猾某者，本騾馬行牙人，以附勢焰至巨萬。一日，堂成宴客，壁間有孔竇。客疑問之，答曰：『手脚眼也。』蓋工匠登降攀附置手足處。荔裳在坐應聲曰：『吾有對句矣，乃「頭口牙」也。』又，萊人某居旗，嘗狎一婦，婦囓其舌，持赴刑部訴，急騎追之。荔裳往視，因戲曰：『此所謂駟不及舌。』新語流傳，俱可入《啓顔録》也。

右小傳鄭方坤撰[二]。

宋琬，字荔裳，山東萊陽人。順治丁亥進士，授户部主事。遷吏部郎，出爲隴西道，修築城垣，瘗尸賑粥，生全無算。隨督隴西學政，清慎公明。調永平道，性明决，遇事立剖，奸宄斂迹，境内肅然。累升四川按察使，所至人戴其德，致仕歸[三]。琬敦孝友，虚懷下士，詩古文詞盛名滿天下，時稱『南施北宋』，『施』謂施閏章也。

右述聞湛瑶録。

（清李桓輯《國朝耆獻類徵初編》卷一五二『疆臣四』，江蘇廣陵古籍刻印社一九九〇年版。）

【校注】

〔一〕國史館本傳：與蔡冠洛編纂《清代七百名人傳·宋琬傳》文字略有不同，詳見《清代七百名人傳》（下册），中國書店一九八四年版，第一七五二頁。

〔二〕小傳鄭方坤撰：即鄭方坤撰《安雅堂詩鈔小傳》，詳見清鄭方坤《名家詩鈔小傳》卷一，中華書局一九九一年版，第八九—九一頁。

〔三〕致仕歸：未知所據，待考。

《宋琬》

字玉叔，號荔裳，山東萊陽人。順治四年進士，官浙江按察使。有《安雅堂集》。

玉叔備兵秦州，晋兩浙憲長，漸向用矣。族不逞子以夙憾飛章告密，逮入對簿，羈西曹。久之，事得白，遂流寓吴越。居無何，天子察其冤抑，起補蜀臬。會入覲，留京師，而吴逆告變，成都失守，妻子皆在蜀，卒鬱鬱以死。殁後四年，詔徵鴻博，論者謂荔裳而在，石渠天禄，當推一席，而不幸墓草宿矣。悲夫！《國朝名家小傳》〔一〕

康熙以來詩人，無出『南施北宋』之右，宋詩頗擬放翁，五古歌行時闖杜、韓之奥。《池北偶談》〔二〕

詩用古人姓名，或板填失之鈍滯，或牽凑失之膚浮，論詩者所以有『點鬼簿』之譏也。荔裳先生七律中用古人最爲警動，如『曾賦國殤哀翟義，竟無傭保付王成』〔三〕，『名姓在秦張禄貴，文章入洛陸機多』〔四〕，『秦地關山留庾信，漢家鹽鐵問桓寬』〔五〕，『安知嗣祖非爲福，况有要離可作鄰』〔六〕，典切渾成，此境良不易到。《聽松廬詩話》〔七〕

標題：先大夫諱日五古〔八〕　詠史八首五古〔九〕　棧道平歌七古〔一〇〕　長歌寄懷姜如須七古〔一一〕

摘句：未雨山如醉，既雨山如醒。
古來仙佛人，第一貴能斷。
審兹割愛緣，即是阿羅漢。
松光青不定，海氣白成圍。
萬壑穿雲轉，孤舟與石争。
憐予常作客，知爾尚依人。
亂蛩催髮白，疏雨迫燈青。
漁舟霜後聚，樵路雨中深。
送君如士會，爲我謝田横。
少華西來朝白帝，太行東望走黄河。
流沙弱水真杯勺，太白終南盡付庸。
秦苑驊騮來大夏，漢家租税到西羌。

三輔征輸何日盡，二陵風雨至今多。

主恩在昔尊三老，父執於今有幾人？

幾年漢使迷金馬，萬里江流見石犀。

官同社燕秋南北，門對江鷗日往還。

銀漢欲斜爲客夜，金釵初墜憶眠時。

白髮來如不速客，青山應笑未歸人。

松楸又歷三冬雪，俎豆新添一輩人。

（清張維屏編撰，陳永正點校，蘇展鴻審定：《國朝詩人徵略》，中山大學出版社二〇〇四年版，第一六—一八頁。）

【校注】

〔一〕《國朝名家小傳》：當摘録自鄭方坤《名家詩鈔小傳·安雅堂詩鈔小傳》，詳見此書卷一，中華書局一九九一年版，第八九—九一頁。

〔二〕杜、韓：即杜甫、韓愈。杜甫（七一二—七七〇），字子美，生於鞏縣（今河南鞏義）。自號少陵野老，後世稱杜拾遺、杜工部等。杜甫在中國詩歌史上影響深遠，被後人稱爲『詩聖』，其詩被稱爲『詩史』。杜詩大多集於《杜工部集》。韓愈（七六八—八二四），字退之，河陽（今河南孟州）人。自稱『郡望昌黎』，世稱『韓昌黎』『昌黎先生』。唐代杰出的文學家、思想家、哲學家、政治家。著有《韓昌黎集》等。《池北偶談》：摘録自王士禛《池北偶談》，詳見此書卷一一『施宋』條。

〔三〕曾賦國殤哀翟義，竟無傭保付王成：詩句見宋琬《安雅堂未刻稿》卷四，詩題爲《夏考功先生廿年淺土門人盛珍眎卜地葬之以其夫人祔焉余高其義爲詩以贈》，詳見辛鴻義、趙家斌點校《宋琬全集》第五〇八頁。

〔四〕名姓在秦張禄貴，文章入洛陸機多：詩句見宋琬《安雅堂詩》，詩題爲《賀曾庭聞舉孝廉》，詳見辛鴻義、趙家斌點校《宋琬全集》第二七六頁。

〔五〕秦地關山留庾信，漢家鹽鐵問桓寬：詩句見宋琬《安雅堂詩》，詩題爲《報唐采臣户部時自寧夏還朝》，詳見辛鴻義、趙家斌點校《宋琬全集》第二七六頁。

〔六〕安知嗣祖非爲福，況有要離可作鄰：詩句見宋琬《安雅堂未刻稿》卷四，詩題爲《檢閲故人姜篔簹遺稿泫然有作》，詳見辛鴻義、趙家斌點校《宋琬全集》第四六八頁。

〔七〕《聽松廬詩話》：原爲《聽公廬詩話》，誤。《聽松廬詩話》，清張維屏撰。張維屏（一七八〇—一八五九），字子樹，號南山，別號松心子、珠海老漁等，廣東番禺（今廣州）人。清道光二年（一八二二）進士。官至江西南康知府。工書，亦工詩。著有《聽松廬詩鈔》等。

〔八〕先大夫諱日：『日』原作『曰』，誤，據辛鴻義、趙家斌點校《宋琬全集》改。此詩原題爲《先大夫諱日萬壽寺禮佛因示諸生》，見於《安雅堂詩》，辛鴻義、趙家斌點校《宋琬全集》第二一五—二一六頁，茲録全文如下：

其一

墜葉豈更榮？流波無重回。哀哀古孝子，痛哭嗟瓶罍。喟余少薄祜，賦無淩雲才。側聞過庭訓，愛惜如瓊瑰。弱齡把鉛槧，慈顔爲之開。乾坤當百六，梁木忽然摧。譬彼玄鳥雛，巢傾雕梁灾；譬彼松下草，霜落成枯荄。自我歌鮮民，星紀凡屢該。況乃忝符節，隴山崔以巍。松阡渺何處？莫剪蒿與萊。飄蕭生素髮，膝下無嬰孩。緬想夜臺内，惻惻傷其懷。誓言守遺教，敢令官方乖。庶以清白風，稍酬罔極哀。宛彼鳴鳩詩，俯仰誠悲哉！

其二

依依檐際燕，嗷嗷林間烏。經營哺其兒，毛傷尾畢逋。人生非空桑，二人誰則無！匹庶有至性，矧乃賢哲徒。孝笋與甘泉，感格良非誣。羲和無停策，倏忽及桑榆。榮名一不早，回首空嗟吁。椎牛而祭墓，不及酒一盂。紫綍與丹書，何如菽水俱！勖哉二三子，努力崇令圖。及爾北堂親，策名日月衢。曾閔在吾黨，咫尺非遥途。作歌以相警，慎勿學老夫。

〔九〕詠史八首：見於《安雅堂未刻稿》卷一，辛鴻義、趙家斌點校《宋琬全集》第三三〇—三三一頁，兹録全文如下：

宣子愛智瑶，卜筮將爲後。五賢一不仁，諫者爾何謬？決水灌平陽，驕貪因致寇。何意釜中鱗，却斃林間狖。國士既感恩，讜言無一救。漆身竟何益？況乃志不就。

古聖貴遠猷，經邦戒謀始。秦穆殺三良，亂命一朝耳。安知家法垂，視人猶犬豕。數傳至祖龍，赫怒六王死。諸生竟何辜？坑之咸陽里。勿嗟新法酷，孫謀在前史。

少卿陷狼荒，司馬爲嘆息。上書坐腐刑，公卿弗爲力。洛陽賈豎子，牧羊拜高職。窮愁著萬言，發憤攄胸臆。結交慕游俠，多財思貨殖。名山今則傳，銜冤竟誰直？

秦兵圍邯鄲，信陵抱深耻。一邀朱亥行，能使侯嬴死。談笑却狂氛，連城弃如屣。驅車返大梁，謝罪居田里。悲歌築糟丘，壯心付床笫。英雄作達人，陋彼三公子。

太尉血未碧，無敢瘞骸骨。緑幘爾何人？哀哀夏門卒。偉哉門下士，左手提章鉞。傭身托六尺，宗祊未淪汨。種松期歲寒，觀人在倉猝。使居高后時，可以爲周勃。

應侯既得志，誓漆魏齊首。急難有虞卿，弃印與俱走。無計抗秦威，甘心作窮叟。豈知孫賓石，複壁藏死友。成毁安足論？二子名不朽。古道良若兹，今人以爲否。

崔生良史才，博物綜墳典。著書仿《漢紀》，金石垂斑管。《春秋》諱定哀，本朝必歸善。奈何昧斯義，坐嘆宗支翦。同時載筆人，青宫出諸險。危哉太史遷，宫刑猶幸免。

魯史多傳疑，石言表於晋。所言夫如何？尼父未嘗訊。或曰物所憑，此理差足信。孤臣孽子魂，千年豈能訒！滔滔水東逝，青山共磨磷。師曠失其聰，九原復誰問！

〔一〇〕棧道平歌：原題爲《棧道平歌爲賈膠侯尚書作》，見於《安雅堂未刻稿》卷二，辛鴻義、趙家斌點校《宋琬全集》第三九八—三九九頁，兹録全文如下：

君不見，梁州之谷斜與褒，中有棧道干雲霄。仰手可以捫東井，下臨長江浩瀚洶波濤。大禹胼胝恐未到，帝遣五丁開神皋。巨靈運斧地維絶，然後南通巴蜀西羌髳。蛇盤縈紆六百里，千回萬曲緣秋毫。懸車束馬弗可以徑度，飛騰絶壁愁猿猱。漢家留侯真婦女，烈火一炬嗟徒勞。噫嘻乎，三秦之人困征戍，軍書蜂午如猬毛。銜枚荷戈戟，轉粟窮脂膏。估客爾何來，萬里競錐刀。須臾失足幾千仞，猛虎蝮蛇恣貪饕。出險釃酒始相賀，磷磷鬼火聞呼號。泰運開，尚書來，恩如雨露威風雷。一呼集畚鍤，再呼伐薪柴。醇醯澆山萬夫發，坐看巉岩削盡爲平埃。噫嘻乎，益烈山澤四千歲，火攻莫救蒼生灾。昔也商旅魚貫行，今也不憂狼與豺。昔也單車不得上，今也康莊之塗可以走連輦。僰童巴舞貢天府，桃笙賨布輸邛崍。歌《豳風》，擊土鼓，賈父之來何晚哉！豈功奕奕垂萬祀，經濟不數韋皋才。中朝袞衣待公補，璇璣在手平泰階。西望劍閣高崔巍，側身欲往空徘徊。大書深刻告來世，蛟龍岌嶪磨青崖。金穿石泐陵谷徙，我公之功不與伏波銅柱同塵埋。

〔一一〕長歌寄懷姜如須：見於《安雅堂未刻稿》卷二，辛鴻義、趙家斌點校《宋琬全集》第三八〇—三八一頁，兹録全文如下：

甲寅之歲汝降初，我生汝後七月餘。竹馬春風事游戲，鷄犬暮歸同一閭。君家黄門早射策，盛年謁帝承明廬。有兒顔色嬌勝雪，珠襦綉褓青羊車。予時抱持著膝上，許以弱女充掃除。是時兩姓雁行敵，絳華朱萼相扶疏。操觚握槧衆所羡，汝南、潁上名非虚。城東茆屋先人築，清渠一道穿喬木。同輩相携五六人，縹緗羅列開籤軸。冬菁作飯飽饔飧，布衾共卧忘休沐。自是轅駒行步遲，却看雕鶚拚飛速。當時天步日艱難，戎馬交馳疆圉蹙。盜賊縱横賈誼哀，國是紛紜蔡邕逐。鈎黨方嚴誰見收？多君置橐供饘粥。一朝變起塵沙飛，老親白首同日歸。骨肉摧殘那忍道，餘生孤子將疇依。渡江浮海無消息，飄泊不辭寒與飢。予歸已類遼城鶴，十人九人存者稀。行經舊巷不復識，高臺傾圮無門扉。旅穀生庭故井塌，鵂鶹晝嘯狐狸肥。有客傳書知汝在，但言北望常沾衣。攜家流落栖江左，出處憐予無一可。舊業雖餘數頃田，犁鋤欲把誰能那！況復陳留風俗衰，青兕玄熊啼向我。應詔公車解褐衣，勉尋升斗羞卑瑣。兔絲未附女蘿枝，明珠已碎珊瑚顆。三十餘年盡苦辛，回頭萬事傷心夥。君有慈闈我母同，老人苦欲思山東。男呻女吟歸不得，到今兄弟猶飄蓬。給諫桐鄉有遺澤，季也常依皋伯通。展轉崎嶇二千里，蓄甘負米心忡忡。伯兮蹭蹬遭戕賊，《黄鳥》之詩傷我衷。鶺鴒高冢鬱相望，昔何榮盛今何窮！古人四十稱强仕，爾我年猶非暮齒。形骸老醜青鏡中，鬢毛鑷盡還復起。語云憂患能傷人，孝章詎有長年理！江上春風變柳條，尺書忽墜來雙鯉。上言别後長相思，長跽開緘泪盈紙。扁舟欲來蛟怒號，采采芙蓉隔江水。君不見周周之禽最微細，羽翼相銜不相弃；又不見交讓之木柯葉同，南枝葳蕤北枝瘁。少年意氣輕雲霄，中道飄零共憔悴。吴門市卒避人知，灞上將軍逢尉醉。富貴升沉安足論，要當努力千秋事。歌罷空堂驟雨來，燈火青熒愁不寐。

《宋琬》

宋琬，字玉叔，號荔裳，萊陽人。順治丙戌進士。十六年以按察副使分守紹興。罷歸，居西湖上，王士正曰〔一〕：『康熙以來，詩人無出南施北宋之右，宣城施閏章愚山、萊陽宋琬荔裳也，宋詩頗擬放翁，五言古歌行間闖杜、韓之奥。余初定其詩筆爲三十卷。是年秋，與余先後入蜀。明年，宋入覲。蜀亂，妻孥皆寄成都，宋鬱鬱歿京邸。此集不知流落何地矣！』又曰〔二〕：『宋歿後二十八年，子思勃來京師，以《入蜀集》相示，略具一二短章於此。《次黃州》云：「賦成赤壁人如夢，江到黃州夜有聲。」《憶故鄉海錯・銀刀魚》云：「銀花爛漫委筠筐，錦帶吳鈎總擅場。千載專諸留俠骨，至今匕箸尚飛霜。」《筆管鯉》云：「雕蟲小技舊知名，食邑由來號管城。曾與江郎書《恨賦》，莫將刀筆博公卿。」《題督郵爭界石》云：「蜀國至今悲杜宇，楚人終是戀鴻溝。」』據士正言本集三十卷，《入蜀集》又在三十卷外，今《安雅集》有二本，一無卷數，一爲其族孫邦憲補刻《拾遺》六卷，與士正所定本，失十之五六，其《入蜀集》亦不可得見也。吳偉業序略曰〔三〕：『當萬曆之中葉，海內文氣衰茶……萊陽宋氏獨以學古攻文辭鳴。鴻生畯儒，後先輩望……而吾友故司空九青在其間〔四〕，尤稱絕出……繼九青而起者，又得吾友玉叔。玉叔天才俊上，接聞父兄典訓，胚胎前光，甘嗜文學，自九青之存，駸駸乎欲連鑣而競爽。……盛年值際興運，綰綬登朝，羽儀京國，不可謂不遭時也。而仍見疐跲，用詿浮繫於理，凡浹月而獲湔祓。還官郎署……出調外省……其才情俊麗，格合聲諧，明艷如華，溫潤如璧，而撫時觸事，類多淒清激宕之調。又如秋隼盤空，嶺猿啼夜，境事既極，亦復不盭於和平，庶幾乎備文質而兼雅怨者。……竊幸典刑之未淪，希大雅之復作……因爲推本其所自來，有得於天之成就者如此，欲使後之習讀者，知統系在斯，相與珍重而虔奉之也。』《驛夜》云：『銀漢欲斜爲客夜，金釵初墜憶眠時。』《登西岳廟萬歲閣》云：『九曲流從星宿海，五陵烟鎖帝王都。』《胡去驕羅以獻將歸楚中小集南園即席》云：『生徒南郡悲長笛，詞客西京有洞簫。』有《二鄉亭詞》四卷，又撰《永平府志》二十四卷。

（清錢林輯，清王藻編《文獻徵存録》卷二，《清代傳記叢刊・學林類8》，明文書局一九八五年版，第三六九—三七二頁。）

【校注】

〔一〕王士正：即王士禛。因其原名爲王士禛，故卒後十一年爲避清世宗愛新覺羅胤禛（雍正）諱，改名士正；又因「禛」「正」字音不同，清高宗愛新覺羅弘曆（乾隆）詔改士禎。生平見前注。此處王士禎語詳見王士禎撰，靳斯仁點校：《池北偶談》卷一一「施宋」條，中華書局一九八二年版，第二五三—二五四頁，與原文略有不同。

〔二〕又曰：此處王士禎語詳見其所撰《漁洋詩話》下卷，《清詩話》（上册），中華書局一九六三年版，第二〇四頁，與原文略有不同。

〔三〕吴偉業：吴偉業（一六〇九—一六七一），字駿公，號梅村，江蘇太倉人。明崇禎辛未（一六三一）科會試第一，廷試第二，授編修。入清後，累官國子監祭酒，以病乞歸。復社重要成員。著有《梅村家藏稿》《梅村詩餘》等。序略：此序詳見宋琬著，馬祖熙點校《安雅堂全集》第八一七—八一九頁。

〔四〕九青：即宋玫，其號爲九青，一説別字九青。生平見前注。

《宋琬工書》

……其（錢二白）稍先有宋琬者，字玉叔，號荔裳，一號漫人，山東萊陽人。順治丁亥進士。

官四川按察使。詩入韓、杜之室，書得羲、獻之意[一]，著《安雅堂集》。（清竇鎮輯《國朝書畫家筆録》卷一，《清代傳記叢刊·藝林類22》，明文書局一九八五年版，第一二〇—一二一頁。）

【校注】

〔一〕羲、獻：即王羲之、王獻之父子。王羲之（三〇三—三六一），字逸少，琅邪臨沂（今山東臨沂）人。東晋著名書法家，被後世尊爲一代「書聖」。王獻之（三四四—三八六），字子敬，小字官奴。王羲之第七子，與其父并稱「二王」。

《都門送别詩序》

……萊陽宋生孟清，今浙臺憲副景章公之長子也。憲副公爲侍御時，呼孟清入，委以幹蠱。孟清奉其父命周旋，既而自奮曰：『玉不琢，不成器；人不學，不知道。吾可以不學乎？』乃斷於心，定謀於所知，請於其父，詣吾廬而委禽焉[二]。時予舉進士禮部未就，從予治舉子業者頗衆。孟清日與同輩偕作止，晝講吾前，夜誦之齋中，積習既久，而漸有得。其始也，如泉在山，其出蒙蒙焉。既而委積洄洑，其止溶溶焉。今則決決而流，汩汩而逝，汰沙澄泥，將爲波瀾有可觀焉。循是而往，疏導益深，流行不息，安知其不爲長川、爲巨河、爲滄溟，浩渺而不可測者乎？第恐其閼絶淤塞而止耳。惟歲初暮，白露在郊，孟清去京師，游於其鄉，將以應有司之選矣。夫朝廷取人惟其材，有司論材惟其良。不修乎己而應乎有司，謂之不知務；應乎有司而自以爲必得，謂之不知命；應乎有司而或得之，不以爲開導輔益而謂己之能，謂之不知有師友：三者皆非也。孟清毋擇一於是哉！戒行之朝，二三子賦詩爲別，予爲之序。

（明周瑛《翠渠摘稿》卷二[二]，《欽定四庫全書·集部193别集類》第1254册，上海古籍出版社一九八七年版，第七四四—七四五頁。）

【校注】

[一] 委禽：即納采。古代結婚禮儀中，除納徵外，男方都要向女方送上雁作爲贄禮。據此，宋孟清當爲周瑛之婿。

[二] 周瑛：周瑛（一四三〇—一五一八），字梁石，號翠渠，莆田（今屬福建）人。明成化五年（一四六九）進士。曾官四川右布政使。有《翠渠摘稿》等行世。

《宋孟清傳》

宋孟清，字元潔。清修博學，網羅舊聞，訂疑義，多著述。以貢訓導漢中，升四川宜川縣教諭，隨在接引後學，多所啓迪。

（民國本《萊陽縣志》卷三之一中「人物·鄉宦」條。）

《宋琬》

（公元1614—1673年）

宋琬，字玉叔，號荔裳，別號二鄉亭主人。山東萊陽（今山東省萊陽市）人，順治四年（1647）進士。清代著名詩人。王士禛點定其詩集，『嘗舉閏章相況，目爲南施北宋』（《清史稿·文苑傳·宋琬》），并説『康熙以來，詩人無出南施北宋之右』（《池北偶談》卷十一）。可見其在詩壇的地位。著有《安雅堂集》，官至四川按察使。

一、初入仕途和第一次被捕入獄

宋琬出身於世代書香的官宦之家。高祖黻，明中葉進士，官至浙江副使。曾祖耀、祖述，廩生。父應亨，天啓五年狀元，官至吏部郎中，曾任清豐（當時屬大名府，今河南省清豐縣）知縣，有政聲。其近房族人，如宋繼登、宋琮、宋玫等，既是一代顯宦，又以詩文名世，有『萊陽文字遂爲山東之冠』（王熙《宋廉訪琬墓志銘》）之目。

宋琬生活於明清易代之際。『少負异才』，又有良好的學習環境，再加本人的刻苦努力，正如他在《舟中遺懷》詩中所説：『夙志好詩書，思與古人友；雖無覆局姿，奇文每在口。』因此十八歲時，『即以詩賦古文辭屈其曹偶，每一篇出，學者視若虬珠拱璧』（《清代名家詩人小傳》本傳）。在八股取仕的時代，宋琬不津津於制藝的寫作，而努力於詩辭古文，可見他的志趣和抱負。宋琬還很關心社會現實，明代末年繼東林黨之後，出現了一些進步文人社團，影響最大的是復社，與其有聯繫的，『雲間有幾社、浙西有聞社、江北有南社、江西有則社、武林有讀書社、山左有大社』（民國《萊陽縣志》卷三《宋繼澄傳》）。『山左』即山東，宋琬及其仲兄璜、族叔繼澄都是『山左大社』的成員（同前），在這個社團中，宋琬的活動雖然已難查考，但可説明他思想比較活躍，關心社會現實。

當然封建社會的文人是不可能忘記仕進的，而在明清時代求取仕進，就必須通過科舉考試。宋琬二十二歲（崇禎八年）以高才生考取拔貢，入太學讀書，但此後屢試不第。明亡時，他三十一歲，當時仲兄璜已成進士，官杭州推官。父應亨已辭官歸里，但於明亡的前一年，清軍竄擾萊陽時殉難。爲避免戰亂，宋琬兄弟曾『挈家南徙』（王熙《宋廉訪琬墓志銘》），投奔宋璜，故鄉『宅第爲邑豪所據』（《安雅堂詩集・京口送房周垣北歸》）。以下凡引《安雅堂集》詩文均衹寫篇名）。政局稍定後，宋琬自稱『性本頑疏，又不能恬處苴澤，是以勉循寸禄』（《報錢湘靈書》）。返里，參加清王朝科舉考試。他於順治三年中舉人，四年成進士，授户部河南司主事。後曾一度出任蕪湖抽分（管税收的官員），他『潔己恤商，税額仍溢』（《清代七百名人傳・宋琬》），因而不久復爲京官，晋吏部郎中。

這一時期，是宋琬進取功名的時期，并長期在京師做官。他才華横溢，擅長詩文寫作，爲時所重，與當時在京師的著名文人施閏章、嚴沆、張文光、趙賓、丁澎、陳祚明等詩文唱和，影響頗大，時稱『燕臺七子』，曾刻印詩集行世（宋琬《嚴母江太孺人七秩壽序》）。但是正當此『爲世所知』的時刻，却事出意外，飛來横禍，因人告發，被捕入獄。

宋琬一生坎坷，曾兩次被捕入獄，這是第一次。時在順治七年（1650），在户部任。從現有材料看，宋琬第二次被捕的記載比較清楚，打擊也最慘重。而第一次被捕的情況和原因需進一步探討和研究。順治十七年，宋琬官浙江時，他的朋友蔣超爲《安雅堂詩集》作序，稱『及爲户曹郎，坐蜚語，騎危躓險，頌繫逾歲』。宋琬《壬寅除夕作》詩中自注：『庚寅予以逆僕誣構下獄。』上述記載，大體可知被捕入獄和獄繫的時間，而被捕原因仍不清楚。宋琬《報錢湘靈書》一文，寫作時間較早，談及被捕入獄事，聲稱『今以妄男子飛章告密』。并大講『癸甲之際（崇禎十六七年），中更喪亂，堂構丘墟，播越江湖之上，救死恤生，所存愁放之言什之二三』，『庸知夫含沙載鬼，遂成今日之禍乎』。因此宋琬第一次被捕的原因，是否涉及『愁放之言』、中有礙語，遂被『逆僕誣構』，還是很值得考慮的。

從宋琬的著作和別人的評論看，對第一次被捕入獄的反映較小，被囚繫的時間約在一年左右。出獄後京官外任，爲蕪湖抽分，説明政治上受打擊，但不久又調任吏部任職，説明打擊不太嚴重。但仕途險惡，使他進一步有所感觸，『世路日崎嶇，太行未爲譬；君子敬其身，發言無太易』（《宋徵書約游五峰，時予有浙紹之行，慨念別離賦詩爲贈》），正是這種心理狀態的反映。

宋琬被捕入獄，從表面上看是『坐蜚語』、被誣陷，而實質上涉及清初滿洲貴族統治者與漢族官僚地主之間的矛盾，是民族矛盾的反映。當明清易代之際，宋琬未能像顧炎武、陳子龍那樣屈盡忠節，而是較早地參加清王朝的考試，但仍受到摧殘和打擊，深刻説明清貴族統治者的殘暴。在清代初年，宋琬的遭遇有時代特點和代表性。

二、出任隴右及第二次被捕入獄

宋琬在吏部任職時間較短，順治十年再次外任，受命陜西分巡隴右道僉事，衙署駐秦州（今甘肅省天水市）。由京官出任邊遠地區，雖名爲『援例』，實則被貶。但宋琬并不計較，他有一種『莫惜折腰苦』，誓爲清白吏的强烈信念（《送侄稼庵之興安令》），這是宋琬和一般庸俗官吏所不同的特點，也是他思想的重要方面，因此他愉快地接受任務，赴隴右任職。

當時隴右地區荒凉偏僻，他曾用減輕賦税，奬勵生産的辦法開發這片地區，但是誰想到任職後的次年六月，忽然秦州地方遭受一次强烈地震。宋琬以沉痛的心情寫道：

> 維時值天灾，厚地忽而裂。可憐半秦民，骨肉虀陶穴。板屋盡丘墟，堅城無遺堞。余也對殘黎，呼天眼流血。（《丁酉春赴任北平留别秦州守姜繼海》）

從這首詩可看到地震的慘狀，也可看到作者關心人民的情況。身爲地方長官的宋琬，想盡一切辦法賑濟群衆，直到自己毁家紓難。『出家財，自萊陽郵致，以恤其灾』（王熙《宋廉訪琬墓志銘》）。《天水縣志》又記載：『地震城圮，巡道宋琬捐俸，檄知州姜光允重修。』在宋琬的努力下，秦州地區受灾群衆很快得以安定。事後總督金某以宋琬『政績卓异』聞於朝廷，晋秩一級，賜蟒服一襲。坎坷不幸的仕途道路上，宋琬也算得到一點安慰。

宋琬『莫惜折腰苦』，誓爲清白吏的思想不是偶然的，與他的家庭影響有關。宋琬的父親應亨是一位清白的廉吏，知清豐時，曾『除豪强』、興教化、『百廢修舉』，受到邑人的擁護。去職後，修建『益咏堂』來紀念他。每逢其生日，『士女醵金爲社會，陳百貨於祠前，三日乃罷』（民國《萊陽縣志》卷三《宋太僕應亨傳》）。宋應亨也懷念清豐人民，罷官居家時，每飯西向而祝曰：『清人其無恙歟。』（《先太僕畫像記》）可見他與清豐縣群衆的關係。宋琬赴隴右任，曾專程過訪清豐，在『益咏堂』前受到人們的隆重接待。『四境之民絡繹奔會，携持幼稚，拜哭於庭』。（同前）宋琬『益自刻勵，期不墜先緒』（《山東通志·人物志·宋琬》），并表示：『誓言守遺教，敢令官方乖；庶以清白風，稍酬罔極哀。』（《先大夫諱日》）宋琬的哥哥也以『但言清白學先人』（《題松鶴圖爲仲兄五十壽》）的話勉勵他。宋琬也多次提出：『先人俱出牧，清白是良弓。』（《送任稼庵之興安令》）并説：『爲吏之道，幽則能事鬼神，而明則爲百姓長子孫。』（《溧水縣中山祠碑》）可見宋琬受其父親的思想影響是十分深刻的。當然誓爲清白吏的思想仍是封建統治階級的思想體系，有很大局限性，但是比一般庸俗官吏還是高出一籌的。在這種思想指導下，宋琬矛盾、苦悶，掙扎終生。

由於在隴右任職的政績，順治十四年，宋琬由秦州擢永平道臺，銜署駐盧龍（今河北省盧龍縣）。他任職期間，處理事情『慷慨明決』，曾『增修學府，規模壯麗』（民國《盧龍縣志》卷二十《名宦》）。順治十七年，又調任浙江紹寧道臺，不久提升爲浙江按察使。但是民族矛盾激烈進行着的當時，宋琬没能按他的理想生活下去，他再次捲入矛盾、不幸的漩渦——因人誣告，再次被捕了。時在順治十八年（1661）八月。

這次被捕的記載很多，如王熙《宋廉訪琬墓志銘》、《萊陽縣志》、《山東通志》以及宋琬自己的作品《劉翁壽序》《感恩祝頌圖序》《題王西樵書金剛諸品經後》等著作均有記載。《劉翁壽序》中説：『有族子爲盜，憾予兄之弗援也，飛章告密，遂成大獄。』王熙《宋廉訪琬墓志銘》的記載更爲具體：『（于七起義，）公族人謀誣公與同謀，而七遂作亂。』於是『自浙江械繫公送刑部獄』。這是宋琬一生中最慘重的一次打擊。『倉卒檻車征，骨肉成死訣』，『待罪爽鳩庭，呼天口流血』（《劉雲舫饋泉酒賦詩》）。宋琬在京師刑部獄監禁三年，後獄案交山東巡撫蔣國柱處理，在蔣的關照下，宋琬得以免罪放歸。此後，宋琬過起了流浪生活，他没有回山東原籍，而是携帶妻子寄寓吴越達八年之久。

于七是山東栖霞一帶農民起義的領袖，宋琬是封建官吏，他們没有什麽聯繫，但『飛章告密』，宋琬被捕，案件的實質仍是以民族矛盾爲背景。在當時的情況下，宋琬辯白無效，衹有屈辱、苦悶地生活下去。

三、放浪吴越和再被起用

康熙三年至十年，宋琬五十至五十七歲，首尾八年的時間，爲他放浪江湖，游歷吴越的生活階段。他於康熙三年出獄後，即携帶眷屬南下，先後在杭州、蘇州、金陵、松江居住，而以在松江的時間爲最長。

這一時期，宋琬的心情是痛苦的。南下時舟中寫道：『不向東籬卧，翻成南國游。茱萸三載泪，蟋蟀弄鄉愁。』（《舟中九日作》）他的生活也是艱窘的，現存《安雅堂未刻稿》中有《鬻帖》《鬻畫》《鬻硯》《鬻磁杯》等作品，當係這一時期變賣這些身邊財物時所作。因此，他放浪吴越的生活，表面上看是登山臨水，與朋友唱和酬答，而内心却是『湯鑊餘年，再覽湖山之勝，形骸土木，頹然自放』。當然，宋琬性格比較開朗，他還是在痛苦之中儘量尋找歡樂。

南渡之初，宋琬寓居武林（今杭州市）。這是他舊時居官之地，新朋舊友唱和酬答，登山臨水，優游玩樂，苦悶之中尚可得到一點安慰。特别是『定交在獄闐』的摯友施閏章，曾從南昌專程來訪，更使他心情激動。『忽聞故人至，喜極不遑悲。驚定轉嗚咽，涕泗交雙頤。』（《八月十五夜，同施愚山泛舟湖上，聽莊蝶庵彈琴》）在杭州居官的老友嚴沆（顥亭），曾在皋園招飲聚會，老友王西樵也曾一度來杭，朋友稽留山更是『風雨過從』，泛舟湖上（《稽石二生倡和詩序》）。宋琬得到暫時的安慰，沉浸於友誼的歡樂中。這一時期，他寫了不少歌咏西湖的詩篇。『甲子冥冥雨，湖波長半篙；巨魚潮并立，輕燕晚争高。』（《和曹顧庵學士湖舟泛雨》）『昔人乘雪往，而我溯風行；萬壑穿雲轉，孤舟與石争。』（《剡溪道中》）他排遣痛苦，盡力領略湖光山色之美。

這一時期，宋琬還曾往來於蘇州、金陵一帶。曾『寓居姑蘇之桃花塢』，參觀『唐解元伯虎之舊廬』（《柯烜庵詩序》）。還曾依朋友張幼量的關照，寓居南京莫愁湖畔（《李董自一枝草序》）。曾登金山、焦山、惠山，都留下了膾炙人口的詩篇。從這些記載，可知宋琬放浪吴越時登臨游覽的情况。

當然居住時間最長的是在松江（今上海市松江縣）。自稱『丁未冬（康熙六年冬），予寄孥泖上』（《周釜山詩序》），『余僑寓吴中五載』（《唐容齋行狀》）。嘉靖《松江府志》、道光《重修華亭縣志》都有記載，并説：『（宋琬）客游吴越，十年不歸，於松郡尤多寄迹。』因此松江縣之三泖湖畔爲宋琬流寓吴越時期居住最長的地方。

松江縣是明末清初雲間派詩人崛起的地方，也是幾社活躍的地區。詩人陳子龍、宋徵輿、李雯號稱『雲間三子』，爲詩壇重要人物。宋琬與宋、李是早已交好的朋友，看來宋琬來松江與他的詩朋舊友有關。而且宋徵輿（字直方，一字轅人）、宋徵璧（字尚木）等雖係松江華亭人，但與宋琬却係同族，這也是宋琬旅居於此的一個原因。

宋琬寓居松江時，曾修建『二鄉亭』，自稱：『予有亭名二鄉亭，謂醉鄉與睡鄉也。』并作詩自嘲：『十年澤畔極飄零，青眼高歌不願醒。』（《從謝方山中翰索酒四絶句》）可見他當時的心情。

放浪吴越的生活階段中，宋琬除寫了很多詩歌、雜記等外，由於他已是名重一時的詩人，因此還寫了不少詩序、墓銘以及祝壽文字等。《祭皋陶》雜劇是這一時期的作品（一説寫於獄中）。《二鄉亭詞》刻於康熙八年，大多數作品寫於這一時期。此外還整理自己的文集，『刻其古文五十餘首』，請宋實潁爲之作序（宋實潁《安雅堂集序》）。可見這一時期，是他著作豐收的階段。

宋琬在苦悶的流放生活中，康熙十年蔣國柱以尚書身份開府兩浙，宋琬有機會再次見到蔣國柱，并在蔣的幫助下，得以申訴自己的冤屈。結果『歲壬子（康熙十一年），當寧（指皇帝）察先生冤抑狀，起赴蜀臬』（張重啓《重刻安雅堂集序》）。宋琬得到徹底平反，恢復職務，出任四川按察使。

宋琬雖仕途坎坷，屢受打擊，但他誓爲清白吏的決心還是强烈的。受命之後，自稱『敢辭蜀道青天遠，未聽巴猿白髮生』；『暮年擊楫心猶壯，濁浪滔滔詎足驚』（《入蜀集·宿遷舟中作》）。

在四川按察使任，宋琬曾『招來流散，奪豪强所占城中隙地及郊野久廢閑田，使窮人任耕乘屋，以爲永業』（王熙《宋廉訪琬墓志銘》）。并改良婚禮習俗等。

康熙十二年（1673），宋琬因事入都，恰逢吴三桂叛亂，攻陷成都。『琬家屬皆在蜀，聞變驚悸，卒於京師』（光緒《山東通志·人物志·宋琬》），年六十歲。

四、詩歌的思想性

清人彭啓豐爲《安雅堂未刻稿》作序，提出宋琬的詩歌『酬應贈答什居六七』。這句話是值得重視的。由於所處社會地位和文藝觀點的不同，宋琬的詩歌以唱和贈答居多數，其次是叙事、寫景之作，直接揭露社會現實的作品較少，這應該説是宋琬創作中的一個缺陷。

從文藝觀點看，宋琬反對復古摹擬的前後七子，斥之爲『惡絺絡而襲狐貉，其病爲支離臃腫』（《紀行詩序》）。也反對公安、竟陵的『儇佻狂易』（同前），主張『孤立行意』，勇於創新。這是有進步意義的。但是如何創新呢？他衹提出『文章性情之枝葉也』（《高文端公文序》），要抒發作者的思想感情，而對反映現實的問題有所忽視。再加他的經歷主要是接觸官場和與詩朋游侣來往，因此『酬應贈答』自然成爲他的寫作主流。

當然，宋琬是關心社會現實的，也寫了些反映社會現實的作品，如《市驢行》《漁家詞》等。

在《漁家詞》中寫道：

南陽之南嶧山北，男子不耕女不織。伐蘆作屋沮洳間，天遣魚蝦爲莊稼。少婦能操舴艋舟，生兒酷似鸕鷀黑。今年無雨湖水涸，大魚干死鰷鰍弱。估客不來賤若泥，租科到門勢欲縛。烹魚酌酒幸無怒，泣向村前賣網罟。

這首詩寫作時間較早，是作者路過南陽湖（今山東微山縣北部）時所作。作者同情漁民的疾苦，反對租税盤剥。『烹魚酌酒幸無怒』二句，閃爍着作者憤怒的激情。

由於作者身爲統治階級的官吏，總是從『牧民』的角度觀察問題，因此他對人民的同情，更多的表現爲要誓做一個清白官吏，以有益於人，所以他對官員的唱和詩中，强調官吏的事功，肯定爲群衆辦好事，形成他這類詩歌的一個重要特點。如《棧道平爲賈膠侯尚書》《送張蔚生明府之任劍州》《宋徵書約游五峰，時予有浙紹之行，慨念别離，賦詩爲贈》《丁酉春赴任北平留别秦州守姜繼海》等都是這類作品。在與宋徵書『慨念别離』的詩中寫道：『宋子吾故人，幼懷經世志』；『筮仕古昌黎，彈丸黑子地』；况乃半流亡，斯民實憔悴』。而宋徵書上任後，『爰與父老約，盡罷無名費；拔薙擊豪宗，談笑誅奸吏』，從而使昌黎這個地方『道路絶豺狼，男女安耕織』。宋琬爲此而感到高興。這類作品不是奉承阿諛之作，而是表現了一種正直官吏的理想和信念，還是應該肯定的。

宋琬曾兩次被捕入獄，因而寫了一些揭露獄中慘狀的作品，如《壬寅除夕作》《詔獄行》

《聽鐘鳴》《悲落葉》《蟋蟀吟》等。作者揭露獄中刑訊的殘酷：『邱嫂懸絲活，孤兒對簿頻；踝枯還受榜，血濺不遑顰。』（《壬寅除夕作》）自注：『孤侄及同系諸人，每就訊，呼號震天，司讞爲之惘默。』特别在《詔獄行》中，作者以叙寫明代詔獄爲名，傾吐了自己的冤苦。詩的最後喊出：『君不見城上烏，啄人曾不問賢愚；新鬼銜冤向都市，年年寒食聲嗚嗚！』意境凄凉，如冤如訴，不問賢愚皆可死於劊子手的屠刀之下，這不是對清統治的控訴嗎！

在宋琬的詩歌中，描寫登山臨水的作品很多，其中有的氣勢磅礴，意境開闊；有的雅淡自然，如詩如畫；有的山嗚水咽，寄托着作者悲苦的心情。總之以不同的感情色彩再現了大地自然風光，給讀者以美的藝術享受。如《同東雲雛、王心古諸君登華山之雲臺峰》詩：

丹梯千仞倚嵯峨，萬轉盤紆出薜蘿。少華西來朝白帝，太行東望走黄河。欲從玉女窺蓮井，須向仙人借斧柯。襆被同君星漢外，方知天上白榆多。

這首詩，既有對華山雄偉壯麗的實寫，也有浪漫主義的想象，相互襯托、輝映，表現了華山的氣魄和高聳雲天的神態。清人沈德潛在他的《清詩别裁》中，入選了宋琬上述登華山的幾首詩，并稱贊説：『舉頭天外，才許落墨。』可見這首詩的藝術特點及其影響。

此外，還有一些歌咏史迹的作品，如《馬嵬》《馮唐墓》等。吊古傷今，抒寫情懷，給讀者以有益的啓發。

宋琬不僅擅長詩歌寫作，同時也是寫散文的能手。他的《湖上奇雲記》《梅花螯蟲記》，想象奇麗，寄寓深刻。《吴六益詩序》《沈伊在詩序》，文字條貫，析理精辟，是不可多得的佳作。《祭皋陶》雜劇，以歷史題材東漢李膺、范滂被誣陷下獄的故事爲内容，抒發了自己兩次被捕入獄的苦悶。劇中有『牢修誣陷忠良，即日押赴市曹處以極刑，以快中外臣民之心』的描寫，具有强烈的現實性和批判性。

《二鄉亭詞》收作品一百四十餘首，雖係『登臨宴集之暇』（《二鄉亭詞·小引》）的作品，但題材多樣，運筆靈活，從不同的側面反映了社會、反映了作者的思想感情。『越來溪上采蓮舟，偷照蛾眉向淺流，女伴相呼怕舉頭。羡沙鷗，飛去飛來祇自由。』（《憶王孫·閨怨四首》）多麽細緻地刻畫了采蓮少女的形象和心靈！

五、詩歌的藝術性

探討宋琬詩歌的藝術性，必須瞭解一下他對詩歌藝術特徵的理解以及他藝術欣賞的特點。有兩點值得注意：第一，他重視詩歌的形象性和描寫性，極力贊賞《詩·小雅·爾無羊》一詩，認爲這首詩『善於寫物』，『妙於形容』，『景物雍熙之象如在目前』（《題牧仲弟所藏曹古百牛圖》）。第二，他重視詩歌題材的廣泛和内容的幻想性，認爲『魚龍蛟鼉之出没，烟雲風雨之變態，險怪奇特，紛紜倏忽，無不可寓之於詩』（《紀行詩序》）。以上兩點表現了他詩歌藝術的審美觀和藝術欣賞的愛好。這種觀點當然體現在他的創作中。

宋琬的叙事詩擅長塑造形象，進行細節描摹。如《蜥蜴行》作者對蜥蜴捕蠅的描寫，《義虎行》作者對虎的描寫，都很形象具體。《大雪自卦臺宿張秀才家》詩中，作者對張秀才的殷切接待寫得形象生動：『主公貧且閑，鮮種滿園竹。答云遠廛市，新曆未曾讀。昨因賽先農，豚肩會宗族。幸有濁醪存，使君盡一斛。』這首詩雖着墨不多，但神情畢現地刻畫了一個貧苦而樸實的儒生的形象。過去評論者稱宋琬長於五言古詩的寫作，即指這類作品。

宋琬的抒情詩富於聯想，擅長熔鑄幻想奇麗的意境。如《見月》詩寫陰雨初霽，見到月亮，開始數句是：『雨師將倦勤，兼旬未停轡；竊恐瑶臺傾，月娥亦憔悴。』這裏雨師、月娥都人格化了，因害怕瑶臺傾塌和月娥憔悴，祇有停雨放晴。接着寫月出，作者連用幾個比喻以表達自己的心情：『忽似久盲人，去我眼中翳；又如佳客至，跫然豈遑寐』。然後纔寫月下獨酌的情況。作者浮想聯翩，筆勢騰挪跌宕，塑造了清新明净的詩的意境。

特别值得注意的是，宋琬愛作『壯語』，一些登山臨水的抒情詩，多氣勢雄放，意境開闊。如《登西岳廟萬壽閣》：『咸京西望接平蕪，下界陰晴乍有無。九曲流從星宿海，五陵烟鎖帝王都。蓮花弄影空青落，瀑布當窗雪滿鋪。』從這首詩，我們可以看到作者如何展開幻想的藝術構思，捕捉雄偉的景象，鑄造他的詩歌意境的。宋琬抒情詩的藝術風格是多種多樣的，但是幻想馳騁，筆墨靈活飛動，是這類詩歌的共同特徵。

隨着生活處境的變化，宋琬詩歌的意境和風格也有不同。概括地説，在他第二次被捕之前，思想比較歡暢，詩意比較明朗；此後作者連遭不幸，流浪江湖，心情苦悶，詩的意境和風格向『凄清激宕』發展。《獄中對月》《蟋蟀吟》《聽鐘鳴》《悲落葉》以及流放吴越的某些作品都表現了這一特點。如《蟋蟀吟》：『一聽攪人眠，再聽沾人衣。朦朧不復辨蟲語，哀鳴疑是杞梁妻。』如《悲落葉》：『悲落葉，落葉紛相接。無復語流鶯，飄摇舞黄蝶。朝如繁華之佳人，夕若蘼蕪之弃妾……』這些作品觸物傷情，凄清幽咽，以作者細膩的筆觸，傳達出特殊的感受，表現了作者内心深處的哀愁。

放浪吴越時的作品，作者雖然歌頌了詩朋舊友的情誼，叙寫了登山臨水的歡暢，但是無論如何也掩蓋不住内心的『君問浮生事，蒼茫掩泪痕』（《寓侯記原秬園十二首》）的痛苦。就是老友相會，也未免『相看惻惻泪沾巾』（《任城晤王蘭陔水部留贈四首》）。《清名家詩人小傳》的作者評論宋琬的詩歌説：『江山資其凄惋，風雨壯其羈愁，豪宕感激，怨誹而不怒，有勞人志士之思焉。』正指這類作品。當然，怨而不怒不是我們所肯定的，而是表現了作者的局限性。

評論宋琬的詩，還應該注意他的語言運用。宋琬在《讀劍南集》中説：『高人最愛孔巢父，佳句驚看陸放翁。』這除了説明宋琬向陸游的詩歌學習之外，也説明他在遣辭造句方面的努力。

宋琬語言運用的特點是：勇於創新，善於鑄造恰切的語言以表達自己細緻的觀察和特殊的藝術感受。如『蜂歸香在鬢』（《中園四首同姜如農作》），『卧柳自成橋』（同前），『柳重低烟色，荷枯碎雨聲』（《雨後湖亭分韵》）。以清新貼切的語言表達了人們所熟悉的事物。又如『未雨山如醉，既雨山如醒』（《游釣臺作》），『畫花如欲語，畫鳥如欲飛』（《放歌行贈馬羲徵》）。以散文的語言入詩，近似宋詩的藝術風格。作者還善於化用古詩名句，寫入自己的詩歌，如『愛唱開元才子句，黄河遠上白雲間』（《贈陸君暘》），『况兼白也詩無敵，半是當年醉裏題』（《題張子石所藏便面書畫册》）。上述語言運用的特點，表現了作者寫作過程的苦心經營和探索，同時也形成了宋琬詩歌的藝術特色。

宋琬的散文學習韓愈，文意暢達，析理透辟，『讀先生文者，相率曰：「今韓愈也。」』（《安雅堂集》趙序）宋琬的詞，有人與漢樂府相比，有人認爲某些作品『壓倒「緑肥紅瘦」』（《如夢令·離情》評語）。這些評論雖屬過譽之辭，但可看到其影響，在我國散文史和詞史上，也應給宋琬以一定的地位。

宋琬的著作很多，他在世時曾親手厘定《安雅堂詩集》三十卷、《安雅堂文集》五十篇，帶往成都，今已散佚。現在常見的本子均係别人重輯。『本衙藏板』《安雅堂全集》本包括：《安雅堂詩集》、《安雅堂未刻稿》（包括王士禎輯的《入蜀集》）、《安雅堂文集》、《安雅堂書啓》、《祭皋陶》雜劇、《二鄉亭詞》。另外宋琬還編有《永平府志》二十四卷。

（李茂肅作，吕慧鵑、劉波、盧達編《中國歷代著名文學家評傳·第九卷》，山東教育出版社二〇〇九年版，第六九一—八一一頁。）

《宋琬》

宋琬是清初著名詩人，少負雋才，詩文譽滿海内，與著名文學家施閏章（安徽宣城人），均名噪清初詩壇，時稱「南施北宋」。由於宋琬遭遇坎坷，其詩感傷憂患，「撫時觸事，類多凄清激宕之調」（吴偉業《安雅堂詩序》），時人或以「杜（甫）、韓（愈）」、陸放翁許之（如王士禛），備極推崇；雖其中不無過譽之處，然宋琬一生創作繁富，詩文詞賦，諸體皆備，尤以詩詞擅名當時，「其標格意氣，風流文采，并足推倒一世」（尤侗《安雅堂文集序》）。其著述，由其後人編爲《安雅堂全集》。

一、萊陽世家

宋琬，字玉叔，號荔裳，公元一六一四年生於山東萊陽一個以詩禮相傳的官僚世家。其高祖宋黻爲明代萊陽第一個進士，官至浙江按察副使；父應亨爲明天啓五年（公元1625年）狀元，累官至吏部郎中，其長兄璠、仲兄璜，以及族兄玫、琮，皆有文名，并以科舉入仕，一時「萊陽文章爲山東之冠』（王熙《宋廉訪琬墓志銘》）。宋家在明季成爲萊陽的鼎門望族。

在這種環境中長大的宋琬，在其青少年時代，自然受到良好的封建教育。但他所受的教育，似與一般腐儒不同。雖其家世業儒，而其父兄却都有一股『俠』氣。據載，其父宋應亨因在清豐知縣任内政績卓著，升調吏部郎中，正當青雲直上之際，却以母老歸養爲由，辭官家居，過上悠閑的鄉紳生活。在家鄉，他賙貧振乏，『鄉里賴以舉火者甚衆』，而且『好賢喜士，食客常滿，酒樽不空』，頗有『孔北海遺風』。仲兄璜『少負奇氣，磊落不羈』，『與人交，片言相許，不惜傾身以之；少有不合，雖貴勢必謝絶之』（引文均見《萊陽縣志》本傳）。而宋琬少小與仲兄璜（長琬九歲），『皆依父兄，自相師友，蜚聲振藻，比美「二難」』（王熙《宋廉訪琬墓志銘》），他自然受着這一氛圍的影響，如其自云：『少年慕游俠，座多高陽客。笑登燕市樓，流連風雨夕。』（《舟中遺懷》之一）雖其少年時期任俠行迹已無可考，而入仕之後，同情人民疾苦，懲治豪奸大猾的政績，似與早年接受這一影響不無聯繫。

宋琬對自己的才能頗爲自負。所謂『夙志好詩書，思與古人友。雖無覆局姿，奇文每在口』（《舟中遺懷》之二）。他所説的『奇文』，自然不是『帖括之業』；而他所説的『古人』，即是韓（愈）、柳（宗元）、歐（陽修）、蘇（軾），他要追踪古人，振興一代文風。因此，他不願、也不可能局限於『舉子業』，而時常留意於古文辭之間。這大概是他在明末科考中未能如意的原因吧！

如宋琬這樣的世家子弟，當然要像他的父兄一樣，走科舉仕進的道路。在縣、府科試中，宋琬連捷第一，并於崇禎八年（公元1635年），以高才生充拔貢，入京學習，準備應試。然其後數舉不第，便值明清易代。

明、清易代之際，階級矛盾和民族矛盾都异常的尖鋭。由於明王朝殘暴腐朽的統治，加以連年發生嚴重的自然灾害，農民起義風起雲涌，而山海關外，清兵虎視眈眈，窺伺着明王朝的政權。在這種情況下，六年三轉、連續升遷的宋應亨，大約於崇禎十年（公元1637年）左右，辭官歸里。四年之後，即崇禎十四年（公元1641年），李自成農民軍攻克洛陽，張獻忠農民軍也突破明軍包圍，由四川殺奔湖北；兩支義軍以不可阻遏之勢，向明王朝發起攻擊，朱明政權已是殘喘時日了。此時宋琬便離京南下，流寓江南，至杭州依仲兄宋璜而居。正當他在杭州構築房屋，準備迎老親以居，他的家鄉萊陽於崇禎十六年（公元1643年）被清兵攻陷，其父宋應亨與其族兄宋玫死難，宋琬悲痛欲絶，聞訊後寫了八首《紀愁詩》，序云：『……悲號而聞隕籜，既自類於窮猿；涕泪而顧空巢，復何心於完卵！劉越石嘆深疾疢，飲泣何多？陸平原悲及懿親，言愁不盡！鄉關雲樹，怕墮鴻書；夢裏樓臺，看成蜃市。仰天怨白日之行遲，入夜覆紅爐而不暖。爰題激楚，用寫羈愁；惟抒庾信之哀，莫罄江淹之恨。譬之蟲鳴寒月，偷喙息於人間；庶幾樹靡咸陽，托音書於地下云爾。』詩寫得碎肝裂膽，極爲悲愴。他時而以『未歸深自恨，不死賴何圖』，時而『泪水浮枕去，夢不信家亡』，以至肝腸寸斷，『一日必千回』，幾痛不欲生。第二年即有甲申之變。李自成農民軍攻占北京，崇禎帝自殺，明亡。幾月之後，明將吴三桂勾引清兵入關。這年九月，清順治帝從沈陽遷都北京，并繼續鎮壓漢族人民的反抗，進行統一全國的戰争。而宋琬此時仍流寓江浙一帶，其萊陽故宅已爲『邑豪所據』（見《京口送房周垣北歸》詩自注），有家難歸。國亡家破，歸宿何處？在人生途程中，宋琬面臨着新的抉擇。

清統治者入主北京之後，爲了取得漢族地主官僚的支持，頒布了許多政令對他們進行引誘、籠絡。如宣布爲明崇禎帝舉行葬禮，令臣民爲其戴孝三天，并表示消滅農民軍，爲明故老『報君父之仇』；明降附官吏，一律升級任用；規定鄉試、會試年份，以及宣布恢復地主原來産業，表彰爲明死節的臣僚等等。這些政策，顯然對明官僚地主有利。他們中的大多數，在驚魂稍定之後，即稱頌起『我朝大清』的聖明來了。而宋琬的仲兄宋璜，此時如同明末多數官僚一樣，改授官職，由明的兵部主事，一變而爲清的順天府推官。宋應亨也被清廷追贈爲太僕卿，大約也在這期間，宋氏故宅得以恢復。宋琬在這一情勢下，感情是複雜的。明、清易代，對於未曾仕明的宋琬，當然不存在『忠節』的問題，但是，世食明禄，父親的死難，不能不在他感情上留下印記。因而在聞變之初，他曾表示『此身甘隱逸，終翦墓邊萊』（《紀愁詩》），想隱居不仕。但是，清帝入主北京之後的種種舉措，不祇使他解除了後顧之憂，而且似也點燃起他新的希望。這并不奇怪。明、清易代，畢竟是封建政權的更替，作爲封建世家的宋氏家族的利益，并未因改朝换代而受到損害；像宋琬這樣的世家子弟，也衹有重新踏入科舉入仕之途，纔能使其世家權益得到維護。因此，當清統治者宣布開科取士之後，宋琬便於順治二年（公元1645年）匆匆趕回萊陽故家，第二年，即順治三年（公元1646年）便趕赴京師，讀書於報國寺方丈，準備參加清朝第一次鄉試。經過一番興亡，故地重游，見到故人，詩人自然有一番感慨，其中雖然也有淡淡的故國之思，而更多的則是亂離之後得以生聚的喜悦，如《亂後入京喜晤米吉士賦贈》（八首）有云：

恨别頭俱白，相逢眼尚青。興亡如夢寐，南北見飄零。冰雪尋山屐，干戈注水經。銜杯收涕泪，一一話新亭。

詎謂逢戎馬，猶然戀蕨薇。耻爲窮鳥賦，甘卧敝牛衣。鶗鴂聲何切，騂騮骨豈肥。寸心摇落盡，畏見柳依依。

王朝興亡，宋琬直接感受到的則是南北飄零；故王朝改易之後，故地重游，雖有『江山之异』的『新亭』感慨，有着些微故國之情，但於驚定之後，便很快承認了江山易主的現實。『戀蕨薇』的知識分子們，於清開科取士之後，都已走下『首陽山』，不獨宋琬爲然；而『耻爲窮鳥』，『甘卧牛衣』，却是宋琬入仕新朝的遁辭。但從其後與明故老方文、劉雪舫的往還中看，他似亦未完全忘情於明朝。方文於明亡後隱居不仕，而他與之過從密切，詩謂：『我友方嵞山，於世罕所可。昔在古北平，論文列燈火。抵掌話古今，重門不復鎖。』（《贈徐月鹿水部》）如果説他與方文重在文字之交，而與劉雪舫則有些不同。劉兄甲申死節，而他自己也隱居不仕。但他對宋琬這樣的舊家子弟却充滿同情。當宋琬仕清不久、被誣入獄之後，不避嫌疑，熱誠予以餽贈。這使宋琬十分感動，在《劉雪舫餽泉酒賦謝》一詩中，他寫道：『平生金石交，弃我如蛲蛣。粱肉委溝溪，一毛安肯屑？之子未謀面，顧予臨土穴。問答未終詞，執手但嗚咽。側聞甲申春，哲兄仗奇節；百口盡祝融，義比昆岡烈。……言君隱甓湖，躬耕種瓜瓞。今我被讒口，辱親愧閥閲。載見忠孝裔，心傷内如爇……』見到這位『忠孝裔』，思及其家明清易代時的壯烈表現，傷心而慚愧，這雖不能看作宋琬悔恨仕清，但在『辱親愧閥閲』的辭句後面，似也隱含着難以明言的痛苦。當然，今天看來，對宋琬以『忠節』相責，那不僅是多餘的，而且也有自以明故老自居的嫌疑。就宋琬的實際情況而言，他與明遺民如顧炎武等不同，也與由明轉而仕清的錢謙益不同，他的政治生涯是從仕清開始的。

二、嶄露頭角

順治三年（公元 1646 年）秋，宋琬應鄉試中舉。第二年，登進士第，以二甲授户部河南主事，後調吏部稽勛司主事，再升爲吏部郎中。乍看起來，宋琬仕途順遂，步步升遷，而他自己赴試之初『心壯氣得，自以爲無前』（《報錢湘靈書》），考中之後，却未得一步青雲，得爲『左右論思之臣』，或『登承明著作之庭』，而『屈首郎署』，爲瑣瑣吏事所困擾，恒都鬱不得志。

宋琬於宦途雖未盡如意，而其在京期間的詩文創作却取得一定成就，使其在清初詩壇上嶄露頭角。

清朝開科取士之後，使一些少年舉子、年輕進士，翩翩薈集於京師。宋琬與施閏章、嚴沆、丁澎、陳祚明、張文光、趙賓等七人，詩歌唱酬，『訪王李宗梁之遺事，有燕臺七子詩行世』（《嚴母江太孺人七十壽序》）。而其中，宋琬『洎爲進士，在郎署，古文詞隨手傾出，學者捧爲虬珠拱璧』（蔣超《安雅堂詩序》），尤爲佼佼者，一時文名藉藉京師間。而他也慨然以詩文自負，如其晚年憶述當年在京盛況云：『憶昔盛壇坫，吾徒滿京師。絶響嗣黄初，風雨筆端集。』（《施愚山至杭嚴顥亭招集皋園漫成一首》）這批初出茅廬的『文學之士』，當時以詩追漢魏、文學韓柳相標榜，要在清初文壇上樹起自己的旗幟，振興一代文氣。而其實，宋琬這時期的詩，多爲詩友唱酬之作，内容貧乏，感情浮淺，與其屢經坎坷之後的詩作是難以相比并的。

三、第一次入獄

正當宋琬躊躇文壇，欲有所作爲之時，順治七年（公元1650年），因『逆僕誣構下獄』。（《壬寅除夕作》）這次入獄，大約與其長兄宋璠之獄有關。據云其同族宋某人殺人越貨，觸犯刑律，曾求宋璠加以庇護，而璠未予置理，因而結下冤仇（《萊陽縣志》），并在于七舉行反清起義後，誣璠等與謀叛逆，遂爲朝廷逮繫治罪。

于七，山東栖霞人，名樂吾。順治五年（公元1648年）在山東栖霞一帶舉行起義，鄰縣萊陽、寧海（今牟平）等地紛紛響應。順治七年（公元1650年）攻進寧海，殺知州劉文淇，勢焰甚熾，清廷震動。宋琬一家與于七起義有無瓜葛，史料無徵；若從清廷鞫訊結果看，似查無實據，而朝廷所以輕信告密者的誣陷，却又事出有因。宋氏一家爲萊陽望族，其父子兄弟，大半爲明末顯官。而且宋琬兄弟素有行俠尚義之名，以重然諾、濟困窮相推許，在鄉里當有一定影響。清軍屠萊陽，宋琬之父爲明死節，當時隨其死難者很多；清帝入主北京即追贈宋應亨爲太僕卿，并讓其長子璠襲職，足見清廷對其影響的重視。再説，萊陽響應于七起義的人很多，其中難免有宋氏家族的親朋故舊，甚或有以爲萊陽死難者復仇爲號召者。雖然宋琬兄弟的獄訟是由『同室産鴟梟』（《晨星嘆》），家族内部糾紛引起，而實際上却反映了清初滿洲貴族與漢族官僚地主之間的矛盾。

歷經喪亂，期望於入清之後有所作爲的宋琬，無端從京都郎署逮繫入獄，其悲憤之情是可以想見的。後來他在《寄懷施愚山少參》一詩中回顧當時情景説：『百口若危卵，萬端付瓦裂。搏顙呼蒼天，天門高蕩跌。古人死多門，膺、滂何罪孽？』他以東漢末年横遭黨錮之禍的李膺、范滂自況，在詩中抒發了自己負屈含冤而又欲訴無門的痛苦心情。這次入獄之後的詩篇，類多感傷凄惋之作，與第二次入獄之後的悲歌慷慨不盡相同。《庚寅臘月讀子美〈同谷七歌〉效其體以咏哀》爲仿杜甫《同谷七歌》的詩作，是這時期的主要作品。首章云：『歲在攝提月在酉，天之生我何弗偶！日月騷騷東逝波，萬事傷心無不有。悔將詞賦謁公卿，慘對桁楊呼父母！嗚呼一歌兮歌難終，孤兒東望心忡忡！』認爲自己生不逢時，萬事傷心，而且流露出悔仕的情緒。其他各章，則分别哀其親人的不幸，讀之令人凄然。而《庚寅獄中感懷》一詩，寫得尤爲凄惋動人：

商飆凉勁秋，昊天降霜露。采采孤葵根，展轉愁其足。幽蘭在庭柯，馨香莫能蠹。君子諒不惜，零落傷中路。庶事多貿理，人生信所遇。俯仰終古間，誰知龍與蠖？

夸夫競權勢，志士懷榮名。殺身非一端，天道常患盈。湯湯桐柏水，有時濁且清。羲和無停策，日月東西征。自非空桑子，豈不念所生？宛彼鳴鳩詩，凄惻涕沾纓！

中夜聊假寐，飢鼯嚙我耳。擁裼步檐欞，衆星粲可指。中有琴歌聲，清商激緑水。哀弦隨悲風，曲終忽變徵。兹音久不作，勿乃郗陽子？沉憂蕩精魂，欲訴誰爲理！

僕夫槖饘粥，投箸誰能餐！徒隸向我語，廟室西南端。往者楊左輩，頸血於此丹。恍惚陰雨時，絳節翳飛鸞。再拜招其魂，毅氣不可干。嗟余亦何爲，喟然傷肺肝！

在獄中，宋琬聯想到因忠諫而死的楊椒山，以及南明文天祥式的死節之士、萊陽同鄉左懋第；他們都爲『榮名』而受害，而自己却受誣妄之禍，即使被害，亦復何爲！

宋琬入獄之後，家人害怕株連，『倉皇各奔走，須臾不自謀』（《感懷》）。祇有老僕乞告友人救助。入獄期間，雖對其刑訊逼供，仍無所獲。宋琬於順治三年（公元 1646 年）即來京讀書、應試，直到出仕，并未回萊陽故家，因與于七毫無瓜葛。最後大約因查無實據，無罪開釋，放歸故里。後復爲吏部郎中。這是宋琬仕途上第一次大蹭蹬，并對他此後的仕官生涯留下深深的影響。

四、外放隴西

順治十一年（公元1654年），宋琬領命以吏部郎出任隴西道僉事。他轉道萊陽，告別閑居在家的仲兄璜，即趕赴任所。京官外放，情同貶謫，且隴西僻遠，『山川荒陋，冠蓋罕臻。薦紳之士自非官於此者，莫不信宿而去，驅其車惟恐不速』（《題杜子美秦州流寓詩石刻跋》）。難怪宋琬自稱『遷客』，并以漢代的賈誼自況了。

雖然宋琬説『余年雖壯意已衰，鄉心日夜思蒓鱸』（《題松鶴圖爲仲兄五十壽》），但當他路經頓丘（今河北清豐縣），祭悼於當地爲其父修建的祠堂，見到當地士紳對其父的懷念之情景，便又激起他『清白學先人』，做一個清廉地方官的熱情，并期望朝廷的『宣室』召詢，如《送張康侯進士赴選》（其二）云：

葭菼露蒼蒼，弓刀客子裝。秦風餘驖駟，漢使重星郎。掣電徠天馬，彈琴下鳳凰。定蒙宣室問，灾异説維桑。

但是，他到隴西任所之後，他的熱腸很快灰冷下來了。

宋琬的官邸在秦州（今甘肅省天水市）。清初甘肅人民以回民爲主體的反清鬥争勢如燎原，直至順治六年（公元1649年），纔被殘酷地鎮壓下去。戰争創痍未復，而於宋琬赴任的這年六月，天水一帶又發生劇烈的地震，直至秋天『震撼不寧』。在天水，宋琬觸目皆是地震破壞的慘景：山崩地坼，房倒屋塌，尸骸枕藉，哀鴻遍野。百姓們『或兄牽弟袂，抱骸陶復之中；或兒在娘懷，碎首於懸崖之下』（《爲秦州地震壓死士民懺佛文》），他們『半畢命於垝垣，多填骸於陶穴；二三孑遺，靡室靡家，飄摇風雨之中，坐卧犬豕之側』（《祭秦州山川社稷文》），慘象目不忍睹。宋琬認爲『災變之興，皆由人召』，所以發生地震，與『聖明』天子無關，『良由文武將吏在兹土者，奉職無狀，或刑罰失宜而獄有冤民，或掊克在位而里盈怨氣，或法令煩苛而人嗟束濕，或牲牷未備而黍稷不蠲；有一於斯，皆足動天威，致灾祲』，因此他要求神佛降責，『亦惟一二守土之吏當之，某等無所逃罪』（《祭秦州山川社稷文》），因而虔誠地祭告神佛上帝，求其顧恤『下民』；同時采取具體而切實的措施，對灾民進行賑救。國庫之不足，即自『出家財，自萊陽郵致，以恤其灾』（王熙《宋廉訪琬墓志銘》）。雖其有限『家財』對於救灾無疑是杯水車薪，但這種破家救灾、視民如傷的品格，在那個時代還是非常難能可貴的。

宋琬到任之年的年底，地震始寧，賑灾受到朝廷表彰，這年春節他過得比較愉快，有《乙未除夕同黄文仙、賈韞生、曹夢石、馮虞卿、王貞符、王遴庵諸子守歲》一詩紀其事：

天涯又報歲將除，雙鬢挑燈萬感余。乘雁每慚虚俸米，六鰲今始奠坤輿。浮名屢玷中臺疏，歸與難忘下澤車。且喜團圓朋輩在，隴頭濁酒共春蔬。

地震過了，賑灾工作也已結束，朝廷也表彰過了，按説該升遷内調了，但是邊訊杳渺，久不見征名。他也曾向任職臺省的友人發發牢騷，期望得到他們的薦引，也不見結果。他心中的憤懑無處宣泄，衹有借助詩來發發牢騷了。《六言雜感》十六首，便是這時期的作品。他把自己比作『遷客』『宕子』：

鄉信久無白雁，邊樓惟有黄雲。試問隴頭遷客，何如宕子從軍？

所以然者，他認爲自己拙於爲官，所以居官情同從役，名義上雖然也兼兵備，而實則部屬無幾：

拙性鼎還吾鼎，微官觚而不觚。專敕居然一將，部曲未滿百夫。

而且朝廷并不公平，『騎省十年不調，中郎一歲三遷』，吏治的黑暗，使詩人對漢飛將軍李廣終生坎坷的遭際更加同情，聯及自己的境遇，就更加憤懣、愁苦：

李廣墳邊吊古，歸來懷抱縱横。恨殺隴川酒薄，澆愁祇到三更。

於是，他開始考慮是繼續仕進，還是歸農隱居的問題了：

仕農畢竟誰優？兩者徘徊未果。今之從政殆而，惟有蚓而後可。

考慮來考慮去，進也難，退也難。進，前途未卜；退，其長兄宋璠被同鄉仇人誣陷，有家難歸，祇有聽任命運的擺布：

小閣乍晴乍雨，愁懷或哭或歌。一枕大槐安國，白雲蒼狗由他。

總之，這期間宋琬十分消沉。而同僚中一些漢族官吏或被斥免，或憤而辭官，更增加了他對自己政治前途的憂慮。如明降將魯壁山，當其初降之時，『至尊親解御貂裘，虎符誘蟄盤螭玦』，受到朝廷的何等寵幸！他也爲清廷拚死效力，在鎮壓各族人民的反清鬥争中，立下過汗馬功勞：『一舉掃清濟漯塵，棘門霸上豺狼滅。秦關要害古金城，推轂因爲出塞行。仲升節鉞新開府，充國氏羌舊識名。射雕夜避烏蘭塞，牧馬朝聞細柳營。』但他不但没有受到清廷封賞，却在四境平復之後，『一朝拂衣解兵柄』，『即今三佩黄金印，還鄉却乘牛車走』（《送別魯壁山將軍》）。宋琬對此深爲不平，認爲朝廷不能重用忠勇的將士。像魯壁山這樣屈節事敵者落此下場，是咎由自取，而其他仕清的漢族地方官應該有較好的待遇吧！但有的也遭受到同樣的命運。如渭城知縣俞某。他在渭城頗有政績，且能廉潔自守：『渭城小邑大如掌，百家殺盡十家逃。俞侯年少專城居，渭人始得歸田廬。郭外行春策病馬，壁間退食懸枯魚。』但偶因細過，即斥歸田里：『一朝微中考功法，拙官違時乃承乏。妻兒驢背坐復跌，擔囊但有琴書壓。』（《送別俞眉仙歸新安》）再如按察副使胡蒼恒。此人曾於任内『面縛轅門吐谷渾』，鎮壓少數民族的反清鬥爭，但久未得封賞升遷，『一朝長嘯拂衣去，巾車東指咸陽路。人向柴桑五柳村，門臨少室三花樹』（《秋夜有懷胡蒼恒憲副作長歌寄之》），憤而辭官歸隱。

清初統治者對明降將以及漢族官吏，是充滿疑忌的，這幾個人的遭際本不足怪，但作爲漢官的宋琬見到這種情況，自然會有兔死狐悲之感，因而對自己的政治前途充滿憂慮。但其所以在官場沉浮、戀棧不即去者，據其自云是考慮到子輩婚嫁及前途，他尚期望統治者瞭解自己的『忠心』：『……慚余尚是浮沉者。君不見向子平，裹糧五岳稱逃名？當年若無禽慶相周旋，空山吊影徒惸惸。我今何爲滯西隴，一官偃蹇同雕俑。戀棧終年違素心，急流千丈輸君勇。卜宅將從璨璨居，載酒同澆劉伶冢。』（《秋夜有懷胡蒼恒憲副作長歌寄之》）滯留絶域，壯志難酬，雖以『邊城須衛青，未許拂衣還』（《寄懷胡蒼恒憲副》）差自安慰，但『歷身豺虎窟』的境遇，畢竟是十分現實的，在『翹首向王畿』（《寄王敬哉詹尹》）而『邊鴻』無訊的情況下，詩人祇有以流連風景、酣飲賦詩來排遣自己幽思凄苦的情懷了。

官衙清冷，百無聊賴，詩人經常免去屬吏的早晚參見，而身着便服離城遠出，或登高以抒嘯，或臨水以賦詩，而更多的則是到城郊佛寺旁的湖亭詩酒留連：

蘭若城邊寺，蒹葭水際亭。數椽留劫火，千樹覆寒汀。明月羌村笛，秋風佛閣鈴。頻來真不厭，徒倚暮山青。（《湖亭》其一）

有時雨後即往，在湖畔與諸生講習文字：

放衙無一事，岸幘出孤城。柳重低烟色，荷枯碎雨聲。涼雲依岫斷，秋水照衣明。欲采芙蓉去，高樓暮笛橫。

秋原新霽後，藉草愛長堤。橋影眠花鴨，波光浴竹鷄。好峰青可數，遠樹碧俱迷。問字諸生在，清樽爲我携。（《雨後湖亭分韵三首》）

岸幘出城，似是簡放瀟灑，然柳低荷枯、涼雲秋水的凄迷景色，恰與詩人『清泉白石聊徜徉』（《題松鶴圖爲仲兄五十壽》）的心境相映襯，他那種『驊騮未騁』而羈身天涯的愁苦，雖在湖光山色的流連之中得到暫時消散，而一回到冷落寂寥的官衙，便難以遏抑：

留滯天涯嘆此身，每逢初度倍沾巾。橐饘無救鴒原急，竊禄空嗟馬齒新。白髮來如不速客，青山應笑未歸人。亦知張翰傷心極，詎爲秋風故國蒓。（《丙申生日秦州作》）

思歸不得，重陽佳節，愁登高處，他甚至想拂衣歸去，隱居故鄉了：

萬里西征亦壯哉，籬邊三見菊花開。蟹螯欲把不可得，雁聲入耳何其哀！俸錢殆盡且沽

酒，秋雲雖好愁登臺。何日拂衣滄海曲，長瓢短笠歸徂徠？（《九日秦州》）

宋琬也尋到了『知己』，那就是千年前曾流寓於秦州的大詩人杜甫。宋琬很推崇杜甫，并奉爲自己師法的『哲匠』。他一到秦州，便去瞻拜杜甫的祠堂，『欲作招魂賦，臨流首重回』（《同歐陽介庵拜杜子美草堂》），低回流連，不忍離去，對這位詩界先哲表現出無限崇敬之情。看到草堂傾圮，宋琬即命工匠重新加以修葺，并將杜甫在秦州所作的『流寓諸詩，集古人書法，勒之石刻』（《題杜子美秦州流寓詩石刻跋》）。而其所作《祭杜少陵草堂文》，是那樣感情洋溢，就非但爲憑吊杜甫，發懷古之幽情，且其亦以遷流者居，頗有『蕭條异代不同時』（杜甫《咏懷古迹五首》）之慨了：

嗚呼，文章有神交。有道斯言也。蓋先生贈蘇端之詩，故今與古其交感，雖百世而相知；諒精誠之不隔，亦何必於同時！……至於今，先生往矣。讀《北征》之賦，與《七歌》之篇者，猶令人欷歔攬扼而深悲。嗚嗚，墨突不黔，孔車載脂。古聖賢之遭遇，往往偏值乎崄巇。我所憾者，天既賦公以稷契之才，不使之一日立朝廷之上，而窮愁播越終其身，老道路以凄其。然先生不逢乎困厄，又安能使文章炳爛，與日星雲漢而昭垂！某海陬之豎子，奉哲匠以爲師。偶省風於下邑，敬酹酒於荒祠。撫寒流以淅淅，悵衰草之離離。湖音徽於遺趾，宛風流其在兹。爰周咨於茂宰，將再築夫堂基。庶以永庚桑之社稷，而慰邦人伏臘之哀思。我知先生之眷懷舊游也，必且翩翩來止，而無俟招魂於浣花溪水之湄。

然而，宋琬是官居外任，因受朝廷冷落而倍感寂寥；而杜甫是逢國家喪亂，顛沛流離；一是俸薄而仍自沽酒，一是橡栗權充飢腸：其境遇是大相迥异的。而且，杜甫於苦難中，朝思暮想的是『再光中興業，一洗蒼生憂』（《鳳凰臺》），憂國憂民之情溢於詩篇的字裏行間，而宋琬之詩多爲感慨個人得失的凄苦哀傷之調：其思想境界，亦高下懸隔。因之，二人秦州之詩，是難以相提并論的。而當宋琬在宦海浮沉中飽經患難之後，其詩沉鬱頓挫，是頗得杜詩旨趣的。

五、宦游四方

在宋琬朝夕翹盼中，順治十五年（公元1658年）仲春，朝廷詔命升任直隸永平道（治在今河北盧龍縣）。雖同爲外任，但永平畢竟靠近京師，詩人還是很高興的。他拜别杜少陵草堂，并一連幾夜在有客亭與友人宴集、辭行。雖山川依舊，而心境不同，邊城楊柳，夕日餘輝，似都充滿依依惜别之情，眼前景物一時變得竟是如此美好：

> 最好溪山好，因成五夜游。碧潭春響亂，紅樹晚香浮。橡栗遺歌在，蘋蘩過客修。少陵如可起，爲我聽吴謳。（《丁酉仲春夜拜别杜少陵草堂因宴於有客亭》）

宋琬告别秦州諸同僚，便趕到新的任所，途中路經華山，詩人恣情游覽，寫了十幾首紀游詩，生動地描繪了華山壯美的景色。『落霞倒映花千色，新粉輕摇竹萬竿』的孫氏竹園（《華州同東雲雛王心古過孫氏竹園》），『九曲流從星宿海，五陵烟鎖帝王都』（《登西岳廟萬壽閣》）的壯闊景象，都曾激發起詩人的詩興，使其陶醉於祖國壯麗山河的觀賞流連之中。嵯峨壯觀的雲臺峰，如瘦削芙蓉的落雁峰，都曾留下詩人的游踪詩迹。在『天開閶闔纔尋尺』（《登華岳作》其二）的華岳峰頂，眺望着『太行東望走黄河』（《同東雲雛王心古諸君登華山雲臺峰》）的雄偉景象，他簡直飄飄欲仙，要去『杖策高尋衛叔卿』（《登華岳作》其三）了。

宋琬出陝，渡河而東，越過崔巍盤紆的太行山，策馬於巨鹿古戰場……真是一路風塵一路詩。經過長途跋涉，大約在這年的初夏，詩人抵達永平任所。永平道衙署設在盧龍，是古孤竹國所在地。北臨萬里長城，南瀕浩渺渤海。碣石遺迹，令人憶起魏武於此吟誦的豪壯詩篇；昌黎古郡，是唐代著名文學家韓愈的郡望所在。山川形勝，風物遺迹，都能觸發起詩人的情思。但是，宋琬居永平時的心境，却與居秦州時一樣的冷寞、孤寂。

宋琬官永平的這年除夕，家人親友得以團聚，『幾載別天涯，團圓喜復悲』（《丁酉除夕同家兄侄及諸親友守歲盧龍》），一時在燈光燭影之中，疑爲身在故鄉。但是，暫聚帶來的歡樂，很快便被『官似僧寮盡日扃』（《悠然堂同趙次公大塗作》）閑散無聊的官衙生活所冲淡了。渴望有所作爲的詩人，在這裏仍然是無所事事。歲月不居，年華流逝，這無疑是對詩人的一種殘酷折磨。而『浮生老塞垣』（《己亥二日同李考叔諸子分得垣字》）的仕宦生涯，『刻漏無須問』（前詩）的混天了日的無聊生活，都使詩人感到無限凄苦。他不敢抱怨朝廷的昏暗，衹有慨嘆世無知己，無人賞識其才能。《馬鷄》二首借物言懷，道出了這一心境：

> 珍禽弋得自臨洮，也共司晨五夜號。栖桀敢希鴻鵠志，凌風詎有驌驦毛？官閑漫學祝鷄叟，署冷真堪笑馬曹。微物從來須鑒賞，令人遺恨九方皋！

索居無聊，詩人如同在秦州一樣，放浪山水之間，以抒散鬱悶的情懷。詩人最常去的所在，是昌黎縣西北的碣石山，而其支脉五峰山，泉壑秀美，尤爲其盤桓流連之處。有時留連信宿，如《宿五峰山》一詩云：

爲踐溪山約，捫蘿到翠微。松光青不定，海氣自成圍。待月穿雲徑，留僧宿石扉。莫教官騎促，吾醉欲忘歸。

五峰，有東五峰、西五峰，均在碣石山頂峰仙臺山之側。詩人或雨中登臨，或晴日觀賞，或『抱被卧雲岑，坐觀海日出』（《宋征書約游五峰時余有浙紹之行慨念别離賦詩爲贈》），或『野飯春菰米，霜刀膾鯽魚』（《偏凉汀四首》其二）。在其筆下，五峰也再現出它的秀美，如《東五峰作》：

已謂西峰好，東峰亦不群。懸崖疑削刃，古木善藏雲。海色朝來變，泉聲雨後分。何年此高卧，自剪薜蘿裙。

『文倚窮愁長，人從放逐閑。』（《趙次公過訪北平同徐華岩分韵得删字》）仕途坎坷，使詩人的詩歌創作日益工格，感情也日益深沉，雖仕進難以奮飛，而詩文却冀望軒翥於韓、柳之後，《謁韓昌黎祠》一詩，表達了詩人這一心境：

先生海岳姿，實踐聖賢奥。介立貞元朝，正氣何浩浩。著論續微言，傳薪在原道。微公表章力，孰障狂瀾倒？兹邦乃故里，廟模儼圭瑁。鄉人困豺虎，生齒嗟凋耗。安得奮雲旗，再息鰐魚暴。泰山不可躋，俯仰余深悼。明禋展豐籩，餘生願執掃。九原風雨中，英爽冀來告。

『欲以文章投天子，須使功名學古人。』（《長歌贈吴雪航先生》）在宋琬看來，要在詩文創作上卓有成就，首先要在政治上有所建樹；韓愈之所以成爲一代文宗，正是因爲他力行『聖賢』的明教，爲官耿介剛正，能爲國爲民作出一番事業。他渴望自己有朝一日能『奮雲旗』，除掉害民蠹國的奸人政弊。他到永平之後，看到的是民半流亡，顛沛道路，苛捐雜税使民不堪命，而豪强大猾横行鄉里，貪官污吏羊狠狼貪。他贊頌頗有政績的縣令，支持其爲民除害的舉措，然而他自己作爲一個有名無實的道員，對這一切都難以爲力。而當再次遠調浙江的消息傳來，詩人返朝任職的希望幾乎完全破滅了，其仕進的熱腸也化爲一片冰冷。他感到自己求仕報國的願望是太天真了，因而對於『取彼莠與苗，紛揉失真贋』（《舟中遣懷》其五）賢愚不辨的黑暗吏治表示了憤慨。他懷着灰冷的心情，由永平趕赴浙江任所。

順治十七年（公元1660年）秋八月，宋琬以參議銜領浙江寧臺紹道，駐節紹興。『三年飽聽柳城笳，又買蒲帆向若耶。計口典衣先遣鶴，携鋤繞徑自澆花。蒓絲正美思千里，書卷難抛費五車。爲憶故園松菊在，應憐哀鬢滯天涯。』（《將發會稽作》）三年閑職，已覺無聊，如今又要遠徙。薄官微俸，足可養家；携鋤澆花，差可自慰。詩人不能有什麽作爲，也不想有什麽作爲了。他所難以排解的，衹是哀鬢天涯的無限鄉思之情。《舟中遣懷》六首，是其南下途中所作。詩中除了對少年時代豪情縱横的回顧，便是宦海浮沉的感慨；放達的詞句裏，有詩人歷世經驗的概括，也有着他無可奈何的煩惱。如其中第四首云：

> 生年將半百，蹉跎不自料。浮沉亦何爲？俯仰堪一笑。古來稱豪達，豈必登津要！中歲有微長，鱸魚庶能釣。

到任第二年秋，宋琬被提升爲浙江按察使，旋因族人誣陷，第二次入獄。

六、第二次入獄

正當宋琬升遷，在萊陽、棲霞一帶，已降清受職的于七復率舊部起事，而其同族仇家又密告上變，聯及順治七年之獄，清廷十分震怒，對宋琬一家『復累及於妻孥，收籍不遺齠齔』（《感恩祝頌圖序》），滿門抄繫，於順治十八年（公元1661年）秋，檻車押赴北京受理。

宋琬入獄之後，刑訊逼供，棰楚加於嬬嫂，榜掠及於幼侄，『踝枯還受榜，血濺不遑顰』（《壬寅除夕作》），備極酷烈，以至『隸人咸慘淡，法吏亦酸辛』（前詩）。居處湫隘，老鼠横恣，『白日無光，擊柝之聲不絶耳，夏則蚊蚋攢集，鬱蒸湫濕；起坐靡寧，拘攣腿腫』（《報錢湘靈書》），受盡折磨。因全家被拘，而『素交多自絶』（《壬寅除夕作》），惟恐受到株連，不肯接濟，而『公卿大臣無敢出一語以相明者』（《報錢湘靈書》），以至衣食無着，靠老僕到處乞告。『自念我何罪戾，而至於斯！仰天嘆息，悲憤無聊，輒乃形之出言，大抵皆痛心疾首呼昊天與父母之辭也』，且詩文不敢寫怨憤之辭，因『非盛世之所宜有』，更『足見其可悲耳』（《報錢湘靈書》）。尤使詩人痛心的是，在籍没家産時，圖書、詩文稿也大半毀壞，『平生思著作，一旦付沉淪！』（前詩）對於一個以著述爲務的人來説，這是較之桎梏械繫更爲痛心的事。

無休止的鞫訊逼供，殘酷的牢獄生活的折磨，并没有使宋琬一家誣服。據云宋琬『雖刀俎在前，謗書滿篋，而意氣浩然，顔色自若，揮毫高視，不覺更有旁人』（尤侗《安雅堂文集序》）。其門人王熙亦云：『熙時橐饘往視，持先生而泣。先生笑曰：「死生命也。」雖囹圄中，未嘗釋卷。』（《重刻安雅堂詩文集序》）這些雖是追述之語，蓋亦約略説明宋琬獄中表現，從而可見其思想中達生任命的一面。

因爲得不到確證，而又事關重大，宋琬一案一拖三年。到第三年，即康熙三年（公元1664年），因其株連的人敕督撫外訊，審理人是山東巡撫蔣國柱。此人似是個較爲廉直的官員，他没有受到刑部定讞的影響，據實審理，得出的結論正與刑部相抵牾，於是朝廷令其復審此案。蔣國柱查清誣告情由，即呈請廷議，終於在這年冬天，降旨免罪放歸。

這次冤獄，對宋琬在政治上的打擊極其沉重，使其仕進報國的熱腸，化爲一片冰水。身所經歷，使他目睹了清廷上層統治集團的黑暗，親身感受到吏治的腐朽和官場中『附膻趨勢』、賢愚顛倒，是非不分的醜惡現實，因而感情更加深沉，思想也更加深刻，從而使其詩歌創作進入一個新的階段。就內容而言，此前多寫亂離愁思和仕途坎坷的哀怨，而此後，獄中及出獄後則多半抒寫獄中苦況，感慨官場黑暗，或委婉隱約地抨擊朝政弊端；就風格而論，前此多淒惋悱惻之詞，而此後則頗爲激切憤慨之語，沉鬱頓挫，慷慨激宕，在清初自成一家。因此可以説，入獄是宋琬遭際坎坷之時，而在藝術上却是詩人走向成熟，形成其獨立風格之始。

宋琬獄中之什，一部分寫其獄中生活苦況及其憤懣無告的淒苦情懷，『其發於危疑悲憤，對時感物之作，尤淒清嗚咽，讀之堪爲流涕』（王熙《宋廉訪琬墓志銘》）。如《晨星嘆》《苦雨嘆》《聽鐘鳴》《悲落葉》《蟋蟀吟》等，寫得尤爲淒切動人。《聽鐘鳴》一詩，前有小序，謂談北魏詩，有《聽鐘鳴》《悲落葉》二篇，寫『貴藩播越』的『憂生飄泊之嗟』，因『矧余羈囚，日與法吏爲伍，每當宵箭將終，晨鐘發響，淒戾之音，心飛魂栗』，『歲時晼晚，庭樹萎然，爰效其體，以識余之憤懣焉』。詩云：

聽鐘鳴，所聽非一聲。一聲纔到枕，雙泪忽縱横。白頭老烏作鬼語，群飛啞啞還相驚。明星落，悲風哀，關山蕩子行不返，高樓思婦難爲懷。何况在羅網，夜半聞殷雷！無糜復無褐，腸内爲崩摧。聽鐘鳴，心獨苦；獄吏抱鑰來，不許吞聲哭！

凌晨鐘聲，對於列鼎而食的華貴之家，是就餐的呼唤，聽來無疑是悠揚悦耳的音樂；而於囚犯却是聽受刑訊的信號，聞之竟如炸雷一般令人戰栗。老鴉聞鐘驚而離巢群飛的景象，凄冷、悲凉的秋風的吹拂，都引發起詩人對隔離受審的親人的思念之情，况復衣衫單薄、饘粥不繼，尤覺難堪。而在拘禁之中，痛苦無告，欲哭不許，衹有默默地寫下這首詩，來抒發自己的憤懣了。《悲落葉》一詩，以朝榮夕萎的落葉興感，抒自己『放臣羈客』思念故鄉的凄凉情懷：

悲落葉，落葉紛相接。無復語流鶯，飄摇舞黄葉。朝如繁華之佳人，夕若蘼蕪之弃妾。因風起，從風飛。放臣羈客那忍見，攀條攬扼空沾衣。徘徊繞故枝，柯干長乖違。凛凛歲雲暮，此去將安歸？悲落葉，傷心胸！願因征鳥翼，吹我到鄉中！

其他，如《問鵲詞》，借從監獄見到晚間宿檐的烏鵲，聯想到七夕烏鵲爲牛郎織女架橋使之相會的傳説，從而抒寫自己欲訴長天、無媒可通的苦惱：『嗟余無一能，微長拙則多。鬼神侮婞直，投足嬰禍羅。野田有黄雀，化爲蚌與螺。吾生獨不然，局蹐長轗軻。攬衣訴雲漢，無媒愁譴訶。剛腸願湔滌，鈍骨須切磋。富貴如可求，不惜爲祝鮀。歲時忽已晚，莫挽虞淵戈。來年憶此語，將命勿蹉跎。』而獄中之詩，大多悲歌慷慨，豪言感激，詩思飛揚而沉鬱，感情濃烈而奔放。如仿傳爲東漢末年女詩人蔡琰所作《胡笳十八拍》的形式，寫了《九哀歌》：

有兄有兄伯與仲，時人謬比潁川鳳。仲兮銜冤發憤死，廣柳車中一長慟。伯兮衰老遘讒賊，齒牙落盡眼復瞢。槀葬圜扉席作棺，芻車麥飯誰爲送！死而爲厲魂安歸，披髮叫天天欲動。鶺鴒分飛雉在羅，啼烏啞啞驚宵夢。嗚呼一歌兮心煩憂，白骨何時還首丘！

有嫂有嫂幼哺我，見我名成喜則那。半夜鵂鶹屋上啼，烈澤焦原因爝火。蒼蠅但欲飽人肉，流血十指連雙髁。娣姒惸惸稱未亡，宅爲牢犴層層鎖。菅麻久換緑羅裙，藿藜堪抵明珠顆。雖無兒女共牽衣，婢妾哀哀飢且裸。嗚呼二歌兮風凄凄，天門咫尺回金鷄。

……

我生之日月在箕，譎訛屢覯今倍奇。下吏羞稱牛馬走，遣憂惟誦豻虎詩。方良載鬼魑魅笑，侃侃對簿無撓詞。皇天后土實降鑒，臣體可虧名不虧。皋陶曰殺堯曰宥，高高者天聽乃卑。七尺幸存繫一髮，不然若赦將餒而。嗚呼九歌兮腸九回，我見白日死不哀。

如果説這首詩還是寫其一家悲慘遭遇的叫號，《窮交行簡錢玉章館卿》《放歌行贈吴錦雯孝廉》二首，則從個人窮達中所見到的世情冷暖，間接地揭露和抨擊了趨炎附勢的腐朽官場。他指出，封建官僚間『雨復雲翻』，在官場上『附膻趨勢相追逐』。當其爲部郎之時，『五侯七貴争推轂』，都出來捧場作賀，而『一旦失身罣罘網，槖垂而入愁饘粥』。尤可恨者，是『鳳凰在笯驥服箱』，賢愚不辨，是非顛倒：『君不見會稽盛孝章，平生鬱鬱懷憂傷。又不見東吴虞仲翔，青蠅作吊空悲凉。男兒但當讀書繫劍飲醇酒，生繫粵王頸，死葬要離旁。不爾亦將日與狗屠游，彎弓躍馬狐兔場；或乘雲氣聊徜徉，下視鄉里小兒如蜩螗。』積鬱心底的悲憤，發而爲詩，慷慨悲凉，頗爲動人。《行路難》第一首描畫了告密者的卑鄙嘴臉，第二首則對濫施威虐的法官獄吏進行了辛辣諷刺。《雷霆引》一詩，對『封狼蝮蛇滿郊邑，張吻殺人方跋扈』的酷吏進行了鞭撻，而《市驢行》則對『騄駬驊騮弃中野』『蹇驢價出龍媒上』賢愚不辨的吏治加以激烈抨擊。其中《咏史八首》，借史咏懷，詞意委婉而感情深沉，寓憤慨於史實，在宋琬詩中也是值得注意的篇章。如《咏史》第一首，詩反用豫讓教趙宣子的史實，寫道：『國士既感恩，讜言無一救。漆身竟何益，况乃志不就！』抒寫自己忠而被疑的冤憤。第二首則借『秦穆殺三良』及秦始皇焚書坑儒，抨擊刑法的酷虐。其他，或咏司馬遷，嘆其『銜冤竟誰直』，感慨其窮愁著書而其冤在當世不得昭雪；或咏虞卿，頌其不計成毁，拯救友人於危難之間。總之，這類詩語含憤激，對於清上層統治集團，甚或最高統治者，也不無微詞。這在『慷慨悲歌衆所諱』（《放歌行贈吴錦雯孝廉》）的清代初年，的確是難能可貴的了。

獄中所作長篇叙事詩《義虎行》，與王猷定《義虎記》的題材大致相同；聯繫其寫作時間，蓋爲其有感而發。詞意宛轉，文筆細緻，是宋琬五言歌行的代表作品之一。

七、流寓江南

康熙三年（公元1664年）十一月，宋琬被赦獲釋，放歸田里。但詩人此時却有家歸不得。『愁中對酒偏能醉，老去無家轉自哀。』（《過米吉士齋中》）慶得更生的詩人，又陷入深深的悲哀之中了。其長兄宋璠在其出獄前，早已斃山東（見《感恩祝頌圖序》），『藁葬圜扉席作棺』（《九哀歌》），草草埋葬；仲兄璜也早已『銜冤發憤死』（前詩），孀嫂孤侄，均隨其在京。而且，宋琬祇是『免罪』，朝廷并未爲其昭雪冤枉，告密者仍官居通顯，横恣鄉里。萬不得已，詩人决計以『放逐餘生，老而爲客』（《題王西樵西湖竹枝詞序》）於江南。『不向東籬卧，翻成南國游』（《舟中九日作》），帶着病弱的身軀，飄泊异鄉，詩人心情是很淒凉的。

詩人離京南下時已是秋末冬初。途中路經濟南，與友人盤桓數日，不忍離去。面對大明湖秋色，憶及當年醉酒狂歌的青少年時代，詩人感慨萬端，寫了《同堵芬木邵叔虎堵乾三趙浮山牟侯甫泛舟⿰山昔湖分韵四首》，詩云：

湖上秋光斂素烟，行厨泛酒泬寥天。紅衣落盡芙蓉老，黛色遥看睥睨懸。雲去定歸滄海畔，月來疑在剡溪邊。蘆中有客同摇落，坐對群鷗話昔年。

曲港分流界水涯，芰荷如幄影交加。輕摇畫槳衝魚笱，亂點清波有荻花。生計且須簦笠子，醉歸隨意宿漁家。五湖今日誰堪長，與爾同乘八月槎。

朝看宜雨晚宜風，西子明妝約略同。無盡泉源來地底，一行雁影落杯中。水含密藻添深碧，葉隱餘花殿晚紅。苦憶平原舊池館，夕陽衰草滿寒空。

當年吾黨羨鄒枚，醉裏狂登北極臺。玉笛重聞人不見，芒鞋無恙客還來。欲從楚壁呵天問，誰向秦川辯劫灰？此日同君稱『六逸』，杖藜携手入徂徠。

這四首詩，在詩人同類詩篇中，寫得是較好的。因爲詩中熔鑄了詩人對故國湖山的深摯熱愛和無限依戀之情。景色如畫的明湖，唤起詩人對壯懷激烈的少年時代的回憶；前輩詩人李白、李攀龍的游踪詩迹，激起詩人的憤惋不平。『回首頻看華不注，柳條楓葉倍傷神』（《贈别趙浮山解元》）。幾日之後，詩人便懷着依戀難捨的心情，踏上飄泊江南的征途。

沿途滿目秋色，尚不知栖身何處，『秋水連衰草，飄摇安所如？』（《壽張飲張及庵年兄署中四首》之四）詩人一路凄凄惶惶，心情難以平静；黄河兼天波浪，也掀起他心中層層波瀾。《渡黄河四首》借景抒情，委宛地寫出了他鬱積心底的愁苦和歷經宦途風險的無限感慨。詩人少年凌盛，欲有所爲，而半生坎坷幾經挫折，至今身雖獲釋而冤未昭雪，名爲放歸，情同放逐。『人間更有風濤險，翻説黄河是畏途』，比起世情險惡，黄河的『掀天濁浪』又算得什麽！『半世行藏敢問天，身如百丈往來牽。旁人代我思前事，曾共驪龍夜夜眠！』無限冤憤和宦途險惡的回顧，躍然紙上。經過思考，詩人雖然還不能認識其負屈含冤的真正原因，但從『寄言精衛休填海，須向昆侖塞上流』的詩句中，可以看出，詩人已認識到其中不衹是個人的仇怨，而且還要堵塞誣陷者横恣的根源，那自然是朝廷的昏暗。

到達江南之後，詩人選擇了泖上（在今上海市松江縣）作爲自己的定居處。三泖風光宜人，東瀕大海，與故鄉相似，西可連蘇州，與太湖相接，且鄰近兒時老友姜如須等詩友的居處。流寓江南八年，詩人大部分時間在此處度過，有時往來於南京、蘇州與杭州之間；時而以恬静的田園生活自適，時而與友人登山臨水、詩酒往還。由於其在清初文壇久負盛譽，江南士子以得其評議爲榮，請爲詩文寫序者，或請爲先人諛墓者紛至沓來。文壇舊友施閏章、嚴沆、王西樵、周亮工、陳維崧等，均曾詩文往還。這一時期，實是宋琬詩文創作的旺盛期。王漁洋謂宋琬『守浙江後詩，頗似陸放翁，五言歌行時闖杜、韓之奥』（《池北偶談》）。尤侗亦謂宋琬飽經憂患之後，『文用是日益奇，亦日益富』（《安雅堂文集序》）。時人以『詩宗』、『今韓愈』（趙昕《安雅堂文集序》）相推許，殆非虛譽。

宋琬這一時期的詩歌，或寫景，或抒情；或與友朋酬答，或抒寫幽憤，均各具特色。『詩沉鬱頓挫，有勞人志士之思；覽古寫懷，登高狀物，江山資其淒惋，風雨壯其羈愁；屈子奏重華之詞，賈生續沉湘之賦』（嚴虞惇《安雅堂詩序》），沉鬱頓挫、淒惋悲涼，是宋琬這一時期詩歌創作的風格特點。

在泖上，詩人寫了一部分清新明麗的田園詩。如《春日田家》：

白石青沙接草亭，槿籬疏密柳青青。閑來散帙憑烏几，自寫龜蒙耒耜經。

野田黃雀自爲群，山叟相過話舊聞。夜半飯牛呼婦起，明朝種樹是春分。

又如《行樂詞》：

三間笠澤魚鱗屋，雙槳松江鴨嘴船。長大從吾釣秋水，大兒捩柁小兒牽。

這類詩雖不免於抒寫士大夫的閑情逸趣，但文詞清新，頗有生活氣息。而其中有的篇章則反映了漁民受剥削受壓迫的苦難生活，具有較深刻的現實意義，如《漁夫詞》：

南陽之南嶧山北，男子不耕女不織。伐蘆作屋沮洳間，天遣魚蝦爲稼穡。少婦能操舴艋舟，生兒酷似鸕鷀黑。今秋無雨湖水涸，大魚乾死鰷鰍弱。估客不來賤若泥，租吏到門勢欲縛。烹魚酌酒辛無怒，泣向前村賣網罟！

可惜在宋琬詩中這類詩歌太少了！大量篇章是抒寫個人感傷和哀愁；羈旅鄉愁，感傷往昔，是其詩歌的主要内容。當然，從其壯志不得施展的哀怨和逐臣客子之悲的詩章中，我們也可間接感受到當時社會的不合理，發出同情詩人的嘆喟，但那畢竟是太單弱了。

詩人初至三泖，自云以『湯鑊餘年，再攬湖山之勝，形骸土木，頹然自放』，以登山臨水、尋勝野游，以消解去國懷鄉的憂怨；，貧病中醉酒昏昏，以麻木自己的心志，甚或求佛問道，以求得精神的解脱，并將其所築亭名爲『二鄉』，『謂醉鄉與睡鄉也』（《從謝方山中翰索酒四絶句》之四自注），似乎詩人真的要在醉生夢死中度過餘生。其實，這正是詩人太熱愛生活，太執着自己的理想了；唯其如此，所以他纔陷入深深的痛苦之中。因此當詩人一旦置身於祖國壯美山川之間，與老朋友歡聚一堂時，他的感情又激揚起來，他的創作活力又恢復了。他用自己生動的文筆，描畫祖國湖山的秀美，贊頌友人之間真摯的情誼，抒發他那欲有所爲而不能的怨憤之情。

杭州西湖，是詩人常去盤桓留連的所在。在那裏，詩人與詩壇舊友嚴沆、施閏章、王西樵等先後歡聚。西湖秀麗如畫的景色，老友之間深摯的情誼，使詩人暫時排遣了客子逐臣的羈愁。尤其見到『定交在獄闌』（《寄懷施愚山少參》）的患難朋友施愚山，更使詩人悲喜交集：『忽聞故人至，喜極不遑悲。驚定轉嗚咽，涕灑交雙頤。』（《八月十五夜同施愚山泛舟湖上聽莊蝶庵彈琴》）在杭州居官的嚴沆（顥亭），將詩人與施閏章邀集皋園，共話今昔，憶及當年在京時的詩文抱負，看到衆多詩友的零落，感慨萬端，『舉座掩金卮，銜杯不忍執』（《施閏章至杭，嚴顥亭招集皋園，漫成一首》）。友人們在西湖詩酒留連，或月夜泛舟，『狂歌到曙星』（《王西樵招同林鐵崖、孫無言、葉元禮携姬人文云湖舟泛月分賦四首》之四），或雨中觀看『巨魚潮并立，輕燕晚争高』（《和曹顧庵學士湖舟泛雨四首》之一）的景象，詩人都留下紀游的詩篇。而在西湖美景之中，詩人難以忘懷的，仍然是自己的故鄉，如《寓樓晚眺二首》：

畫閣凌雲漢，平堤夕靄邊。客隨幽鳥集，星映遠嵐懸。劍匣愁來引，鐘聲暝後圓。鄉心千里絶，雪泪話歸年！

挾瑟危欄内，驚心鳳笛吹。栖烏千點亂，宿犬數聲悲。素雪紛如集，幽蘭應恨遲。擁爐朋好至，試索送愁詩。

每至節日，詩人便在泖上與家人歡聚，而每於此時詩人又往往更加思念萊陽故家。《庚戌元旦二首》《元日祀先大夫作》等詩，表達了詩人這種感情。思及歲月蹉跎，使詩人常驚物候的變化；在羈旅鄉愁之中，寄寓着詩人難以言喻的憤懣之情。『柳色偏於南國早，雪花長似北人稀』。（《元日排悶詩》）南國春色雖美，不及故鄉雪花親切；時序變易，滯身异鄉，倍感凄切：『汩汩哀時序，悠悠思故山。敝廬滄海曲，荒徑翠微間。幻夢驚藏鹿，狂歌欲放鷴。年年芳草緑，惆悵未能還！』（《故山詩》）在煩悶之中，詩人寫了許多長詩寄贈友人，或叙寫自己的遭際，或贊頌真摯友誼，文詞委曲婉轉，感情激切奔放，表現出詩人較高的藝術造詣。其中尤爲人稱道的，是五言歌行。如《贈别方綉山年兄》《送侄幼文歸里》《汾湖行爲葉元禮作》《寄懷施愚山少參》等等。而七言歌行，如《寄懷周伯衡憲副》《送孫無言歸黄山歌》《寄姚六康》《贈戴葭湄》《三嘆》等等，都才思横溢，隨地涌出，音節激揚頓挫，富於變化，較之五言歌行，毫不遜色。漁洋獨許五言，未見公允。宋琬曾云：『詩……殆有情性焉，非可强而致也。』（《竹巢詩序》）詩要抒寫情性，自然真樸，是其主張，也是其詩歌創作的實踐。

宋琬流寓江南期間，『登臨宴集之暇，好爲小詞。甫脱稿，輒爲好事袖去』（董俞《二鄉亭詞小引》），因此流傳頗廣。康熙八年（公元 1669 年），集爲《二鄉亭詞》一百四十九首。其中也包括流寓江南前的一部分。這些詞多經王漁洋、尤侗、陳維崧、冒襄等當時著名詩文大家點評，流傳頗廣，其藝術成就較之其詩，似亦并不遜色。

《二鄉亭詞》分爲小令、中調、長調三類。就内容而言，小令多寫男女情愛、思婦怨女、四季景物，間有士大夫携妓游賞之作，其中頗見吴歌的影響，有的宛然民間風情小調，如《夢江南・湖上早春》：『郎有約，草草畫雙蛾。行到西嶺松柏下，游人争似蜜蜂多。偷眼送春波。』生動地寫出少女赴約時的嬌羞之態。而中調和長調，則多有感傷身世之作，社會内容較爲廣泛。如《感皇恩》寫其聽到赦詔時的心情，『孤臣泣血』，『等到烏頭如雪』，憤怨之情溢於言表，而《舊雨來・客金陵雨中作》則感慨世情冷暖，寫出官場趨炎附勢的醜惡：

曾記當年雨後，門前冠蓋客，一何多。銀燭西窗螢火亂，聽枯荷，直到晴時方去，濕鳴珂。今日雨聲猶昨，蕭條三徑里，有誰過！料得故人無疾病，却因何，衹把天公埋怨，太滂沱！

長調中不少篇章，寫得豪興淋灕，姿趣横溢，『沉鬱頓挫，渭南、稼軒之間』（尤侗評語），其風格豪放潑辣，頗可步辛弃疾後塵。如《滿江紅・王西樵客游武陵曹顧庵賦詞志喜屬予和之》八首，悲歌慷慨，氣雄韵深，浩浩如三峽波濤，其二、其六云：

痛定追思，瞿塘峽怒濤飛漲。嘆北寺皋陶廟側，何期無恙！莊舄悲歌燕市外，靈均憔悴江潭上。問綈袍高誼有還無，誰曾餉？　愁萬斛，東流漾；五噫句，春閒唱。恨埋憂無地，中山須釀。故態狂奴仍未減，尊前甘蔗還堪杖。笑邯鄲夢醒恰三人，無殊狀！

吾道榛蕪，狂瀾倒百川爭漲。賴砥柱君家伯仲，安流無恙。龜策何勞詹尹卜，龍巒遠過黄初上。況陳思才藻氣如虹，詩堪餉。　請室耗，心旌漾；擊瓦缶，烏烏唱。看霜侵六鬢，窮蒸愁釀。放逐誰憐亭伯困，登臨頗借盧敖仗。坐西窗剪燭話通宵，悲歡狀！

有的則喜笑怒罵，『似諧似隱，欲哭欲笑，滑稽慷慨，辛稼軒不得獨擅千古』（曹顧庵評語），如《滿江紅·有感》《賀新郎·誚白髭》《又代髭問答》等。而《賀新郎·楊商賢病起話舊賦此志感》一詞，慷慨激楚，尤爲悲涼豪壯：

吾輩今衰也。憶當年偕游諸子，天街躍馬，跋扈飛揚驚四座。況有禰衡善罵，同酹酒昭王臺下。袒裼高樓呼五白，和悲歌旁若無人者。懷古昔，追風雅。　回頭萬事成飄瓦。況新來友仁凋喪，船餘書畫。惻愴山陽思舊賦，鄰笛何堪中夜。算祇有窮愁東野，桃葉渡頭聊卜築。問秋娘，尚復能妖冶？君不語，泪盈把。

與其詩作一樣，其詞多爲感慨身世、自悲自嘆的感嘆之作，缺乏深廣的社會內容，雖其個別篇章氣勢豪放，有稼軒情致，而其思想意義，則不可同日而語。

時人對宋琬文章評價較高，而其文集所存流寓江南諸作，多爲詩序、壽序、行狀、墓志銘，也有少量的雜文、傳記和紀游文字。其中詩序、雜文較有價值。詩序因受人請托，難免有過譽之詞，但宋琬借寫詩序，常常發抒對詩歌創作的評論與見解，不祇文間有真知灼見，可供後人借鑒，且從其評論中亦可瞭解當時詩壇狀況。而且，宋琬序詩，并非敷衍批評，不少篇章寫得深入淺出、娓娓動人，也是優美的散文，其中往往見韓愈的影響。而雜文則往往寄寓着自己的身世感慨。如《周釜山詩序》論及明末清初的詩歌評論及其主張，云：『北地信陽濟南婁東之言，復爲天下所信從。顧其持論過狹，泥於濟南唐無古詩之説，自杜少陵《無家》《垂老》《北征》諸作，皆弃而不録，以爲非漢魏之音也。往在京師，與舒章抗論反復，以爲專宗漢魏，何如上溯《雅》《南》。然試取漢魏以下四言詩讀之，筋弛肉緩，不終篇而思卧矣。此無他，時爲之也。』這種反對一味復古，并從發展的觀點看待各時代的詩歌創作的觀點，顯然是可取的。這與他在《答曹峨眉書》中贊許曹峨眉『未嘗依傍古人門户，而繩尺矩矱，無一不循乎法度』的觀點，是一致的。而且，其詩序的寫法，也因人而异，或叙友情，或講詩法，各盡其趣。如《柯烜庵詩序》，從知音談到寫詩，娓娓寫來，不覺其談詩，而寫詩之真諦却讓人體味得出：

丁未夏，余再寓姑蘇之桃花塢，唐解元伯虎之舊廬在焉。閑居侘傺，又窘陰雨，鄰人張韞修善鼓琴，因而造焉。爲彈《洞庭秋月》，甫一再行，覺波濤在屋梁間，洸洋淡蕩，忽變而爲洶涌澎湃魚龍出没之聲。雖不必身至君山，而烟寒木落，降帝子於北渚，若將仿佛見之，而聞其佩環之琅琅也。嗚呼，异哉，技至此乎！韞修曰：『予之爲此也，有年矣。始也，喜爲嬋緩靡曼之音，蓋聽之而悦者，嘗以百數；既乃審知其非是，於是屏思慮，捐寢食，（鐵）心鉥胸而爲之，若怳若惚，若滅若没，而後純古淡蕩之音出焉，然聽之而悦者十無一二焉，知此解者，其惟柯孝廉乎！

居亡何，柯孝廉過我塢中，童子負紵絲囊二，一貯玉淙琤之琴，柯黄門素培有銘在其背；一囊則孝廉所自爲詩也。秋風蕭瑟，蟲語凄咽，孝廉乃與韞修各奏一曲，宫商錯落，不辨其爲兩手；讀其詩，湯湯峨峨，皆純古淡蕩之音，而非嬋緩靡曼之聲。詩也與琴通矣。夫琴之爲藝，尚矣！究其精微，足以感頑艷，動鬼神。吾不知夫今人所彈有合於古人之所爲否耶？然而無弦動操，已足移人性情，况於成連、伯牙之倫乎？吾聞吴中兩洞庭，差小於楚，而岩壑爲較勝，其最高者爲縹緲峰，扁舟蠟屐信宿可達。孝廉試携雙紵囊造其巔而鼓之，當有靈威丈人出而聽焉。而石公林屋之奇，風楓朱橘之美，皆可供登臨之染翰也。琬也不敏，敬拄杖而從其後矣。

如果不看題目，你便會認爲這是一篇談音樂與詩的優美散文，由樂及詩，非深通詩道而又有所實踐的人，是很難深入裏微的。宋琬之善於爲文，於此也可見一斑。

宋琬紀游文字不多，見於集中的有《湖上奇雲記》《愛山臺銘》等。《湖上奇雲記》描繪夏季太湖上空雲彩的奇异變化，生動形象，讀之如見。而《愛山臺銘》則借記抒慨，期望吴興太守爲政清廉。雜文《梅花螯蟲記》，則寄寓着詩人的身世感慨：『夫梅見重於人也，非他卉所敢望。惟幽蘭叢桂，差堪與之爲配。而好事者或擬以美人高士，非以其孤情逸致有足比似耶？一旦爲强暴所侵，蒙不潔之名，柯條摧剥，斯足哀矣！……且非獨一樹爲然也。古今來美人高士，或階厲於冶容，或失身於不密，往往糜軀湛族相隨屬。雖强有力者，亦咨嗟袖手而莫之救，芝蘭與蕭艾俱焚。嗚呼，是又兹梅之不若也。可不慎哉！是日也，天大雷雨……是風伯雨師爲梅洗辱也。』宋琬以梅自喻，以梅遭受螯蟲戕害而寓自身遭受迫害的内容，而期望一朝風雨爲之洗辱。

宋琬久滯江南，冤情未雪，現實既難企求，於是形諸文墨。雜劇《祭皋陶》當是其江南流寓後期的作品。《祭皋陶》是四齣雜劇。寫東漢末年反對宦官專政、主張改良朝政的名士范滂，因與李膺抨擊宦官、維護朝廷而受到殘酷迫害。入獄後，其冤情爲堯舜時的刑官皋陶之神所瞭解，并奏聞上帝，遂得朝廷昭雪，告密者牢修及惡貫滿盈的宦官佞臣也受到應有的懲罰。出獄後，范滂因看破世情，『參透了窮通』，毅然遁世遠行、游仙訪道去了。就内容而言，這一雜劇是宋琬借史事以抒冤憤，并無廣泛的社會意義，但此劇文筆潑辣，感情激揚，讀來頗能動人，在雜劇衰落的清初，似亦應予以一定評價。

宋琬在流寓期間曾向康熙皇帝上書自剖，至康熙十年（公元1671年）降詔予以昭雪。同年宋琬返京，遂補四川按察使，并恢復其爲浙江參政時應得誥命，特許送一子入監讀書。詩人此時方回萊陽故家探視。康熙十一年（公元1672年）秋，年近花甲的詩人由萊陽赴四川任所。

八、起復四川

宋琬於康熙十一年（公元1672年）秋辭家赴任，由運河水路至長江，然後乘舟溯流而上，第二年春初始抵成都任所。『暮年擊揖心猶壯，濁浪滔滔詎足驚』（《宿遷舟中作》），年已垂暮的詩人，此時志意慷慨，思欲至川有所作爲；『老去江淹才思短，猶能抽筆賦滕王』（《馬當》），他對自己的詩文才思，仍充滿自信。

四川自清初以來，屢經兵火，人民離散，土地荒蕪。宋琬到任，『招徠流散，奪豪强所占城中隙地，及郊野久廢閑田，使窮人任耕乘屋以爲永業，除頭人把持之弊』（《王熙《宋廉訪琬墓志銘》)，頗有政績。到任不久，即『以發舉奸臟加一級』(同前)，旋復詔回京師，擬擢職重用。宋琬於康熙十二年(公元1673年)秋，扶病入覲，至京後遽聞吳三桂叛亂，妻子陷没，遂發病而死，終年五十九歲。

宋琬入蜀詩、詞，由王漁洋編定爲《入蜀集》。集中諸詩，多爲其入蜀途中所作。由康熙十一年秋，至第二年初夏，途中歷數月。赴任之初，詩人充滿『烈士暮年，壯心不已』的豪情，沿途景物亦明麗可愛：『江過潯陽路幾彎，柳條初落鳥關關。布帆莫怨東風緩，看遍青青兩岸山。』(《蟠塘道中》)詩人心情是開朗愉快的。沿江諸景，都激發起詩人的情興。經過風險浪急的馬當，桀立江中的小孤山，癸丑(公元1673年)上元，抵湖北黄岡。在這裏，詩人自然想到北宋文學家蘇軾《念奴嬌·赤壁懷古》的詞句，及其被貶謫的遭際。前輩詩人的詩迹游踪，佳節偏逢遠行的景況；千年古迹，滔滔江聲，使詩人心境蒼凉，寫下了《癸丑上元游赤壁作》一詩：

步屧臨皋芳草生，斷崖千尺夕陽横。賦成赤壁人如夢，江到黄州夜有聲。雪後歸鴻頻代謝，渚邊孤鶴自哀鳴。烟波極目憑闌客，載酒還應酹月明。

詩氣格深穩，爲王漁洋所稱道，謂『賦成赤壁人如夢』一聯『楚切著題』(《漁洋詩話》)。同時所題『二絶』，則氣勢奔放，意緒激揚，頗有大蘇餘韵。而當過宜都虎牙山，『群峰絡繹，險怪萬狀』的『蜀江之奇』，特别是進入三峽之後，詩人便忘却了舟行萬里的辛勞，被此處壯麗山川所吸引，寫了贊頌三峽的詩篇，如《黄茅灘》：

群山夾江流，其形如囊橐。緬想太古前，神工勞斧削。直下塞坤維，高空插冥漠。崩浪屢洄漩，層巒迭參錯。罨畫象樓臺，岧嶢類城郭。翠合青黛光，白者爲粉堊。沿回路已窮，側轉忽開拓。烟際見漁舟，遥遥一秋籜。涉險却恬嬉，勝賞反驚愕。諢似逢异書，披覽得約略。行行止三舍，樵爨依山脚。方音聞鴶鵴，暝色下猱玃。汹汹怒濤哀，㒧㒧山泉弱。興來抽短毫，庶幾慰飄泊。

在詩人的筆下，險怪萬狀的蜀江，如龍蛇趨走。翠壁千尋的西陵峽、素練翻銀壁的黄牛峽瀑布，以及孤峰突起的天柱峰、龍須子灘和瞿塘、灔澦的險勝等等，都繪形繪色，形容盡致。壯麗的三峽風光壯其行色，詩人優美詩篇爲山川增添光彩。如將宋琬江行諸詩，與酈道元《水經注·江水·三峽》及杜甫、白居易、陸游等描寫三峽風光的詩篇并讀，則覺得如行山陰道上，各入妙境。宋琬這些詩都文筆縱横，氣勢豪雄，蒼勁古樸，能見其藝術功力之深厚。

此外，詩人於沿途憑吊歐陽修（《彝陵》）、屈原（《歸州》《三閭大夫廟》）、王昭君（《古香溪》），并寫有七言歌行《白帝城懷古》，其中，《三閭大夫廟》一詩感情凄切，寓自吊之意。至於宋琬入蜀詞作，大多爲友朋贈答，少量紀游詞，其成就也不如詩。

綜觀宋琬一生，壯歲登朝，早有文名，而中歲之後，『南奔北走，寄命網羅，其顛踣黜陁、跋胡疐尾之狀，若日有疾雷擊其前，而崩崖壓其上』（尤侗《安雅堂文集序》），坎坷蹭蹬，備受挫折。唯其如此，纔使詩人創作取得較高成就。亦如尤侗所云：『向使先生高步臺閣，日食大官之俸，醉飽欠申，不辨黑白，雖一歲九遷，何足爲先生重邪！』（同前）

宋琬一生創作繁富，詩詞歌賦，散文雜劇，諸體皆備，諸體皆精，而以詩詞成就較高。就詩歌而言，前期即在京時期，疏狂任放，而無深刻内容；中期即入獄至流寓江南，爲其創作的高潮期，凄哀感傷，頗多身世之感；入蜀爲其後期，因得江山之助，唯寫景諸作取得新的成就，實爲其創作尾聲。

宋琬在康熙詩壇，與施閏章連轡競爽，并駕齊驅。就其詩歌内容而言，不及施詩之反映社會内容深廣，而其藝術成就則難相軒輊。錢謙益稱其爲『詩人之雄』，尤侗贊爲『東海之偉人』，都着眼於其詩歌的藝術成就及其在詩壇的地位和影響。

宋琬不滿於公安、竟陵，也不滿於王（世貞）、李（攀龍）諸家；謂前者『儇佻能狂易，呻吟羸瘵』，後者『支離臃腫，輪菌液滿』（《紀行詩序》），而創作中學杜仿韓，自成一家，文筆韵致，渾然天成。在『慷慨悲歌衆所諱』的年代，與平庸頌揚之作相較，宋琬抒寄幽憤、感傷憂患之作爲時人所推崇，便十分自然。

［袁世碩主編《山東古代文學家評傳》（下），轉引自《文苑縱橫談》第六輯，山東人民出版社一九八三年版，第二二一六—二二六三頁。］

二、著作提要

《永平府志》二十四卷 內府藏本

國朝宋琬撰。琬字玉叔，號荔裳，萊陽人。順治丁亥進士〔一〕，官至四川按察使。琬與施閏章齊名〔二〕，時號『南施北宋』。而此志不見所長。卷端題『永平府知府蕭山張朝琮重修』〔三〕。其竄亂失真歟？

（清永瑢等《四庫全書總目》，中華書局一九六五年版，上册，第六四八頁。）

【校注】

〔一〕丁亥：指清順治四年（一六四七）。

〔二〕施閏章：生平見前注。

〔三〕卷端題永平府知府蕭山張朝琮重修：考《康熙永平府志》卷首《歷考修志姓氏·國朝》：『順治戊戌（十五年，一六五八），觀察副使萊陽宋公琬撰輯府志二十三卷，郡守宜興路公遴參校，後遼陽彭公士聖訂梓。』卷之首下署：『萊陽宋琬撰次，府學訓導徐香參訂，蕭山張朝琮續纂，盧龍教諭胡仁濟校輯。』可知宋琬於順治十五年（一六五八）永平道副使任上，纂成此志。

《光緒永平府志》卷五三《名宦五》亦云：『宋琬，搜輯府志，以備百年文獻。』另，據《山東通志藝文志訂補》，宋琬等亦纂修《秦州志》十三卷，詳見徐泳：《山東通志藝文志訂補3史部第二册》，山東人民出版社二〇一六年版，第六四頁。

《安雅堂詩》《安雅堂拾遺詩》皆無卷數，《安雅堂拾遺文》二卷附《二鄉亭詞》四卷 大理寺卿陸錫熊家藏本

國朝宋琬撰。琬有《永平府志》，已著録。案：王士禛《池北偶談》曰〔一〕：『康熙以來，詩人無出南施、北宋之右，宣城施閏章愚山〔二〕、萊陽宋琬荔裳也。』又曰：『宋浙江後詩〔三〕，頗擬放翁〔四〕。五古歌行，時闖杜、韓之奥〔五〕。康熙壬子春〔六〕，在京師求余定其詩筆爲三十卷。其秋，與余先後入蜀。予歸之明年，宋以臬使入覲。蜀亂，妻孥皆寄成都，宋鬱鬱没於京邸，此集不知流落何地矣。』又《漁洋詩話》〔七〕曰：『康熙庚辰〔八〕，余官刑部尚書。荔裳之子思勃來京師，以《入蜀集》相示，亟録而存之。集中古選詩歌行，氣格深穩，余多補入《感舊集》。』云云。今三十卷之本，久已散佚。所謂《入蜀集》者，其後人亦無傳本。此本題《安雅堂詩》者，不分卷數。有來集之、蔣超二序〔九〕，皆題順治庚子〔一〇〕，蓋猶少作。題《安雅堂拾遺詩》者，與其《文集》《詞集》皆乾隆丙辰其族孫邦憲所刻〔一一〕。掇拾殘剩，非但珠礫并陳，亦恐真贋莫別，均不足見琬所

長。其視閏章，蓋有幸有不幸矣。』

（清永瑢等《四庫全書總目》，下册，第一六四二頁。）

【校注】

〔一〕王士禛：生平見前注。《池北偶談》：此處王士禛《池北偶談》中語見此書卷一一『施宋』條。詳見王士禛撰，靳斯仁點校：《池北偶談》，中華書局一九八二年版，第二五三—二五四頁。

〔二〕施閏章：生平見前注。

〔三〕浙江後：此當指清順治十八年（一六六一）宋琬因于七一案入獄達三年之久，於康熙二年（一六六三）出獄之後。出獄後宋琬流寓江浙間，放廢八年。仕途失意的宋琬基本過着悠游山水、詩酒放狂的生活。此間的詩文創作，較之前視野更加開闊，風格更爲曠達。

〔四〕放翁：即陸游。陸游（一一二五—一二一〇），字務觀，號放翁，越州山陰（今浙江紹興）人。南宋著名文學家、史學家、詩人。著有《劍南詩稿》《渭南文集》《南唐書》等。

〔五〕杜、韓：即杜甫、韓愈。

〔六〕壬子：指清康熙十一年（一六七二）。

〔七〕《漁洋詩話》：此處王士禛《漁洋詩話》中語見此書下卷。詳見王士禛《漁洋詩話》，《清詩話》（上册），中華書局一九六三年版，第二〇四頁。文字與此處所引略有不同，如此處『康熙庚辰』，原作『後二十八年庚辰』。

〔八〕庚辰：指康熙三十九年（一七〇〇）。

〔九〕有來集之、蔣超二序：此《安雅堂詩》乃宋琬在世時於順治十七年（一六六〇）所刊刻。收五言古詩二十四首，七言古詩十七首，五言律詩九十首，七言律詩九十首，五言排律十三首，七言排律一首，七言絶句三十三首，六言絶句二十一首，共計二百八十九首。據朱玲玲《宋琬事迹徵略》云：『此集有順治庚子冬金壇蔣超、蕭山來集之二序。今上海辭書出版社圖書館有藏。是書半葉九行，行二十字。』見朱玲玲：《宋琬事迹徵略》，廣西師範大學二〇〇六年碩士學位論文，第一一一頁。來集之：來集之（一六〇四—一六八三），字元成，蕭山（今屬浙江）人。明崇禎十三年（一六四〇）進士，任安慶府推官。南明時官兵科給事中，進太常寺少卿。入清後，隱居倘湖，潛心著述。著有《南行載筆》《倘湖遺稿》等。毛奇齡曾爲其作墓碑銘《故明中憲大夫太常寺少卿兵科給事中來君墓碑銘》，見《西河集》卷八五。蔣超：蔣超（一六二四—一六七三），字虎臣，號綏庵，又號華陽山人，江南金壇（今屬江蘇）人。清順治四年（一六四七）進士，授編修。後解官，遍游山水而終。著有《綏庵詩稿》。

〔一〇〕庚子：指清順治十七年（一六六〇）。

〔一一〕丙辰：指清乾隆元年（一七三六）。《清史列傳》卷七〇《宋琬列傳》云：『所爲詩零落略盡。越二十餘年，族孫邦憲僅綴輯爲《拾遺》六卷。』即族孫邦憲綴輯《安雅堂拾遺集》六卷，是書卷首有楊繩武《安雅堂拾遺集序》、尹繼善《讀安雅堂拾遺集有作，代序》，皆題乾隆十一年丙寅（一七四六）作。故邦憲所刻宋琬集似在乾隆十一年，題名當爲《安雅堂拾遺集》。馬祖熙亦云：『乾隆十一年丙寅（一七四六）《安雅堂拾遺集》。此集即宋蒙泉所稱之《安雅堂續集》，由宋琬族孫宋邦憲搜集而成。有楊繩武序。《安雅堂拾遺集》計録文五十篇……録各體詩三百六十三首。』詳見宋琬著，馬祖熙標校：《安雅堂全集·前言》，上海古籍出版社二〇〇七年版，第一〇頁。

《安雅堂集》七種十八卷

宋琬，字玉叔，萊陽人。順治四年進士，官至四川按察使。卒於康熙十二年[一]，年六十，事具《清史列傳·文苑傳》及王熙所撰《墓志》。其集《安雅堂詩集》無卷數，《文集》二種，各二卷，康熙五年罷官寓吴中時所刻。《二鄉亭詞》則孫默留松閣《國初名家詩餘》之一[二]。《安雅堂書啓》一卷、《祭皋陶樂府》一卷，皆自刻。《安雅堂未刻稿》（止於庚戌）十卷，刻於乾隆丙戌。凡爲七種。琬之所著，或以此爲最全矣。琬與玫爲兄弟行，才名早著。顧一官累躓，庚寅（順治七年）、壬寅（康熙元年）兩爲人誣告[三]，繫獄困頓。十年再起蜀臬，三藩變作，遂以入覲卒於京師。一生遭遇，豐少屯多，故其詩多愁苦之音。世與愚山并稱〔四〕，然才氣充沛，似過於施。文則仍明季之習，未見其足以加人也。

（鄧之誠《清詩紀事初編》卷六，中華書局一九七八年版，第六七三—六七四頁。）

【校注】

〔一〕康熙十二年：原作『康熙十三年』，當誤。

〔二〕孫默：孫默（一六一三—一六七八），字無言，號桴庵，又號黄岳山人，休寧（今屬安徽）人。終身布衣，客寓江蘇揚州。以能詩聞，有《留松閣集》。留松閣：孫默室名。《國初名家詩餘》：亦名《國朝名家詩餘》，孫默編輯的詞總集，最初刻本爲康熙中孫氏留松閣刊本。

〔三〕庚寅：清順治七年（一六五〇）冬，宋琬以僕人誣構下獄，順治九年（一六五二）正月，獄解。宋琬《北寺草》前有小序云：『庚寅冬，余兄爲仇家羅織，牽率及余下獄，至壬辰正月始解，共詩五十六首，名《北寺草》。其地乃明之北鎮撫司，楊、左諸公死處也。』（詳見王歡《宋琬散佚作品考》，《紅河學院學報》二〇一五年第二期，第六二頁。）《安雅堂未刻稿》卷五《壬寅除夕作》亦云：『十年重墮井，兩度恰逢寅（庚寅余以逆僕誣構下獄，今之禍壬寅歲也，故云）。』壬寅即康熙元年（一六六二）。爲人誣告，指宋奕炳誣告宋琬兄弟與于七串通謀反一案，致宋琬全家下獄。宋琬兄宋璠死獄中，康熙二年（一六六三）十一月，宋琬出獄。

〔四〕愚山：即施閏章，愚山乃其號。生平見前注。

《安雅堂詩集》不分卷康熙五年刻本、《未刻稿》五卷、《入蜀集》二卷乾隆三十一年刻本

宋琬撰。琬字玉叔，號荔裳，山東萊陽人。父應亨，明末官吏部稽勛司，携家徙臨清〔一〕。清兵入關，應亨拒守，死之。琬於順治四年成進士，歷官户部主事、浙江寧紹臺道、四川按察使。吴三桂告變，成都失守，妻子流離，後始相聚。康熙三十三年卒於北京，年八十一〔二〕。琬詩才情雋麗，早爲『燕臺七子』之一。與施閏章齊名，王士禛推爲『南施北宋』。撰《安雅堂詩》，全集已佚。今所見康熙五年吴中刻本，包括詩文集、《二鄉亭詞》《祭皋陶樂府》。《詩集》無卷數〔三〕，來集之、蔣超序，僅存五七古四十一首，五七律一百八十首，五七排十三首，絶句五十四首。王士禛點定三十卷本，入蜀後已佚。乾隆間其族宋仁若刊《未刻稿分體詩》五卷及《入蜀集》二卷，於前刻未盡，稍補其闕，而清初諸選集，尚存殘篇。盧見曾《山左詩鈔》引錢謙益、吴偉業、王士禛、趙進美序〔四〕，亦此集所未登。《四庫存目》著録本附《拾遺》詩皆無卷數，因謂《拾遺》乃掇拾殘剩，『非但珠礫并陳，亦恐真贋莫别』，蓋未見後刻詩。至後刻有無贋作，亦不敢定。集中如《白鳥行》〔五〕、《釣臺圖歌贈馬蘭臺山人》〔六〕、《題蕭尺木畫杜子美詩册》〔七〕、《宿五峰山》〔八〕、《馮唐墓》〔九〕、《銅雀臺》〔一〇〕、《劉越石聞鷄處》〔一一〕、《華岳》諸篇〔一二〕，沉鬱頓挫，氣格沉穩。絶

句《馬嵬》〔一三〕、《舟中見獵犬有感》〔一四〕、《刀魚》〔一五〕，皆當日膾炙，後世傳誦。琬於順治間爲誣告，縲獄三年〔一六〕。《庚寅獄中感懷》〔一七〕、《張舉之再直西省傷余在繫之久賦詩感懷》〔一八〕、《病榆行》〔一九〕、《咏史八首》〔二〇〕、《紀愁詩》〔二一〕、《詔獄行》〔二二〕，多凄凉激宕之音。李天馥《容齋集》載《送宋荔裳按察四川詩》有云〔二三〕：『多君客邸偏好客，自譜新詞駭鬼伯。』自注：『在獄譜劇，膾炙人口。』〔二四〕當指作《祭皋陶》樂府。五古《送宋牧仲之黄州》〔二五〕、《寄懷施愚山》〔二六〕、《贈方爾止》〔二七〕、《棧道平歌爲賈膠侯漢復尚書作》〔二八〕、《題吴漁山仿吴仲圭畫》〔二九〕，七古《送孫無言歸黄山歌》〔三〇〕、《羅篁庵先生生日歌》〔三一〕、《贈鄭汝器歌》〔三二〕、《長歌贈陳其年》〔三三〕、《東園歌爲王烟客作》〔三四〕、《放歌行贈吴錦雯》風力遒尚〔三五〕，逸思雕華，自不當以尋常酬題而視之。與姜垓結兒女姻〔三六〕，《長歌寄懷姜如須》叙家國滄桑〔三七〕，兩家遭變故，可與姜垓贈詩相互參觀〔三八〕。又有《挂劍臺》〔三九〕、《竹罌草堂歌》〔四〇〕、《古銀槎歌》〔四一〕、《泊舟夷陵作》〔四二〕、《南津關》〔四三〕、《黄茅灘》〔四四〕、《捕魚行》〔四五〕、《新灘行》〔四六〕、《天生橋歌》〔四七〕，其中入蜀之詩，尤令人心摇目眩。清初山左多名家，商盤論詩云〔四八〕：『縱横齊粵各争雄，分道揚鑣士論公。畢竟新城作盟主，嶺南原不及山東。』可謂篤論。查慎行有七古《中山尼爲宋荔裳女而作》〔四九〕，見《敬業堂詩集》卷三。

（袁行雲《清人詩集叙録》卷四，文化藝術出版社一九九四年版，第一二七—一二八頁。）

【校注】

〔一〕攜家徙臨清：未知何據，姑列之，待考。

〔二〕康熙三十三年卒於北京，年八十一：未知何據，姑列之，待考。

〔三〕《詩集》：此即有來集之、蔣超序的《安雅堂詩》，當刊刻於清順治十七年（一六六〇）。所收詩包括五古二十四首，七古十七首，五律九十首，七律九十首，五排十三首，七排一首，七絕三十三首，六絕二十一首，共計二百八十九首。

〔四〕盧見曾：盧見曾（一六九〇—一七六八），字抱孫，號澹園，又號雅雨山人，山東德州人。清康熙六十年（一七二一）進士，歷官四川洪雅知縣、兩淮鹽運使等。工詩文，著有《雅雨堂詩文集》《出塞集》等，并編刻《山左詩鈔》六十卷等。《山左詩鈔》：亦名《國朝山左詩鈔》，有乾隆二十三年（一七五八）盧氏雅雨堂刻本。錢謙益：錢謙益（一五八二—一六六四），字受之，號牧齋，晚號蒙叟、東澗遺老，常熟（今屬江蘇）人。明萬曆三十八年（一六一〇）進士，官至禮部侍郎。降清後授禮部右侍郎。博學工詞章，著有《初學集》《有學集》等。吴偉業：生平見前注。王士禛：生平見前注。趙進美：趙進美（一六二〇—一六九三）字燧叔，一字韞退，號清止，青州府益都縣顏神鎮（今山東省淄博市博山區）人。明崇禎十三年（一六四〇）進士。入清，官福建按察使。著有《清止閣集》。

〔五〕《白鳥行》：見於《安雅堂詩》，辛鴻義、趙家斌點校《宋琬全集》第二三七頁，茲録全文如下：

濟州城北葭葦叢，蚑蚳舉族巢其中。子孫不知幾萬億，得時栩栩乘炎風。飛而食人帝所命，薄墓奮翅聲隆隆。慣入雕甍及翠帳，詎分舴艋與艨艟。深閨驅遣損紈扇，中夜爬拂愁老翁。二三游魂飽不颺，獻醎或染桃笙紅。庶人火攻出下策，男呻女吟宵難終。漸近淮徐聞更盛，此物亦復侈南宗。吁嗟乎！南山之虎尚可縛，蠢爾小蟲何太惡！利喙渾疑李嶲州，輕蹻頗似秦長脚。夜宴誰乾鸚鵡螺？晝眠未穩鴛鴦幕。趙女冰肌啄作瑕，楚妃玉臂甘如酪。司令吾將罪祝融，俾爾遺種今爲虐。安得伯益焚山林，掃清窟穴無栖托。君不見城闕千年老紫姑，人肝作脯群相呼，何況區區肌與膚！即今跳梁何地無，爾曹細瑣何足誅。

〔六〕《釣臺圖歌贈馬蘭臺山人》：見於《安雅堂詩》，辛鴻義、趙家斌點校《宋琬全集》第二三二—二三三頁，茲録全文如下：

九峻山人聊玩世，伏波將軍之苗裔。家在渼陂紫閣間，孤情獨與烟霞契。彈箏叩缶本秦聲，裂芰爲衣皆楚製。儒冠誤人幾半生，秋風屢雪劉蕡涕。長焚筆硯事丹青，潑墨吮毫稱絶藝。横皴酷似黃大痴，細染還宗吴仲圭。近代以來數文、沈，嘉隆而後作者誰？山人工意不工似，匠心自出無專師。盧龍山水頗不惡，韓家釣臺尤最奇。一峰高入白雲裏，登樓坐見海滄湄。游人欲繪每束手，譬如寫照難鬚眉。一日坐我悠然堂，解衣盤礡無人窺。須臾圖成挂諸壁，高岩邃谷光參差。瀨澮旋渦漁艇立，窈冥洞口烟蘿垂。主人韓生有狂癖，此臺自爾高曾貽。見圖再拜悲且喜，重之不啻商尊彝。便買貞珉勒山側，酹酒欲告山靈知。山人此别欲何往？贈汝一枝筇竹杖。避世宜從麋鹿群，結廬高卧仙人掌。寧恤床頭妻子飢，要令胸中丘壑長。我今持節越王城，蘭渚剡溪恣偃仰。預拂霜綃以待君，一揮欲使群山響。記取雪深一丈時，山人須鼓山陰槳。

〔七〕《題蕭尺木畫杜子美詩册》：原題爲《翁玉于年兄以蕭尺木畫杜子美詩册索題》，見於《安雅堂詩》，辛鴻義、趙家斌點校《宋琬全集》第二二六頁，兹録全文如下：

蕭生畫手稱絶妙，風格遠過文待詔。曾貌《天問》與《九歌》，荒唐隱怪皆殊肖。三閭大夫色憔悴，山鬼乘狸善窈窕。解衣盤礴余在旁，舉杯向天發狂嘯。翁侯酷愛少陵詩，驚人佳句常相隨。手裂生綃三十幅，蕭生一一丹青之。浣花草堂若在眼，劍門棧道横參差。罷榷歸來無長物，獨携此册還京師。長安公卿頗好事，書畫寧復論真假！百鎰始購宣窑杯，千金賸買銅臺瓦。此圖一出價必高，翁侯愛玩不肯捨。即今遷謫轉蕭瑟，欲歸無舟陸無馬。翁侯翁侯，誰令爾愛杜陵翁？千年坎壈將無同。蘆花采采雁南度，笠澤烟水秋濛濛。君歸結廬在何處？余欲携孥學梁鴻。蕭生夙有五湖志，何不招隱來江東！嗚呼，何不招隱來江東！畫君與余持竿垂釣秋風中。

〔八〕《宿五峰山》：見於《安雅堂詩》，辛鴻義、趙家斌點校《宋琬全集》第二六六頁，兹録全文如下：

爲踐溪山約，捫蘿到翠微。松光青不定，海氣白成圍。待月穿雲徑，留僧宿石扉。莫教官騎促，吾醉欲忘歸。

〔九〕《馮唐墓》：見於《安雅堂詩》，辛鴻義、趙家斌點校《宋琬全集》第二三八頁，兹録全文如下：

馮公昔未遇，執戟嘆淹留。一薦雲中守，能寬漢王憂。古碑荒蘚合，高柳暮鴉秋。自笑爲郎拙，蕭蕭欲白頭。

〔一〇〕《銅雀臺》：見於《安雅堂詩》，辛鴻義、趙家斌點校《宋琬全集》第二七三頁，兹録全文如下：

三臺縹緲鬱相望，俯眺中原接太行。鳳觜香殘歌舞散，魚鱗瓦冷館池荒。漆燈詎有千年焰，穗帳空施八尺床。何似金人汾水上，茂陵風雨泣劉郎。

〔一一〕《劉越石聞鷄處》：見於《安雅堂詩》，辛鴻義、趙家斌點校《宋琬全集》第二七一頁，兹録全文如下：

衰柳平沙古渡村，傳聞此地舞劉琨。鞭惟祖逖能先著，客有盧諶感舊恩。江左衣冠空北顧，古來天地此中原。鷄聲依舊清霜曉，招得并州萬里魂。

〔一二〕《華岳》：原題作《登華岳作》，見於《安雅堂詩》，辛鴻義、趙家斌點校《宋琬全集》第二八七—二八八頁，兹録全文如下：

其一

遥遥青黛削芙蓉，此日登臨落雁峰。霄漢何人騎白鹿？天門有路跨蒼龍。流沙弱水真杯勺，太白終南盡附庸。却憶巨靈開闢日，神功橐籥費陶鎔。

其二

獨上鈎梯覽大荒，秦關終古氣蒼蒼。天開閶闔纔尋尺，地界雍梁入渺茫。五粒松摇群帝佩，三漿露挹百神觴。仙人方罫青冥上，更欲凌風度石梁。

其三

松風謖謖步虛聲，杖策高尋衛叔卿。星近祠壇光欲墮，月臨仙掌夜偏明。扶桑萬里天鷄曙，箭括三更石馬鳴。誰信揚雄擅詞賦？不將彩筆記層城。

其四

石樓玉井絶攀緣，呼吸分明尺五天。丹嶂似疑神禹鑿，蒼松猶是武皇年。九霄唳鶴明星館，百道飛虹瀑布懸。近日君王徵禪草，小臣欲奏《白雲篇》。

〔一三〕《馬嵬》：見於《安雅堂詩》，辛鴻義、趙家斌點校《宋琬全集》第三〇六頁，兹録全文如下：

何事漁陽動鼓鼙，香魂不逐六龍西。可憐杜宇聲聲血，祇在長生殿裏啼。

〔一四〕《舟中見獵犬有感》：原題作《舟中見獵犬有感而作》，見於《安雅堂未刻稿》卷五，辛鴻義、趙家斌點校《宋琬全集》第五七八頁，兹録全文如下：

青油畫舫見重鞲，疑自盧龍塞上來。記得雪深牽汝出，破巢生取皂雕回。

秋水蘆花一片明，難同鷹隼共功名。檣邊飽飯垂頭睡，也似英雄髀肉生。

戲馬臺前好合圍，符離城外兔初肥。蠻奴右臂驚蒼鶻，獵得黃獐倒載歸。

黃耳傳書事不訛，松江高冢尚嵯峨。韓盧烹後功臣死，莫向淮陰祠下過。

吠月何須永夜喧，閑眠實愧主人恩。咸陽市裏金張客，兩度悲號上蔡門。

〔一五〕《刀魚》：原題爲《舟中無事忽憶故鄉海錯之美因疏其狀戲爲俳體》，見於《安雅堂未刻稿·入蜀集卷上》，辛鴻義、趙家斌點校《宋琬全集》第七三七—七三八頁，兹録全文如下：

帶魚無鱗鬣，形如束帶，長六尺餘；色瑩白如銀，爚爚有光采，若刀劍之初淬者然，故又謂之銀刀。首尾一骨，味與常鱗迥殊，臍上下數寸尤美。膠西人漬之以糟，走數千里不壞。

銀花爛熳委筠筐，錦帶吴鈎總擅場。千載專諸留俠骨，至今匕箸尚飛霜。

〔一六〕縲獄三年：指宋琬於順治七年（一六五〇）冬，以僕人誣構下獄，直至順治九年（一六五二）正月出獄。

〔一七〕《庚寅獄中感懷》：見於《安雅堂未刻稿》卷一，辛鴻義、趙家斌點校《宋琬全集》第三五二頁，兹録全文如下：

商飆涼勁秋，昊天降霜露。采采孤葵根，展轉愁其足。幽蘭在庭柯，馨香莫能蠹。君子諒不惜，零落悲中路。庶事多貿理，人生信所遇。俯仰終古間，誰知龍與蠖。

夸夫競權勢，志士懷榮名。殺身非一端，天道常患盈。湯湯桐柏水，有時濁且清。羲和無停策，日月東西征。自非空桑子，豈不念所生！宛彼鳴鳩詩，凄惻涕沾纓。

中夜聊假寐，飢鼯囓我耳。擁褐步檐櫺，衆星粲可指。中有琴歌聲，清商激緑水。哀弦隨悲風，曲終忽變徵。兹音久不作，勿乃鄒陽子？沉憂蕩精魂，欲訴誰爲理？

僕夫稾饘粥，投箸誰能餐？徒隸向我語，廟室西南端。往者楊、左輩，頸血於此丹。恍惚陰雨時，絳節翳飛鸞。再拜招其魂，毅氣不可干。嗟余亦何爲？喟然傷肺肝。

〔一八〕《張舉之再直西省傷余在繫之久賦詩感懷》：原題爲《張舉之再直西省傷余在繫之久賦詩志感》，見於《安雅堂未刻稿》卷二，辛鴻義、趙家斌點校《宋琬全集》第三八四頁，兹録全文如下：

君在白雲曹，我坐黄沙繫。送我入獄門，呼天共垂涕。男兒患難在倉卒，叩人門户遭其嚏。君也慷慨念疇昔，俄頃經營到纖細。自解重裘覆我身，漿酒霍肉紛相繼。夜卧不復憂桁楊，低頭稍覺安徒隷。昔我罹此地，檐溜垂冰花。今聞御溝上，楊柳將萌芽。秋曹郎官踐更遍，我憂浩浩無津涯。行坐不知所如往，拘攣何异犬與猳。肌肉半消但餘骨，幾回驚見空咨嗟。我聞張儉昔亡命，李篤哀之不顧身。趙岐曾依孫賓石，至今意氣凌高旻。遥遥此事向千載，迨與夫子成三人。力行古道恐不足，顧我齷齪非其倫。君有幽齋號分緑，徑轉廊回紆且複。春來已發何樹花？池上新添幾竿竹？累人萬一脱此樊籠見白日，携琴竟就西軒宿，會須一飲三百斛。嗚呼！生須一飲三百斛，縱死亦當化爲雙燕巢君屋。

〔一九〕《病榆行》：見於《安雅堂未刻稿》卷二，辛鴻義、趙家斌點校《宋琬全集》第三九〇頁，兹録全文如下：

天上白榆星歷歷，何年墮地參天長。扶疏不啻百歲外，輪囷已過十圍强。三春恥共桃李華，青帝敕與錢作花。誰鑄五銖及繯眼，千緡萬緡條枝斜。松柏雖稱卉木宗，讓爾多藏爲素封。借蔭紛紛來衆鳥，趨炎日日聚游蜂。狂飆捲地雷霆迅，烈火燔身半爲燼。枯槎無復挂青蚨，霜皮那得療飢饉！鶯燕飛飛逝莫留，心空節斷巢鵂鶹。匠師屢過未肯顧，樵客操斤將見求。繁華衰瘁纔彈指，代謝千秋共如此。君不見蜀道當年屬鄧家，坐擁銅山終餓死。

〔二〇〕《咏史八首》：原詩見前注。

〔二一〕《紀愁詩》：原題爲《紀愁詩癸未八首》，見於《安雅堂未刻稿》卷二，辛鴻義、趙家斌點校《宋琬全集》第四〇一—四〇二頁，兹録全文如下：

追維客臘，偶留滯於江南；今復何時，乃栖遲於冀北！飄零霜霰，况當草木之衰；顛倒衣裳，空嘆瓶罍之耻。悲號而聞隕籜，既自類於窮猿；涕泪而顧空巢，復何心於完卵！劉越石嘆深疾疢，飲泣何多？陸平原悲及懿親，言愁不盡。鄉關雲樹，怕墮鴻書，夢裏樓臺，看成蜃市。仰天怨白日之行遲，入夜覆紅爐而不暖。爰題激楚，用寫羈愁。惟抒庾信之哀，莫罄江淹之恨。譬之蟲鳴寒月，偷喙息於人間；庶幾樹靡咸陽，托音書於地下云爾。

喪亂人多履，憐余禍獨奇。鶺鴒原有泪，烏鵲竟無枝。世短星辰徙，天高雨雪私。弓裘一以没，愧殺學爲箕。

豈曰無兄弟，煢煢但覺孤。未歸深自恨，不死欲何圖！舊巷狐狸怒，空城烏鵲呼。艱難思草木，何得寸心無！

蒯屨遥瞻闕，麻衣罷倚廬。愁從人去後，亂憶我生初。鄭國唯存笏，班家有賜書。昨來經廢邸，想像奉籃輿。

兵火心猶栗，音書骨尚驚。下殤憐弱子，肯構賴吾兄。假寐時求夜，無言坐到明。故園當此際，安敢問人情！

霜雪夜蕭蕭，燕臺客寂寥。舊游人可數，新鬼賦難招。世態疏任昉，交情望孝標。少年同學者，若個已雲霄。

中夜起彷徨，胡爲滯此方！泪如浮枕去，夢不信家亡。仰面霜盈屋，開扉月滿梁。曾聞飛海水，今日果滄桑。

平安頃有信，吾弟近如何？身屢供刀俎，魂猶怯網羅。避人依海曲，瘞骨向山阿。賴有良朋在，中宵共枕戈。

骨肉仳離後，那能歸去來。寸腸能幾許，一日必千回。大澤龍初逝，桓山鳥可哀。此身甘隱逸，終翦墓邊萊。

〔二二〕《詔獄行》：見於《安雅堂未刻稿》卷二，辛鴻義、趙家斌點校《宋琬全集》第三八四—三八五頁，兹録全文如下：

秋官署中有老吏，能説先朝詔獄事。當時國是日紛紜，太阿柄倒歸閹寺。天子高居問尚公，公卿標榜排清議。遂有群凶作爪牙，贊虎蒼鷹最毛鷙。長樂宫前傳片紙，金吾夜半飛緹騎。衛尉將軍身姓許，提點官旗北鎮撫。讞决惟多王甫歡，累囚欲辯張湯怒。洗垢新懸沈命法，揮毫已入追魂簿。甫聞北闕殺劉陶，旋見西亭尸竇武。白骨交撑裹赭衣，殘骸誰敢收黄土。爾曹自謂盤根株，殺人狐媚誇良圖。豈知神理有反覆，昊天明明安可誣。神奸脱距競葅醢，亦有然臍當路衢。長安萬姓歌且舞，賣釵鬻釧沽醍醐。海水群飛桑畝移，俯仰乾坤又一時。三君、八俊俱塵土，膺、滂、田、竇無墳基。彤管堪嗟酷吏傳，青苔半蝕黨人碑。我今胡爲淹此室，圜扉白日啼寒鴟？冤魂欲招不敢出，但聞陰風蕭颯中心悲。中心悲，泪盈把。酹酒呼皋陶，皋陶竟喑啞。古來萬事難問天，蠶室誰憐漢司馬！君不見，城上烏，啄人曾不問賢愚。新鬼銜枚向都市，年年寒食聲嗚嗚。

〔二三〕李天馥：李天馥（一六三五—一六九九），字湘北，號容齋，安徽合肥人。清順治十五年（一六五八）進士，改翰林院庶吉士。官至武英殿大學士。著有《容齋集》。

〔二四〕在獄譜劇：此處據李天馥所言，《祭皋陶》雜劇當作於宋琬第二次入獄期間，即康熙元年（一六六二）至康熙二年（一六六三）間。馬祖熙標校《安雅堂全集》附録顔光敏《送宋觀察荔裳之任蜀臬》云：『皋陶廟裏襲長夜，凄風苦雨君無忘。』并有自注『在獄有《祭皋陶》劇』（詳見此書第八四四頁）。然山東省圖書館藏清康熙刻《十子詩略》本《樂圃集》卷二有《送宋觀察荔裳之蜀》一詩，與《送宋觀察荔裳之任蜀臬》内容同，自注則云『荔裳有《祭皋陶》劇』，不知是馬祖熙引録有誤，抑或版本不同，不得而知。關於《祭皋陶》雜劇的創作時間，汪超宏有詳細論述，并認爲作於康熙八年（一六六九）的可能性最大。詳見汪超宏《宋琬年譜》，第二四一頁。

〔二五〕《送宋牧仲之黄州》：原題爲《送宋牧仲別駕之黄州》，見於《安雅堂未刻稿》卷一，辛鴻義、趙家斌點校《宋琬全集》第三三四頁，兹録全文如下：

昔在天啓朝，作人歌《旱麓》。南宫三百人，中有先太僕。相國起中州，殷人係同族。連鑣京洛游，晨夕叠往復。有來必盡歡，濁醪十餘斛。顧惟小子輩，辟咡儼伯叔。乾坤遘鼎革，相國秉鈞軸。旁招天下士，濫收及魚目。登堂脱芒屨，問答不嫌複。語及九原人，師容亦顰蹙。側聞佳公子，妙齡十五六。傾都看衛玠，群公誇荀彧。惜哉兩楹奠，繁華萎梁木。燕臺展契闊，涕泪話疇夙。俯仰數年餘，滄桑一何速！君今佐黄州，豈曰耽微禄！御者古有言：驊騮戒初服。矧乃山川嘉，赤壁臨江矗。周郎與蘇子，懷古情毣毣。斷岸雪千尺，輕舟帆一幅。公餘恣游眺，寄詩慰幽獨。

〔二六〕《寄懷施愚山》：原題爲《寄懷施愚山少參》，見於《安雅堂未刻稿》卷一，辛鴻義、趙家斌點校《宋琬全集》第三三八頁，兹録全文如下：

昔我陷虎吻，微軀蒙羈絏。君方拜法曹，顧余兩悲咽。愧乏平生歡，定交在獄闑。爰書未奏當，忽作粤中別。揮泪遠行邁，萬里憂心惙。先帝湯、文姿，沉冤荷昭晰。豺狼伏厥辜，再添鵷行列。之子在桂林，賦詩見慰悦。流傳及四方，知我交情切。王程各有役，先後秉符節。絳帳遍青、齊，相望渺恒、碣。吾友丁禮曹，詞翰果清絶。同人濫吹獎，葑菲采薄劣。嚴、張兩黄門，雅與夫君埒。矯矯陳布衣，騷壇稱七杰。丁也坐微眚，足踐辰韓雪。余往送之郊，泪痕欲成血。武林展契閻，停杯爲汝説。引領醫巫閭，怛焉肝腸絶。蕭齋抵足眠，鮭菜弗爲褻。惜哉困簿書，倡和至今缺。是年辛丑冬，禍發由蟻穴。同室産鴟梟，傾巢恣餐嚙。天威赫雷霆，小臣將隕滅。痛哭十年前，兹焉倍酷烈。百口若卵危，萬端付瓦裂。搏顙呼蒼天，天門高蕩跌。古人死多門，膺、滂何罪孽？所恨目不瞑，未與良朋訣。一朝閶闔開，曦陽照幽蟄。天王實聖明，宗祀存羊舌。羅網幸脱免，江湖轉騷屑。綈袍邈千載，世情吝一歠。方知飢與寒，憂患竟同轍。匪不告緩急，逢人多面熱。登艫眺廬陵，澒洞風濤截。欲訪梅尉宅，挂帆復中輟。長跽寄雙魚，恐君不忍閲。

〔二七〕《贈方爾止》：原題爲《賦贈方爾止二首》，見於《安雅堂未刻稿》卷一，辛鴻義、趙家斌點校《宋琬全集》第三四九頁，兹録全文如下：

余生窮海陬，夙昔寡儔侶。側聞古人風，定交在臼杵。微尚審所諧，未敢輕相許。眷言采芙蓉，遥遥隔江渚。一朝至南徐，乃見孔文舉。軒豁披心胸，淵立托毫楮。良友若新姻，似欲忘羈旅。三復瑶華音，何以報爾汝！論文共吴、沈（吴錦雯、沈冠東同寓），殘月共高炬。客有餽鱸魚，炊藜夜深煮。

孔翠雲間翔，鳬鷖澤中趨。赤驥弗遺時，未免爲轅駒。子雲鄙雕蟲，方朔嘆侏儒。往往英雄人，失志成酒徒。與子逢世亂，間關走崎嶇。誰言鄉縣异，不嗟道里殊。執手臨江樓，旌旆滿山隅。黄雲暗西北，日夕群鷗呼。利劍不在手，四顧無良圖。來隱具扁舟，卬其惟爾須。

〔二八〕《棧道平歌爲賈膠侯漢復尚書作》：原題爲《棧道平歌爲賈膠侯尚書作》，原詩見前注。

〔二九〕《題吴漁山仿吴仲圭畫》：見於《安雅堂未刻稿》卷一，辛鴻義、趙家斌點校《宋琬全集》第三四九頁，兹録全文如下：

昔人作山水，凝神在盤礴。經營慘淡間，不苟等戲謔。作者與賞心，要當富邱壑。吴生大雅人，清姿如野鶴。毫端走鬼神，古人庶無怍。持贈萬里行，披圖儼酬酢。誦君遠游詩，不減謝康樂。征鴻去悠悠，相望何寥廓！葡萄江水深，勿使蛟龍攫。

〔三〇〕《送孫無言歸黄山歌》：見於《安雅堂未刻稿》卷二，辛鴻義、趙家斌點校《宋琬全集》第三五八—三五九頁，兹録全文如下：

憶昔虞山錢尚書，裹糧一月黄山居。洞壑遥連天子障，岩扉舊是仙人廬。白雲瀰漫似海水，銀屋瓊樓或不如。松柏已迷秦漢世，日月想見鴻濛初。我讀紀游未終卷，移家便欲將鷄犬。一朝邂逅孫山人，自言本是山中産。柴荆一别滯蕪城，故國松筠空在眼。越禽代馬思依依，欲歸不歸抱深赧。今年還山計已就，白石青溪齒堪漱。親串相迎不相識，婚嫁皆從出門後。五畝雖荒尚可耕，呼兒學種南山豆。有時餘力及樵漁，大男荷擔中男售。山人醉我金叵羅，請予爲作《黄山歌》。四海交游各有贈，傾箱倒笈何其多！作者存亡半寥落，黄山客子仍蹉跎。卜居狐疑詹尹笑，我龜既厭勞義和。答云廣陵盛才彦，詞人墨客肩相摩。倚棹徘徊未忍去，離群踽踽愁如何！我聞此語知其故，回觴却勸山人往。他日重尋戴安道，免使相思渺烟樹。

〔三一〕《羅篁庵先生生日歌》：原題爲《羅篁庵先生生日歌有序》，見於《安雅堂未刻稿》卷二，辛鴻義、趙家斌點校《宋琬全集》第三五九—三六〇頁，兹録全文如下：

豫章羅老夫子，望峻龍門，名高虎觀。西京天禄，闡六籍之微言；北面人宗，接一峰之正學。金縢石室，世傳永叔之文章；璧潤珠圓，帝羡曲江之風度。空馬群於冀野，收驊騮騄駬之材；振鷺羽於橋門，賡玉瓚黄流之頌。詵詵國子，方依絳帳於陽城；藉藉公卿，俄餞青門之疏傳。黑頭歸隱，冠懸神武之門；白社招尋，家近柴桑之里。西山南浦，長吟帝子之高樓；白下長干，重啓謝公之别墅。鑒湖一曲，賀季真之軼事堪誇；綉幕雙鬟，白太傅之風流再見。兹值小春之月，方開六秩之筵。訣授庚申，親把洪崖之袂；歷周甲子，誰知絳縣之年？楚楚琳瑯，盡是烏衣玉樹；紛紛鸞鶴，銜來丹液瓊卮。琬懷恩一顧，願祝三多。當年立雪，深慚吾道干城；此日趨風，幸接南豐几杖。爲公起舞，還吟池上之篇；聽我陳詞，竊附巴中之調云爾。

昔我應詔來京師，鹽車局促無人知。司業夫子據皋比，學者宗爲韓退之。河内薛公作祭酒，講德之論中和詩。鴻都諸生何濟濟，公侯胄子聽箴規。弦歌饗射用古法，摩挲石鼓宣王碑。是歲成均校多士，公手予文稱絶奇。橋門觀者衆如堵，一鼓遂奪千人麾。京兆禮闈果再捷，碔砆争價由波斯。章皇右文邁漢武，網羅圖史陳尊彝。戴憑談經累重席，匡鼎説詩爲解頤。風度無如張九齡，太平宰相非公誰？小子一官真拓落，間關萬里雜羌氏。當時執政頗驕刻，浮雲蔽日空爾爲。師也見機獨明决，拂衣高卧西山陲。扁舟時泛廣陵曲，精廬况在秦淮湄。扶風帳内笙歌部，花晨月夕常追隨。西子湖邊侍函席，丹顴緑鬢横軍持。自言已得旌陽訣，招予同采匡岑芝。今年再拜蕪城下，恰逢嵩岳生申期。登堂介壽者誰子？康成弟子蘇瓌兒。富貴神仙安可兼，鄭翁自是冰霜姿。東華軟塵高十丈，何如五老峰下之茅茨。聞公避喧往牛首，籃輿共舁安敢辭。欲向茅君借仙馭，召令飛瓊倚曲雙成吹。

〔三二〕《贈鄭汝器歌》：原題爲《贈鄭汝器歌（莆田宋珏善八分書〔鄭之師也〕）》，見於《安雅堂未刻稿》卷二，辛鴻義、趙家斌點校《宋琬全集》第三六〇—三六一頁，兹録全文如下：

近代八分復何有？專家獨讓莆田叟。作者紛紛祖唐隸，臃腫支離轉粗醜。鄭君博物饒天姿，書法遒勁多離奇。老筆縱横森劍戟，尺幅光怪盤蛟螭。大書徑尺懸贔屓，仿佛再見嶧山碑。家藏圖書半秦、漢，陳倉石鼓宣王詩。岣嶁傳疑夏王禹，之罘篆刻丞相斯。縹緗卷帙各精好，岩搜壑剔將無遺。我來焚香肆展閱，神游三代觀鼎彝。主人愛客出斗酒，高齋日午桐陰移。況復髯兄善豪飲，醉揮三百金屈卮。君從壁上觀人醉，獨踞匡床作奇字。潑墨淋灕四座驚，咫尺蒼茫風雨至。昔我持節隴首經，磨洗中郎郙閣銘。會將什襲稱雙絶，置向浮嵐暖翠亭。（余家藏黄大痴山水，曰《浮嵐暖翠圖》，因以名亭。）

〔三三〕《長歌贈陳其年》：見於《安雅堂未刻稿》卷二，辛鴻義、趙家斌點校《宋琬全集》第三六四頁，兹録全文如下：

瑯琊兄弟耽詞賦，法曹年少來瓜步。東閣梅花召賓客，閣外常盈幾雙屨。座中最愛陽羡生，一榻高懸待徐孺。考功瀟灑善長調，屈指推君誇絶巧。武塘學士亟稱賞，共把君文問君貌。扁舟暫繫瓊花臺，蒹葭歷亂芙蓉開。半刺懷中猶未出，心知是君美且鬈。輕棹容與泛秋水，狂歌氣欲吞長淮。君家冠蓋滿京洛，三十年來莽蕭索。青緗奕葉擅雕龍，白眼何人識孤鶚！屯田員外曉風詞，秦川公子登樓作。丹陽少府頗好事，搜剔蒼岩洗瘞鶴。北固城頭聊共吟，中泠泉水還堪酌。朔風千里撲行車，嘆息征人霜鬢華。醉中莫折隋堤柳，來歲同看鄧尉花。

〔三四〕《東園歌爲王烟客作》：原題爲《東園歌爲王烟客先生作（時公子藻儒令孫茂京同舉進士）》，見於《安雅堂未刻稿》卷二，辛鴻義、趙家斌點校《宋琬全集》第三六九頁，兹録全文如下：

海内於今推甲第，太原家世誰能儷？相國當年相定陵，百年魚水君臣契。伯仲堪居伊呂間，升平再見唐虞際。池上鵷雛五色文，世掌絲綸參内制。相國文孫有奉常，官秩清華尚璽郎。由來獨抱烟霞癖，早賦初衣笠澤旁。尚有平泉餘薜荔，更開別業闢池塘。斜置小橋通鳥路，直從雕檻繫漁榔。韓陵一片石堪友，窈窕崯岈山林藪。鑿險搜奇遍洞庭，靈威丈人復何有？手種青藤松際懸，蛟瘦龍蟠紋左紐。紫幔交垂白鷺眠，緑陰冪歷蒼鼯走。君不見會稽内史右將軍，千載人傳修禊文。又不見藍田主人王給事，摩詰前身畫師是。逸少諸郎尤絶倫，衣冠累葉何詵詵！文采風流兼福慧，奉常得之爲一身。游戲丹青過北宋，莊嚴篆籀學先秦。絳雪堂前珠作樹，青羊車裏璧爲人。彩筆憑陵掣雷電，承恩同賜紅綾宴。家有名駒美阿戎，人如國寶誇王儉。上苑驊騮風骨殊，北堂龍馬精神健。連鑣共向曲江游，即看視草蓬萊殿。東園紅藥正芳芬，千樹鶯聲出亂雲。鷲嶺僧供鄭國笏，虎邱松老令公墳。叨陪杖屨娛清晝，坐遣壺觴到夜分。羡翁久擅五湖長，更署新銜萬石君。

〔三五〕《放歌行贈吴錦雯》：原題爲《放歌行贈吴錦雯孝廉》，見於《安雅堂未刻稿》卷二，辛鴻義、趙家斌點校《宋琬全集》第三七四—三七五頁，兹録全文如下：

大江東流何湯湯，有客思歸望扶桑。登樓慘澹意不樂，忽聞故人來遠方。麻衣如雪手苴杖，相顧無色但彷徨。憶昔扁舟初入越，感君意氣方飛揚。余兄一日進七士，昆侖縣圃皆琳瑯。中有一人年最少，狀貌乃類張子房。見之口呿面爲赭，心知是君未敢詳。退酌深觚用相賀，彼髯而紫真乘黄。月明共泛西子湖，木葉乍脱天微霜。縱談高視八極外，鬚眉一一森開張。一朝塵沙塞天地，黄河以北尸爲僵。憐余薄祜遘奇禍，骨肉摧裂天親戕。鷄斯徒跣奔厥訃，不死賴汝能扶將。闔閭城外揮泪别，海燕江鴻兩茫茫。子之慈闈亦已没，坎坷與我輒相當。群盗猶知憐李涉，世人何欲殺嵇康？生逢坎壈難得志，鳳凰在笯驥服箱。慷慷悲歌衆所諱，壯懷歷亂如帆檣。君不見會稽盛孝章，平生鬱鬱懷憂傷。又不見東吴虞仲翔，青蠅作吊空悲凉。男兒但當讀書擊劍飲醇酒，生繫粤王頸，死葬要離旁。不爾亦將日與狗屠游，彎弓躍馬狐兔場；或乘雲氣聊徜徉，下視鄉里小兒如蜩螗。

〔三六〕姜垓：姜垓（一六一四—一六五三），字如須，山東萊陽人。明崇禎十三年（一六四〇）進士，官行人。著有《篔簹集》。結兒女姻：宋琬在三十餘歲所作《長歌寄懷姜如須》一詩中，表述了兩家的姻親關係，但因爲女兒早夭，未能聯姻。《申園四首同姜如農作》作於其五十餘歲時，詩云『兩翁携快婿，半醉欲相扶』，并有自注『君婿吴，余婿即君長子勉中也』。因姜、宋兩家情誼甚篤，宋琬仍視姜埰子勉中爲女婿。姜埰，字如農，姜垓兄。關於姜氏與宋琬族的姻親關係，可參看汪超宏《宋琬年譜》（第一〇頁）和李江峰、韓品玉《明清萊陽宋氏家族文化研究》（第二九〇頁）中的相關論述。

〔三七〕《長歌寄懷姜如須》：原詩見前注。

〔三八〕姜垓贈詩：即《山中寄答玉叔在京》，見於姜垓《流覽堂詩集》，王樹春《明末清初膠東文化拾遺》第九五—九六頁，兹録全文如下：

十年懷古意，相許莫輕身。入夢尋知己，含悲向故人。同窗偕汝弟，避俗動雙親。我亦浪游子，山中寡四鄰。

汝兄作長嘆，汝弟出家書。吾友常無病，來人何太疏。東莊寧寂寞，北道亦回紆。世事難堪對，年年漸不如。

〔三九〕《挂劍臺》：原題爲《挂劍臺（在張秋鎮）》，見於《安雅堂未刻稿》卷二，辛鴻義、趙家斌點校《宋琬全集》第三五四頁，兹録全文如下：

延陵季札賢公子，腰下芙蓉淬秋水。一片心期不忍寒，蕭蕭隴樹虹霓紫。歷聘諸侯未反命，魚腸剚刃王僚死。躬耕三讓宗家法，吴邦不受輕如屣。當時列辟尚權謀，劍客縱横仁義否。君臣父子競相居，《谷風》之刺徒爲耳。公子深憂在萬古，聊因死友扶人紀。縞紵非無胕與僑，千金獨向徐君委。揭來酹酒想遺風，荒臺半圮埋寒叢。麒麟寂寞一抔土，誰其樹之松柏桐。人言墓草似干將，轆轤鐔鼻將無同。三十年來不復甲，枯根或化爲蛟龍。水湯湯兮風烈烈，篝火黄昏讀殘碣。金石有時銷，此誼長不滅。君不見、交態紛紛等阡陌，任昉門前無吊客。

〔四〇〕《竹罌草堂歌》：原題爲《竹罌草堂歌（疁城朱松鄰，白門濮仲謙，皆以竹器擅名）》，見於《安雅堂未刻稿》卷二，辛鴻義、趙家斌點校《宋琬全集》第三六七—三六八頁，兹録全文如下：

君不見、練川朱生稱絶能，昆刀善刻琅玕青。仙翁對奕辨毫髮，美人徙倚何娉婷！石壁巉岩入烟霧，澗水松風似可聽。鏤玉雕犀安足誇，玻璃可碎犧樽腥。白門濮生亦其亞，大樸不斫開新硎。虬鬚削盡見龍蜕，輪囷蟠屈鴟夷形。匠心奇創古無有，區區荷插羞劉伶。妙製流傳真者少，何侯得之爲异寶。大書深刻作堂額，客至登堂多不曉。我來問名請縱觀，錦笥纔開稱絶倒。黄侔蒸栗縝且堅，潤比瓊琚兼肉好。何侯啖我燒羊胛，華髮臨風除白帢。階列唐昌觀裏花，欄餘甫裏先生鴨。美酒元從白墮留，新篘更得青州法。南人不慣北人歡，繩床坐聽糟床壓。君不見，蔡邕笛，千年人去亭名柯。詎若龍鐘古節大如斗，真堪一日十摩挲。銅盤絳燭朱顔酡，升君之堂爲君歌。年來已厭烏程釀，客中十斛須相餉。沙棠樹下牡丹叢，蓓蕾計日應全放。殷勤欲倩好風吹，痛飲還期明月上。預敕雙童洗竹罌，待余醉卧青絲障。

〔四一〕《古銀槎歌》：見於《安雅堂未刻稿》卷二，辛鴻義、趙家斌點校《宋琬全集》第三八九頁，茲録全文如下：

我有匣中銀鑿落，碧山山人手所作。背鏤至正壬寅字，點畫形模今宛若。斷節枯根紛錯糾，中有仙人博望侯。衣冠甚古鬚髯蒼，飄飄一似乘孤舟。肘後惜無笻竹杖，袖中或有安石榴。人言八月泛天漢，支機石畔逢牽牛。奇事流傳見圖畫，鍊師何意窮雕鎪。當年親致汗血馬，飽歷條支經大夏。安知骨貌久銷歇，供人把玩充杯斝。金人已去柏梁臺，玉液常沾白蓮社。嗟我瓠落溝斷同，潦倒賴爾衰顔紅。有酒如澠不稱意，欲求仙術尋壺公。跳身此槎之腹中，窮源再入馮夷宫。爲侯改號鴟夷翁，胡爲低眉偃蹇在塵世，枕蛟騎虎悉吾躬！

〔四二〕《泊舟夷陵作》：原題爲《泊舟彝陵作》，見於《安雅堂未刻稿·入蜀集卷上》，辛鴻義、趙家斌點校《宋琬全集》第七四一頁，茲録全文如下：

百丈挽孤舟，譬諸禦勍敵。黄頭運長篙，森然列矛戟。伐鼓以爲節，進止有成畫。喧呼殷雷霆，魚龍應辟易。草間覓微路，蜿蜒入山脊。蜀兒誇身手，攀緣類蜥蜴。乘風張素帆，眩目失青壁。蒙茸岩際花，斑駁沙邊石。小市聞魚腥，近郊留虎迹。彝陵楚西門，歷年困兵革。黄牛未百里，江流疾如射。雲岑莽虧蔽，波濤相委積。蕪没明妃村，蒼凉屈原宅。景物足流連，畏此簡書迫。浩歌對鷗鳥，俯仰悲行役。

〔四三〕《南津關》：原題爲《南津關（即西陵峽）》，見於《安雅堂未刻稿·入蜀集卷上》，辛鴻義、趙家斌點校《宋琬全集》第七四一頁，茲録全文如下：

奮棹入西陵，實惟三峽首。耳目霍然新，乾坤劃初剖。長江萬里來，莽莽開户牖。大禹驅龍蛇，群峰儼趨走。錦屏百疊張，翠壁千尋陡。崖谷异昏明，亭午氣如酉。冪歷青蘿幽，蘢葱白雲厚。繪事讓鴻蒙，天然色丹黝。怪石何時崩，雷文辨蝌蚪。長年告中飯，步屧坐林藪。苔荒杖屨危，徑仄趾相蹂。抨弓落雉媒，垂綸出魚舅。揮杯勸吾儕，此樂良非偶。

〔四四〕《黄茅灘》：見於《安雅堂未刻稿・入蜀集卷上》，辛鴻義、趙家斌點校《宋琬全集》第七四二頁，兹録全文如下：

群山夾江流，其形如囊橐。緬想太古前，神工勞斧削。直下塞坤維，高空插冥漠。崩浪屢洄漩，層巒迭參錯。罨畫象樓臺，岧嶤類城郭。翠含青黛光，白者爲粉堊。沿回路已窮，側轉忽開拓。烟際見漁舟，遥遥一秋籜。涉險却恬嬉，勝賞反驚愕。渾似逢异書，披鑿得約略。行行止三舍，樵爨倚山脚。方音聞鷓鴣，暝色下猱玃。洶洶怒濤哀，梟梟山泉弱。興來抽短毫，庶幾慰飄泊。

〔四五〕《捕魚行》：見於《安雅堂未刻稿・入蜀集卷上》，辛鴻義、趙家斌點校《宋琬全集》第七四五頁，兹録全文如下：

新灘之險天下無，瞿唐以東稱畏途。波濤壁立走雷電，下瞰疑是蛟龍都。驟窺須洞破心膽，坐觀笭箵成歡娱。漁人取魚逐灘響，不勞烏鬼家家養。年年巴、蜀雪消時，千百爲群魚大上。歕珠跋扈氣成龍，觸石驚跳力如象。騰身争欲挾雲飛，紅鬐翠鬣翻銀浪。死生禍福祇須臾，早見修鱗出罾網。已困泥沙尾尚摇，半銜葦索頭還搶。寧論鰋鯉與鰷鱨，百錢賤買充餱糧。不分流膏兼飼犬，可憐登俎共抵羊。我行見此欲掩鼻，鮑魚之肆古所傷。落日回舟召親友，吾儕幸脱鯨鯢口。計日應嘗丙穴魚，爲君滿酌郫筒酒。

〔四六〕《新灘行》：原題爲《新灘歌》，見於《安雅堂未刻稿·入蜀集卷上》，辛鴻義、趙家斌點校《宋琬全集》第七四五—七四六頁，兹録全文如下：

江水遠赴瞿唐門，建瓴而下勢欲吞。東過秭歸峽逾逼，雙崖突起成藩垣。神龍在檻虎被縛，自然拿攫還騰奔。巨石中央列戈戟，雲霾雨墊磐孤根。瀠洄未肯注東海，朝宗詎識天王尊。天吳九首作窟宅，當年割據哀公孫。老蛟晝號猿夜嘯，估客萬里傷心魂。疑是共工怒，頭觸昆侖折天柱。又似樊將軍，毛髮衝冠皆倒竪。叢祠血食飽淫昏，開鑿無人念神禹。岸邊林立黄頭兒，負戴裝囊半村女。攀蘿捫葛勝丁男，頭上銀釵已非古。行旅紛紛學魚貫，鄰船隔舫更相唤。一舟纔過萬人呼，沙頭雜坐忘餐飯。西來舸艚去如箭，死喪之色人人面。濤聲斷處即安瀾，咫尺分明割鄉縣。舟人釃酒妻孥喜，歷盡驚湍觀已止。艱危莫漫數黄牛，鹿角、狼頭、曹檜耳。

〔四七〕《天生橋歌》：見於《安雅堂未刻稿·入蜀集卷上》，辛鴻義、趙家斌點校《宋琬全集》第七五六頁，兹録全文如下：

天臺石梁百餘丈，縹緲丹梯不可上。匡廬瀑布垂雲端，銀河倒挂千岩間。苧溪之水西北來，發源月窟何雄哉！驪龍正睡老蛟蟄，何人鞭起生風雷。雪山峨峨仆冰柱，馮夷怒擊靈鼉鼓。六鰲鼻頷高崔巍，濺玉霏珠自吞吐。虹橋横跨出天然，元氣渾茫絶斤斧。奔濤忽斷咽不流，下穿雙穴如咽喉。須臾潰决勢莫禦，動摇林壑風飀飀。萬鈞强弩齊注射，騂騮頓掣金絡頭。我來濯纓還洗耳，酌之不异中泠水。猿啼虎嘯車馬絶，可憐汩没空山裏。噫嘻乎！古來賢士坎坷亦如此，必逢困厄聲名起。屈子《離騷》馬遷《史》，不得其平應爾爾。殘月輝輝攪醉眠，猶覺泉聲撼窗紙。

〔四八〕商盤：商盤（一七〇一—一七六七），字蒼雨，號寶意，浙江會稽（今紹興）人。清雍正八年（一七三〇）進士，以知縣用，後改翰林院庶吉士，散館授編修，累官至雲南元江知府。著有《質園詩集》。論詩：指《論詩截句》，此爲其中一首，詩後有注云：『山左名家爲王阮亭、田山薑、宋荔裳三先生，世稱嶺南三家殊不及也。』詳見商盤《質園詩集》（清華大學圖書館藏清乾隆刻本）卷一二。嶺南三家，又稱『嶺南三大家』，即清初詩人屈大均、梁佩蘭、陳恭尹。

〔四九〕查慎行：查慎行（一六五〇—一七二七），初名嗣璉，字夏重，後改名慎行，字悔餘，號他山。晚年居於初白庵，故又稱初白，浙江海寧人。清康熙四十二年（一七〇三）進士，授翰林院編修。著有《敬業堂詩集》。《中山尼爲宋荔裳女而作》：見於查慎行《敬業堂詩集》卷三《慎旃集下》，原題爲《中山尼》，記述宋琬女道啓顛沛流離、棲身爲尼的命運。後翁方綱、孫原湘、法式善等讀查慎行詩，皆有詩書其後。汪超宏於此論析頗詳，詳見其《宋琬年譜》，第六—九頁，第二九八—三〇一頁。

《秦州紀异》一卷

宋琬撰。琬字玉叔，號荔裳，萊陽人，順治丁亥進士〔一〕，歷官四川按察使。《府志》載是編云：『《紀异》乃秦州地震，具詳灾民情形、求恤及上司批覆文案。』

（徐泳《山東通志藝文志訂補2　史部第一册》，山東人民出版社二〇一六年版，第四二三頁。）

【校注】

〔一〕丁亥：指清順治四年（一六四七）。

《秦州紀异》

書名。清初宋琬撰。一卷。宋琬，字玉叔，號荔裳，萊陽人。順治四年（1647年）進士。歷官四川按察使。此書記載秦州地震事，具詳灾民情形，求恤及上司批復文案。舊列史部傳記類。

（車吉心等主編《齊魯文化大辭典》，山東教育出版社一九八九年版，第六四〇頁。）

《安雅堂文集》二卷、《未刻稿》八卷 原刻本

萊陽宋琬撰。琬字玉叔，號荔裳。順治四年進士。官至四川按察使。康熙十二年卒，年六十。始琬在京師，與嚴沆、施閏章、丁澎輩相唱和，有『燕臺七子』之目，而王士禛《池北偶談》嘗取琬與施閏章并論，謂『康熙以來詩人，無出「南施北宋」之右』。蓋琬雅工吟咏，有大名於清初，故論者常舉閏章相況。至於學問識議，則琬固不逮閏章也。集中文字，以序詩之篇較多而較精，其次題跋、書啓，亦不鮮雋逸之作。《文集》有初刻、重刻二本，而文之多寡不同。如初刻《文集》卷二《題曹古百牛圖》[一]，巧於狀物，萬象畢顯，雜記之文，斯稱上乘矣。《未刻稿》卷七《寄吴梅村先生書》[二]、《約王仲昭張鄴仙看花書》[三]，與李鏡月、孫無言諸札[四]，雅飭而有情韵，上者已近晋宋人風致，皆佳構也。琬雖文士，而所爲散文不病萎弱。杜濬序是集[五]，稱『其文雄駿而精切，包舉氣勢，按之有故，而出之有本』，非溢美也。初刻《文集》凡五十五篇[六]，前有康熙五年丙午金之俊、尤侗、趙昕、黄與堅、杜濬、宋實穎、程康莊七序[七]。重刻《文集》凡五十篇[八]，前有康熙三十八年己卯王熙、周金然、張重啓、嚴虞惇四序[九]。《未刻稿》乃其孫仁若所刊[一〇]，前有乾隆三十一年丙戌彭啓豐序[一一]，凡詩五卷，文三卷。四庫存目但著録安雅堂詩及拾遺詩、拾遺文，而無文集之目。提要謂『掇拾殘剩，非但珠礫并陳，亦恐真贋莫别』，其視閏章，有幸有不幸，蓋其生平述造，散佚多矣。

（張舜徽《清人文集别録》上册，中華書局一九六三年版，第三〇—三一頁。）

【校注】

〔一〕《題曹古百牛圖》：原題爲『題牧仲弟所藏曹古百牛圖』，見於《安雅堂文集》卷二，辛鴻義、趙家斌點校《宋琬全集》第七六—七七頁，兹録全文如下：

嘗讀《小雅·無羊》之章，而嘆詩人之善於寫物也。其首章曰：『誰謂爾無牛？九十其犉。』『爾牛來思，其耳濕濕。』其二章曰：『或降於阿，或飲於池，或寢或吪。爾牧來思，何蓑何笠，或負其糇。三十維物，爾牲則具。』而其卒章，則又推牧人之夢，以爲豐年之兆、室家之慶焉。夫牛之爲物至微也，而妙於形容如此。千載而下，一展卷而肥腯蕃滋之狀，景物雍熙之象，如在目前，不必假圖繪於丹青也。

此圖爲宋人曹古所作，世廟以賜吾師文康公者。凡爲牛大小有百，而大者纔一寸許，老者，稚者，童者，角者，奔者，卧者，乳者，鬥者，腓字其子者，渴而飲者，飢齕草者，没於水者，隱於樹者，半渡而露其脊者，陷於泥而拔其蹄以出者。牧者十有二人，或牽其鼻，或卧其背，或操棰以驅其惰者，或反顧若相詈者，或騎而飼鶵雛者，或坐而吹横笛者，窮態極妍，曲盡其致，而無一之或復焉。夫古人之畫，大抵皆有所本，《豳風》《離騷》往往見之圖繪。此卷前後缺題識，意者其有感於《小雅》之篇而爲之歟？何其與詩人之所咏宛相肖哉！已酉夏，五遇吾弟牧仲於吴門，出以相示，因題其後。

昔童子之對黃帝曰：『善牧馬者，去其害馬者而已。』莊周載其言，謂可以治天下。今牧仲方佐二千石，爲天子牧民於黃州，楚人愛之如望慈父母焉。推牧人之術與童子之言，使斯民生養滋息無有害焉，非徒一州，將何施而不可！然則斯圖也，可以爲爲吏者之師，榮君賜而光家乘，莫大乎是，豈特區區繪事爲藏弆之寶而已乎！

〔二〕《寄吴梅村先生書》：見於《安雅堂未刻稿》卷七，辛鴻義、趙家斌點校《宋琬全集》第六四一頁，兹録全文如下：

僑居茂苑，得奉清塵，方期長侍函席，飫聆緒論，饑來驅人，携家三泖，譬彼浮雲，茫無根蒂，客子之苦，良足悲也。恭聞車騎近駐苕溪，亟欲同家既庭，躡屩追隨，爲道場、浮玉之游。况賢主人風流好客，朝賡夕和，甚快事也。奈此間尚有牽絲，願莫之遂。靈隱願公云：『先生不日且至。』或天假之緣，得於六橋、三竺間，趨陪杖履，亦生平之至樂矣。

兹有先兄九青之子攄，以其父在淺土，匍匐二千餘里，欲以麥舟之誼，邀惠於盧澹巖公祖。雖澹老古道照人，諒必慨然，而攄伶仃孤踽，羞澀難前，聞先生駕在咫尺，大喜過望。伏乞惠賜手書，剴切致之，俾司空夫婦遺骸得就一抔之封，則雲天之誼，與澹老均載其半矣。

某謭陋不文，昔年蒙賜弁言，方欲授梓，而大難忽作，圖書散失，遂亡其稿。原本諒在笥中，乞命小胥鈔付，但已閲數稔，情事頓殊。若得更惠一篇，則所以榮傖父者至矣。

因便寄候，兼布鄙懷，旦夕冀展清光，不勝翹瞻之至。

〔三〕王仲昭：指王嗣槐。王嗣槐（一六二〇—？），字仲昭，號桂山，清初錢塘（今浙江杭州）人。著有《桂山堂文選》《嘯石齋詞》等。張鄴仙：生平不詳。《約王仲昭張鄴仙看花書》：原題爲《約王仲昭張鄴仙看花》，見於《安雅堂未刻稿》卷七，辛鴻義、趙家斌點校《宋琬全集》第六四五頁，兹録全文如下：

永興寺老梅，花中之魯靈光也。亟欲一往，而門下以花信尚早爲辭，不知花之佳處，正在含苞蓄蕊，辛稼軒所謂十三女兒學綉時也。及至離披爛熳，則風韵都減，故雖怪風疾雨，亦當携卧具以行，僕已借得葛生蹇驢，期門下於西溪橋下矣。

〔四〕李鏡月：即李瀅。李瀅，字鏡月，江南興化（今屬江蘇）人。清順治乙酉（一六四五）舉人。有《敦好堂詩鈔》。孫無言：即孫默。孫默（一六一三—一六七八），字無言，號桴庵，又號黄岳山人，休寧（今屬安徽）人。終身布衣。客寓江蘇揚州。以能詩聞，有《留松閣集》。諸札：即《與李鏡月》《與孫無言》二書札，見於《安雅堂未刻稿》卷七，辛鴻義、趙家斌點校《宋琬全集》第六四五—六四六頁，兹録全文如下：

飲食教誨，往復流連，珠湖千頃，未足喻此深情也。感謝，感謝！佳篇盥讀，爲之頫首至地，《治水書》敬録一通，真不減班掾《溝洫志》也。先太僕治清節略，伏望加之潤色，附名天壤，此誼可忘，天下豈有無父之人哉！今朝風逆，不能解維。問吴水部索緯夫數名，竟不可得，其受制於

同事可知。檣烏之尾略轉，即放棹矣。弗及再辭，臨發曷勝依戀。（《與李鏡月》）
每到廣陵，輒蒙繾綣之雅，殷殷勤勤，迥出常情，念此遠别，殊不可爲懷也。將至八寶，始將一切文逋，信筆了之。以是日天清氣朗，盡掃炎蒸陰鬱之惡，故興會所至，不能自已耳。《黄山詞》六年夙諾，今方有以報命，衰遲慵懶，於此可見。足下之歸，遥遥未卜，更過六年，詩與文且費數年之載，恐畏公重累，愈歸不成矣。笑，笑。（《與孫無言》）

〔五〕杜濬序：此序詳見宋琬著，辛鴻義、趙家斌點校《宋琬全集》第七—八頁。杜濬（一六一一—一六八七），原名紹先，字于皇，號茶村，黄岡（今屬湖北）人。明末副貢生，不得志，乃刻意爲詩。明亡後，避地南京鷄鳴山旁。濬詩學杜甫，尤工五律，風格渾厚豪健。有《變雅堂集》傳世。

〔六〕初刻《文集》：刊刻於清康熙丙午（康熙五年，一六六六）的《安雅堂文集》二卷。復旦大學圖書館藏《安雅堂集》二卷，即爲本年刻本，有金之俊、趙昕、黄與堅、杜濬四人的序文。此外尤侗、宋實穎、程康莊三人亦作有此文集的序文，其中尤侗《安雅堂集序》作於康熙五年丙午六月既望，宋實穎《安雅堂文集序》作於此年六月，程康莊《安雅堂文集序》作於康熙四年冬至前八日。此七序詳見宋琬著，馬祖熙標校《安雅堂全集》第八一九—八二六頁。

〔七〕金之俊：金之俊（一五九四—一六七〇），字豈凡，吴江（今屬江蘇）人。明萬曆四十七年（一六一九）進士，官至兵部右侍郎。明亡降清，復原職，官至大學士。有《金文通公集》等。

尤侗：尤侗（一六一八—一七〇四），字展成，一字同人，早年自號三中子，又號悔庵，晚號艮齋、西堂老人等，長洲（今江蘇蘇州）人。清康熙十八年（一六七九）召試博學鴻儒，授翰林院檢討。著述頗豐，有《西堂全集》等。趙昕：字雪崠，浙江餘杭（今杭州）人。清順治十八年（一六六一）進士，曾官江蘇嘉定知縣。著有《永和樓集》。黄與堅：字庭表，號忍庵，太倉（今屬江蘇）人。清順治十六年（一六七七）進士。康熙十八年（一六七九）召試博學鴻詞，授編修。著有《忍庵集》。宋實穎：宋實穎（一六二一—一七〇五），字既庭，號湘尹，長洲（今江蘇蘇州）人。清順治十七年（一六六〇）舉人，曾官興化縣教諭。著有《讀書堂集》《老易軒集》《玉磬山房集》等。程康莊：程康莊（一六一三—一六七九），字坦如，號昆侖，山西武鄉人。明崇禎八年（一六三五）拔貢。入清後，官鎮江府通判、陜西耀州知州。有《自課堂集》《衍愚詞》。

〔八〕重刻《文集》：由宋琬次子思勃於康熙三十八年己卯（一六九九）刻印的《重刻安雅堂集》。此集之名，馬祖熙標校《安雅堂全集·前言》定曰《重刻安雅堂詩文集》，朱玲玲《宋琬事迹徵略》以爲重刻《安雅堂文集》，李江峰、韓品玉《明清萊陽宋氏家族文化研究》據馬祖熙所引宋蒙泉語『己卯《安雅堂集》』，且詩文兼收，非獨文集，定爲《重刻安雅堂集》。

〔九〕王熙：原作『王熙周』，誤。周金然：原作『金然』，誤。周金然（一六三一—？），字廣居，又字礪岩，號廣庵，上海人。清康熙二十一年（一六八二）進士，改庶吉士，授編修。工詩詞書法，著有《娛暉草》《南浦詞》《西山紀游》等。張重啓：張重啓（一六四一—？），字符公，號岱瞻，登州府萊陽縣（今山東萊陽）人。清康熙十八年（一六七九）進士，授直隸雄縣知縣，後由刑部主事轉郎中。著有《亭山園詩》。嚴虞惇：嚴虞惇（一六五〇—一七一三），字寶成，號思庵，江南常熟（今屬江蘇）人。清康熙三十六年（一六九七）進士，榜眼登第。授翰林院編修，官至太僕寺少卿。著有《嚴太僕集》。四序：此四序詳見宋琬著，馬祖熙標校《安雅堂全集》第八二七—八三二頁，四序皆作於康熙三十八年（一六九九）。

〔一〇〕《未刻稿》：指《安雅堂未刻稿》，由宋永年於乾隆三十一年丙戌（一七六六）刊刻。仁若：宋永年，字仁若，宋琬之孫，宋思勰之子。

〔一一〕彭啓豐序：此序詳見宋琬著，馬祖熙標校《安雅堂全集》第八三四—八三五頁。彭啓豐（一七〇一—一七八四），字翰文，號芝庭，晚號香山老人，江南長洲（今江蘇蘇州）人。清雍正五年（一七二七）進士第一，授翰林院修撰，官至兵部尚書。著有《芝庭先生集》。

《安雅堂集》十九卷

宋琬（1614—1673），字玉叔，號荔裳，一號無今，山東萊陽人。順治四年（1647）進士，授户部主事，遷郎中，歷官隴西道、永平道、寧紹臺道，擢按察使。被族人誣告與登州于七通謀爲叛〔一〕，革職被逮下獄。三年後得釋，挈家流寓浙江。康熙十年（1671）奉旨起復吏部供職。明年，出爲四川按察使。逾年，入京覲見。時值吴三桂在雲南起兵反清，陷成都。聞訊，以家屬尚留成都，驚憂而卒。生平事迹見《清史稿》卷四八四、《清史列傳》卷七〇、王熙《四川按察使宋公琬墓志銘》。另編纂有《永平府志》等。

荔裳生平負詩名，長於五七言，兼經歷坎坷，多感傷時事之作。風格豪爽，辭多壯語。始官京師時，與嚴沆〔二〕、施閏章〔三〕、丁澎輩酬唱〔四〕，有『燕臺七子』之目〔五〕。王士禛以與施閏章并稱爲『南施北宋』〔六〕。施、宋又與王士禛、朱彝尊〔七〕、趙執信〔八〕、查慎行〔九〕被目爲『清初六家』。吴偉業序稱其詩『才情雋麗，格合聲諧』『備文質而兼雅苑』〔一〇〕。王士禛《池北偶談》稱其『五言古歌行，時闖杜、韓之奥』〔一一〕。沈德潜《清詩別裁》評曰：『宋以雄健磊落勝。』〔一二〕金之俊《安雅堂文集序》稱：『其識宏，其慮遠，其情長，其氣清以厚，其調雋以永，其格嚴以老，其言確以質，殆有如懷沙遠游，屈子悲憤之所感乎。』〔一三〕亦工詞，譚獻《篋中詞》以『憂讒』評之〔一四〕。

《安雅堂集》十九卷，另一種不分卷。凡《安雅堂詩》無卷數，順治十七年（1660）刊，收詩五古二十四首、七古十七首、五律九十首、七律九十首、五言排律十三首〔一五〕、七絶三十三首、六言絶句二十一首，有來集之、蔣超序；《安雅堂文集》二卷，康熙五年（1666）刊，重刻文集二卷，三十八年刊；《安雅堂未刻稿》八卷，所收止於康熙九年（1670），多晚歲所作，乾隆三十一年（1766）刊，有彭啓豐序；《安雅堂書啓》一卷，《入蜀集》二卷，《二鄉亭詞》三卷，《祭皋陶》一卷，均康熙至乾隆間刊。其集另有《荔裳集》文一卷、詩一卷[一六]，順治七年門人儲日升校刊[一七]，本衙藏板。民國二十五年（1936）中華書局《四部備要》排印本《安雅堂詩集》，收《安雅堂詩》及《未刻稿》五卷、《入蜀集》一卷。2007年上海古籍出版社排印出版馬祖熙標校《安雅堂全集》十八卷，凡詩七卷、文八卷、詞二卷、雜劇一卷，所收最全。

（傅璇琮主編，馬亞中分册主編《中國古代詩文名著提要·明清卷》，河北教育出版社二〇〇九年版，第二三五—二三六頁。）

【校注】

〔一〕族人：即宋奕炳，宋氏宗譜中亦作『一炳』，見中四分之四分書銘公派前首。于七：生平見前注。關於宋奕炳、于七及其與萊陽宋氏家族的關係，詳見前注。

〔二〕嚴沆：嚴沆（一六一七—一六七八），字子餐，號顒亭，浙江餘杭（今杭州）人。清順治十二年（一六五五）進士，曾官户部侍郎，總督倉場。善書畫，詩文爲『西泠十子』之一，著有《古秋堂集》等。

〔三〕施閏章：生平見前注。

〔四〕丁澎：丁澎（一六二二—一六九一以後），字飛濤，號藥園，仁和（今浙江杭州）人。清順治十二年（一六五五）進士，曾官禮部郎中。著有《扶荔堂詩稿》等。

〔五〕燕臺七子：指宋琬、施閏章、嚴沆、丁澎、張文光、趙賓、陳祚明七人。

〔六〕王士禛以與施閏章并稱爲『南施北宋』：王士禛此論見其《池北偶談》卷一一『施宋』條：『康熙已（以）來，詩人無出「南施北宋」之右，宣城施閏章愚山、萊陽宋琬荔裳也。』王士禛：生平見前注。

〔七〕朱彝尊：朱彝尊（一六二九—一七〇九），字錫鬯，號竹垞，浙江秀水（今嘉興）人。清康熙十八年（一六七九），以布衣舉博學鴻詞科，除檢討。曾參與修撰《明史》。罷歸後，專心著述。博通經史，長於古詩文詞。詩清新渾樸，與王士禛稱南北兩大宗；詞空靈清疏，開浙西詞派。著有《曝書亭集》。

〔八〕趙執信：趙執信（一六六二—一七四四），字伸符，號秋谷，晚號飴山老人，青州府益都縣顔神鎮（今山東省淄博市博山區）人。康熙十八年（一六七九）進士，官至右春坊右贊善兼翰林院檢討。康熙二十八年（一六八九），因在國喪期間觀演《長生殿》被革職。此後終身不仕，寄情詩文。著有《飴山詩集》《飴山文集》《談龍録》等。

〔九〕查慎行：查慎行（一六五〇—一七二七），初名嗣璉，字夏重，後改名慎行，字悔餘，號他山。晚年居於初白庵，故又稱初白，浙江海寧人。清康熙四十二年（一七〇三）進士，授翰林院編修。著有《敬業堂詩集》。

〔一〇〕吴偉業序：此序詳見宋琬著，馬祖熙標校《安雅堂全集》第八一八頁，其中『雅苑』，《安雅堂全集》作『雅怨』。

〔一一〕王士禛《池北偶談》稱其『五言古歌行，時闖杜、韓之奥』：語見《池北偶談》卷一一『施宋』條。詳見王士禛撰，靳斯仁點校：《池北偶談》第二五四頁，原文爲『五古歌行，時闖杜、韓之奥』。

〔一二〕沈德潛：沈德潛（一六七三—一七六九），字確士，號歸愚，長洲（今江蘇蘇州）人。清乾隆四年（一七三九）進士，官至禮部侍郎。有《沈歸愚詩文全集》。『宋以雄健磊落勝』：此語見沈德潛編《清詩别裁集》卷三『施閏章』條，中華書局一九七五年版，第四三頁。

〔一三〕金之俊《安雅堂文集序》：此序詳見宋琬著，馬祖熙標校《安雅堂全集》第八一九頁。

〔一四〕譚獻：譚獻（一八三二—一九〇一），原名廷獻，字仲修，號復堂，浙江仁和（今杭州）人。清同治六年（一八六七）舉人，歷任安徽歙縣、全椒、含山等地知縣。晚年辭官歸里，潛心著述。輯選清人詞爲《篋中詞》，流傳頗廣。著有《復堂詞》等。所評『憂讒』見譚獻編選，羅仲鼎、俞浣萍點校：《篋中詞》，人民文學出版社二〇一五年版，第一二頁。

〔一五〕五言排律十三首：刊刻於清順治十七年的《安雅堂詩》在五言排律十三首後，還有七言排律一首，此處闕漏。《安雅堂詩》收詩共計二百八十九首。

〔一六〕《荔裳集》文一卷、詩一卷：孫殿起《販書偶記》卷一四：『《荔裳集》文一卷、詩一卷，萊陽宋琬撰，順治庚寅宣城門人儲日升校刊，本衙藏板，版心下有「安雅堂」三字。』見孫殿起録：《販書偶記》，中華書局一九五九年版，第三三三頁。

〔一七〕儲日升：安徽宣城人，生平不詳。

《安雅堂詩》《安雅堂拾遺詩》皆無卷數，《安雅堂拾遺文二卷》附《二鄉亭詞四卷》

宋琬撰。琬有《秦州紀异》，見史部傳記類。諸編《四庫存目提要》曰：『按王士禛《池北偶談》曰：「康熙以來，詩人無出南施、北宋之右，宣城施閏章愚山、萊陽宋琬荔裳也。」又曰：「宋浙江後詩，頗擬放翁。五言歌行，時闖杜、韓之奥。康熙壬子春，在京師求余定其詩筆爲三十卷。其秋，與余先後入蜀。余歸之明年，宋以臬使入覲。蜀亂，妻孥皆寄成都，宋鬱鬱殁於京邸，此集不知流落何地矣。」又《漁洋詩話》曰：「康熙庚辰，余官刑部尚書。荔裳之子思勃來京師，以《入蜀集》相示，亟録而存之。集中古選詩歌行，氣格深穩，余多補入《感舊集》。」云云。今三十卷之本，久已散佚。所謂《入蜀集》者，其後人亦無傳本。此本題《安雅堂詩》者，不分卷數，有來集之、蔣超二序，皆題順治庚子，蓋猶少作。題《安雅堂拾遺詩》者，與其《文集》《詞集》皆乾隆丙辰其族孫邦憲所刻。掇拾殘剩，非但珠礫并陳，亦恐真贋莫别，均不足見琬所長。其視閏章，蓋有幸有不幸矣。』

〔訂補〕現存：①清康熙至乾隆間刻《安雅堂全集》本（《安雅堂詩》一卷、《安雅堂書啓》一卷、《安雅堂文集》二卷、《重刻安雅堂文集》二卷、《安雅堂未刻稿》八卷、《入蜀集》二卷、

《二鄉亭詞》三卷、《祭皋陶》一卷），國圖、上圖、萊陽圖等藏，《叢綜》《烟臺公藏》《存目標注》著録；《四庫全書存目叢書》影印。②民國二十五年上海中華書局排印《四部備要》本（《安雅堂詩》一卷、《安雅堂未刻稿》五卷、《入蜀集》一卷），國圖、北大、北師大等藏，《叢綜》《東北目》著録。其《安雅堂詩》一卷，另有上圖藏稿本（不分卷）。

《安雅堂集十四卷》

宋琬撰。《府志》載之云〔一〕：『琬嘗自定其詩文集，官四川時毁於吴逆之變。此本乃其子思勰摭拾成之者，詩二卷，文二卷〔二〕，《蜀道集》八卷，《二鄉亭詞》二卷，其應酬之文多不可存者。登州爲詩古文者，自琬始有先民之矩矱。雖其文精力不足，而風華蔭映，一洗樸樕之習，前此未嘗有也。』

《安雅堂未刻稿二卷》

宋琬撰。卷上題曰《入蜀集上》，皆古近體詩。卷下題曰《入蜀集下》，則琬所作詞也。末署『孫永年敬刊』〔三〕。侯官林昌彝《射鷹樓詩話》云〔四〕：『國初，萊陽宋荔裳《安雅堂詩》風骨渾雄，氣韵深厚，其七言古尤爲沈鬱，直接少陵，爲同時諸老之冠。《甌北詩話》謂荔裳「全學晚唐，無深厚之力」〔五〕，蜉蝣撼樹〔六〕，真瞽説也。光澤何金門茂才《論詩》云〔七〕：「荔裳聲調匹崆峒〔八〕，真是泱泱大國風。不似晚唐家數小，雌黄休信趙雲崧〔九〕。」按：金門以荔裳比李崆峒，尚非其匹；余謂荔裳與崆峒詩有骨肉之分，上下床之别耳。』

補《宋荔裳入蜀詩一卷》

宋琬撰。現存：清鈔本（清王士禛跋，傅增湘跋），國圖藏，見《北善》《善目》《清集總目》《清集提要》。

補《明月詩筒》〔一〇〕

宋琬撰。現存：清康熙刻本（康熙九年周茂源序）〔一一〕，《清代版刻一隅》著録。

補《荔裳詩鈔一卷》

宋琬撰。現存：清乾隆嘉慶間鈔本，山東博藏；《山東文獻集成》影印（《明清山左七家詩文鈔九種》之一）。

補《荔裳集文一卷》

宋琬撰。有清順治七年宣城儲日升校刻本，見《販記》《清集總目》。

補《安雅堂詩集十卷》

宋琬撰。現存：①清鈔本，中科院藏，見《善目》《清集總目》《清集提要》。②鈔本（不分卷），國圖藏，見《清集總目》《清集提要》。

補《安雅堂稿十八卷》

宋琬撰。現存：清鈔本（存前十六卷），上圖藏，《清集總目》著録。

補《安雅堂表輯一卷續集一卷》

宋琬撰。《販續》著録底稿本。

補《安雅堂拾遺文集二卷詩集八卷》

宋琬撰。現存：①清乾隆間平河趙氏清稿本（《安雅堂拾遺文集》一卷），臺圖藏，《叢廣》著録。②清乾隆十一年刻本，南圖、南開藏，《販記》《清集總目》《清集提要》著録。

補《安雅堂詩選一卷》

宋琬撰，嚴津選〔一二〕。現存：清順治十八年序刻《燕臺七子詩刻》本，上圖藏，《叢綜》《善目》《清集總目》著録。

補《荔裳詩選一卷》

宋琬撰，吴之振選〔一三〕。現存：清康熙十一年吴氏鑑古堂刻《八家詩選》本〔一四〕，國圖、北大、上圖藏，《叢綜》《善目》《清集總目》著録。

補《宋荔裳詩一卷》

宋琬撰，程封〔一五〕、李以篤〔一六〕、謝廷聘選〔一七〕。現存：清康熙四十六年謝廷聘刻本〔一八〕，湖北圖藏，《叢廣》著録。

補《宋荔裳詩一卷》

宋琬撰，魏憲輯〔一九〕。現存：清康熙中福清魏氏枕江堂刻《皇清百名家詩》本，上圖、華東師大、津圖藏，《叢綜》《清集總目》著録。

補《宋先生詩八卷》

宋琬撰，鄒漪輯〔二〇〕。現存：清康熙中梁溪鄒氏五車樓刻《五大家詩鈔》本，上圖、吉林市圖等藏，《科圖善》《叢綜》《清集總目》著録。

補《荔裳詩鈔一卷》

宋琬撰，劉執玉選〔二一〕。現存：①清乾隆三十二年詒燕樓刻《國朝六家詩鈔》本，國圖、北大、北師大藏，見《叢綜》《善目》《清集總目》。②清光緒十三年汗青簃刻《國朝六家詩鈔》本，國圖、上圖、復旦藏，見《叢綜》《清集總目》。

補《荔裳詩鈔二卷》

宋琬撰，邵玘、屠德修輯〔二二〕。現存：清乾隆三十一年序刻《國朝四大家詩鈔》本〔二三〕，國圖、首圖、上圖藏，《叢綜》《清集總目》著録。

補《縣志荔裳詩一卷》《荔裳詩鈔一卷》

宋琬撰。現存：清鈔本（《明清山左七家詩文鈔九種》之一），山東博藏；《山東文獻集成》影印。

（徐泳《山東通志藝文志訂補6 集部第一册》卷一七，山東人民出版社二〇一六年版，第三七七—三八〇頁。）

【校注】

〔一〕《府志》：即《光緒增修登州府志》。《安雅堂集十四卷》見於本書卷之六四『藝文志·集部』條。

〔二〕文二卷：原缺，據《光緒增修登州府志》卷之六四『藝文志·集部』條補。

〔三〕孫永年：即宋琬之孫宋永年，字仁若。《安雅堂未刻稿》由宋永年於清乾隆三十一年（一七六六）刊刻。

〔四〕林昌彝：林昌彝（一八〇三—一八七六），字惠常，號薌溪，晚號茶叟、五虎山人等，福建侯官（今福州）人。清道光十九年（一八三九）舉人，後多次會試不第。著有《三禮通釋》二百餘卷、《射鷹樓詩話》二十四卷等。《射鷹樓詩話》：此處所引語句見於該書卷三。

〔五〕全學晚唐，無深厚之力：語見趙翼《甌北詩話》卷一〇『查初白詩』條。趙翼（一七二七—

一八一四），字雲崧，號甌北，陽湖（今江蘇常州）人。乾隆二十六年（一七六一）進士，授翰林院編修，官至貴西兵備道。後辭官，主講安定書院，潛心著述。著有《廿二史札記》《甌北詩集》《甌北詩話》等。

〔六〕蜉蝣撼樹：此非《甌北詩話》中語，乃《射鷹樓詩話》卷三中語，原文斷句誤。

〔七〕何金門茂才：即何長詔。何長詔（一七八五—一八二二），字金門，光澤（今屬福建）人，諸生。著有《敝帚齋詩集》。《論詩》：原缺書名號，據《射鷹樓詩話》卷三補。

〔八〕崆峒：與後文『李崆峒』皆指李夢陽。李夢陽（一四七三—一五三〇），字獻吉，號空同子（一作崆峒子），慶陽（今屬甘肅）人。明弘治七年（一四九四）進士，授户部主事，官至江西提學副使。工詩文，爲明代『前七子』的領袖。著有《空同集》。

〔九〕趙雲崧：即趙翼，雲崧乃其字。

〔一〇〕《明月詩筒》：《清代版刻一隅》著録曰：『《明月詩筒》，康熙刻本，大題「秬園倡和詩」，是宋琬客嘉定侯氏與余懷、陸元輔、葉奕苞等倡和詩，首有康熙庚戌周茂源序。此爲康熙南中刻本典型風格。』庚戌即清康熙九年（一六七〇）。據黄裳《清代版刻一隅》，齊魯書社一九九二年版，第四〇頁。

〔一一〕周茂源序：此序見周茂源《鶴静堂集》卷一七，題作『綀川唱和詩序』。周茂源（一六一三—一六七二），字宿來，號釜山，江南華亭（今上海松江）人。清順治六年（一六四九）進士。

曾官處州知府。有《鶴静堂集》。

〔一二〕嚴津：字子問，浙江餘杭（今杭州）人。表爲督漕推官，辭不就。清順治十八年（一六六一），嚴津纂輯燕臺七子之詩，人各一卷，爲《燕臺七子詩刻》。

〔一三〕吴之振：吴之振（一六四〇—一七一七），字孟舉，號橙齋，别號黄葉村農，石門（今屬浙江）人。貢生。有《黄葉村莊詩集》《續集》《後集》等。

〔一四〕《八家詩選》：由吴之振於清康熙十一年（一六七二）編選。其中選入宋琬詩二百十四首、曹爾堪詩二百首、施閏章詩二百九首、沈荃詩一百八十首、王士禄詩二百九首、程可則詩二百首、王士禛詩二百十二首、陳廷敬詩二百十四首。此書有康熙十一年（一六七二）吴氏鑑古堂刊本。

〔一五〕程封：字伯建，號石門，江夏（今湖北武漢）人。清順治間拔貢。有《山雨堂集》。

〔一六〕李以篤：李以篤（一六一九—？），字雲田，自號老蕩子，漢陽（今屬湖北武漢）人。清順治間歲貢。著有《菜根堂集》。

〔一七〕謝廷聘：嘉魚（今屬湖北咸寧）人。

〔一八〕康熙四十六年謝廷聘刻本：此指程封、李以篤輯，謝廷聘重訂的《江北七子詩選》七卷。江北七子除宋琬外，還有趙進美、周體觀、郜焕元、申涵光、彭而述、趙賓六人。

〔一九〕魏憲：字惟度，福清（今屬福建）人。明諸生，入清不仕。著有《枕江堂集》，編刻《皇清百名家詩》。枕江堂：魏憲室名。

〔二〇〕鄒漪：字流綺，一字棹烟，號嘯軒，明末清初江蘇梁溪（今無錫）人。曾爲吴偉業弟子。著有《嘯軒詩鈔》《明季遺聞》等，輯選《五大家詩鈔》等。《五大家詩鈔》選録清初錢謙益、吴偉業、熊文舉、龔鼎孳、宋琬五人的詩作，有康熙間梁溪鄒氏五車樓刻本，五車樓即鄒漪室名。

〔二一〕劉執玉：劉執玉（一七〇九—一七七六），字復燕，江蘇無錫人。工詩，著有《詒燕樓詩稿》，輯選《國朝六家詩鈔》。《國朝六家詩鈔》選録清初宋琬、施閏章、王士禛、趙執信、朱彝尊、查慎行六人的詩作，有乾隆三十二年（一七六七）詒燕樓、光緒十三年（一八八七）汗青簃刻本等。

〔二二〕邵玘：字珏庭，號西樵，青浦（今屬上海）人。貢生，曾爲清乾隆知州張宏燧幕僚。工詩，著有《西樵詩鈔》。屠德修：生平不詳。

〔二三〕《國朝四大家詩鈔》：此書由邵玘、屠德修編輯，選録清初宋琬、施閏章、王士禛、朱彝尊四人的詩作，有乾隆三十一年（一七六六）序刻本。

《安雅堂全集》

詩文别集。清宋琬著。十九卷，另一種不分卷。凡《安雅堂詩》無卷數，順治十七年（一六六〇）刊，收詩五古二十四首，七古十七首，五律九十首，七律九十首，五言排律十三首〔一〕，七絶三十三首，六言絶句二十一首，有來集之、蔣超序；《安雅堂文集》二卷，康熙五年（一六六六）刊，重刻文集二卷，三十八年刊；《安雅堂未刻稿》八卷，乾隆三十一年（一七六六）刊，有彭啓豐序；《安雅堂書啓》一卷，《入蜀集》二卷，《二鄉亭詞》三卷，《祭皋陶》一卷，均康熙至乾隆間刊。其集另有《荔裳集》文一卷、詩一卷〔二〕，順治七年門人儲日升校刊〔三〕，本衙藏板。民國二十五年（一九三六）中華書局《四部備要》排印本《安雅堂詩集》，收《安雅堂詩》及《未刻稿》五卷、《入蜀集》一卷，爲今通行本。

（錢仲聯、傅璇琮等總主編《中國文學大辭典》，上海辭書出版社一九九七年版，第一三四二頁。）

【校注】

〔一〕五言排律十三首：刊刻於順治十七年的《安雅堂詩》在五言排律十三首後，還有七言排律一首，此處闕漏。《安雅堂詩》收詩共計二百八十九首。

〔二〕《荔裳集》文一卷、詩一卷：孫殿起《販書偶記》卷一四録有『《荔裳集》文一卷、詩一卷，萊陽宋琬撰，順治庚寅宣城門人儲日升校刊，本衙藏板，版心下有「安雅堂」三字』。見孫殿起録《販書偶記》，中華書局一九五九年版，第三三三頁。

〔三〕儲日升：安徽宣城人，生平不詳。

《安雅堂全集》

清宋琬（1614—1673）撰。自撰叢書，收書七種。宋琬字玉叔，號茘裳，别署二鄉亭主人，山東萊陽人。順治四年（1647）進士，歷官户部主事、浙江寧紹道、浙江按察使，所在有政聲。時登州于七起事[一]，其族侄宋奕炳誣其與山東栖霞農民起義領袖于七有干係[二]，逮捕入獄，三年始得平反。起爲四川按察使。康熙十二年（1673），詔回京擬重用，時吴三桂叛亂[三]，妻子陷没於四川，遂發病卒。宋琬爲清初著名詩人，多感時傷事之作，凄凉激宕，與施閏章齊名[四]，當時被稱『南施北宋』；亦能曲，在獄中著《祭臯陶》雜劇一本，傳於世。見《清史稿》卷四八四、《清史列傳》卷七〇、《清詩紀事》第三册、《中國歷代著名文學家評傳》續編卷三。《荀子·榮辱》：『君子安雅。』楊倞注：『雅，正也。正而有美德者，謂之雅。』宋琬室名本此。此書收作者詩、文、書啓、未刻稿、入蜀記、詞、雜劇等七種。有康熙三十八年（1699）刻本、乾隆三十一年（1766）刻本、齊魯書社2003年出版《宋琬全集》校點本。

（趙傳仁、鮑延毅、葛增福主編《中國書名釋義大辭典》，山東友誼出版社二〇〇七年版，第四五三頁。）

【校注】

〔一〕于七起事：即于七抗清及謀反一案。于七，本名樂吾，山東栖霞唐家泊村人，明崇禎三年（一六三〇）武舉人。

〔二〕宋奕炳：宋氏宗譜中亦作『一炳』，詳見前注。

〔三〕吴三桂：生平見前注。

〔四〕施閏章：生平見前注。

《詩學體要類編》三卷

國朝漢中訓導萊陽宋孟清廉夫編〔一〕，爲目五十有二〔二〕，雜取詩家詩話以證之也。（點校者有按語曰：『「詩家」似當作「諸家」。』）

（高儒《百川書志》卷之一八，上海古籍出版社二〇〇五年版，第二八〇頁。）

【校注】

〔一〕宋孟清廉夫：宋孟清，字廉夫，亦字元潔。

〔一〕爲目五十有二：即《詩學體要類編》卷之一中的『詩源』『詩變』『總説』『諸明賢詩話』四個總論子目和卷之二、卷之三中的四十八種詩體。

《詩學體要類編》三卷

《詩學體要類編》三卷，宋孟靖編撰〔一〕。宋孟靖，字廉夫，萊陽（今屬山東）人。弘治年間任漢中府儒學訓導，生平事迹不詳。據本書卷首自序，弘治十六年（一五〇三），於漢中府學任上編撰此書，序刻於次年。本書旨在爲初學者闡説詩體及各體作法，卷一分詩源、詩變、總説、諸名賢詩話四部分；卷二、卷三羅列詩體，計有四言、五言、七言等四十餘種，各體略作説明，次引前人評論，次舉前人（多唐、宋）詩一首爲例，并集前人品評。

本書《百川書志》文史類著録爲『國朝漢中訓導萊陽宋孟清廉夫編。爲目五十有二，雜取諸家詩話』。《千頃堂書目》文史類著録〔二〕，作者名亦署『宋孟清』。今按：國圖藏明弘治十七年作者自序刊本，署名實爲『宋孟靖』。

（孫小力《明代詩學書目匯考》，蔣寅、張伯偉主編《中國詩學》第九輯，人民文學出版社二〇〇四年版，第三五頁。）

【校注】

〔一〕宋孟靖：應爲宋孟清。《續修四庫全書》編纂委員會編《續修四庫全書一六九五·集部·詩文評類》收録有《詩學體要類編》一書，此書乃據國家圖書館藏明弘治十七年（一五〇四）作者自序刊本影印，作者題名即爲『宋孟清』。李成晴亦言『覆核（國家圖書館藏明弘治十七年）刻本手書自序，即作「宋孟清」，不知孫氏謂作「靖」字何據。且宋孟清字廉夫、元潔，「清廉」「廉潔」，名、字義屬聯類，亦可内證其名乃「孟清」而非「孟靖」』。（見李成晴《宋孟清生平及〈詩學體要類編〉探源》，《魯東大學學報》二〇一六年第二期，第三一頁。）

〔二〕《千頃堂書目》文史類著録：據《千頃堂書目》卷三二『文史類』：『宋孟清《詩學體要類編》三卷，萊陽人。』見黄虞稷撰，瞿鳳起、潘景鄭整理《千頃堂書目》，上海古籍出版社二〇〇一年版，第七七八頁。

《安雅堂詩序》　來集之

茘裳先生之莅吾越也，未及數月，而雷動風行，百廢具舉。予觀先生之治大都，批卻導款，而一本乎斯民之性情。及問俗之暇，出一篇以相示，曰《安雅堂詩》。予受而讀之，而知先生之詩，則又批卻導款而一本乎先生之性情者也。詩之道，難矣哉！旬煅月煉，句敲字推，其不以三百篇爲岷山之一觴，求其滴滴歸原者，蓋亦鮮矣。自夫漢、魏、齊、梁、初、盛、中、晚之聲影，盤於學者之胸次，分別太明，既舍下而趨上，亦屈己以徇人。譬諸東家之效西子，縱盡得彼之影像，而已失己之生動，況其所爲效之者，不取之於意態神格，而區區從事於粉香脂澤云乎哉！先生外不見人，内不見己，性情之發，如是而出，如是而止，所謂滴滴歸原者耳。

憶先生與予同對大廷，時大鴻臚欲以體貌相加，予浙及山左數人，奮起交争，稍不爲屈，成禮而退，先生與焉。時先生方終軍英妙之年，相其意氣，已具安天下之略。顧予識先生之意氣於二十年之前，今始識先生之性情於二十年之後，予之知先生者已晚。乃其安天下之略，試之吾越而吾越效，予且身受其福，予之知先生者又甚真也。自先生治越，登之至安，而歸於大雅。然則『安雅』二字，先生以之顔堂者，予一以論先生之治，一以論先生之詩。順治庚子初冬日，治年弟蕭山來集之拜手題。

《安雅堂詩序》

蔣超

客有屬予序宋子詩者，予曰：『予不可以序宋子也。荔裳年弱冠，詩賦動海内。洎爲進士，在郎署，古文詞隨手傾出，學者捧爲虬珠拱璧。予時駑下，騎款段馬隨衆出入館舍，謔浪嬉戲，受其書不能成讀。己丑乞假歸，先君從行篋中得之，慨然嘆曰：「今日詩宗，乃在萊陽，汝輩真愧死矣！」予時愧之，然猶不肯讀書。距今十年，開帙翻咏，紺珠寶母，空青一色。其言備四氣，協三靈，所爲和平之音，猗那清廟之奏，撞華魚錦，安行庠序。至其幽悲困蹙落寞之言，則又如戛夜琴，按霜刃，情詞凄緊，溢水滿山。其心思可以釣淵弋雲，握微連昊，真詞路之八門五花也。予年四十，齒摇髮白，今始卒讀。年來朝夕靡辦，無過條攀宋、元，枝綴中、晚，固不能步宋子之末塵，欲一言時似不可得也。夫人叙次文章，如吏部放官，必其品地高過作者，不則肩背相望，始可握管作贊誦之事，予望宋子，尚在天上，何以序爲？」

客曰：「此宋志也。荔裳每語子詩，雕琢極意，饒有郝、莒附庸之目。今日詩宗，果在萊陽，而其詡子乃不去口，何詎不可握管作誦乎？」予曰：「信如子言，益不可以爲序也。夫三唐异製，分河飲水，予既不能窺宋子之堂奥，顧自以詩導性情，隨人好尚。故乃辭蛾眉效齾齒；卸進賢，敦墊角。以我視宋子，常覺心憋恍、目盱眙，撊然不敢自以爲詩，又何以序爲？」

客曰：「荔裳雖早貴，中遭變故，挈家浮頓吴、越之間，幾致糊口。及爲户曹郎，坐蜚語騎危躓險，頌繫逾歲。乃開花苑、闢藻林，取千餘年之騷人墨士而衡纘之，其識日益廣，學日益贍，其詩沉鬱淡雅，日益變化。天其或者磨煉其志氣，而發皇其神明，譬之窮陰沍寒，百物靳眺，暘春一至，若華頓茁，此宋子之所爲詩也。物固不能兩全，宋子擅文章之譽，而其缺陷乃在人事。子從年少，即已優悠仕路，所得於天者多矣，何復覬其少者？」予曰：「春華競芳，然不能飾斷梗；龍蛇起陸，然不能植朽蜕。夫予亦天地間之欠人也，童時喪母，中歲喪父，終膺惡疾，貧窮愁苦，千楚百沸，卒未能奮然一肆力於筆墨之場，得與世之文士相頡頏，天雖欲砥礪我，亦終自弃也矣。』客曰：『宋子既已許子，子之所爲贊誦宋子亦已至矣。請録以爲序。』予仍貽書宋子曰：『余不敢以序子也。』順治庚子仲冬，同門弟金壇蔣超拜撰。

《安雅堂集原序》

乾隆丙寅重梓　吴偉業

余嘗觀古今文人才士之興，而知天之生材甚艱，其成就之尤不易也。夫世習榛蕪，絶學隕墜，即有携异非常之資，猶難卓然自拔。天於其先必生數人焉，爲之導湮宣鬱，光啓前徽，然後後哲挺生，從漸漬濡染之内，薈萃融液，獨自名家。而此一人者，或生於高門世胄，地望通顯，性靈恐伏而未發，天於是又使之中歷艱虞，洊更坎壈，以激爲要眇之音，乃始解駁其沉滯，而致之亨途。益昌厥辭，軼邁作者。世徒服其材之度越，而不知天之篤，若人以底於成，良不偶然矣。若萊陽宋子玉叔，殆其人也。

當萬曆之中葉，海内文氣衰茶，古道寢頓，士争緝拾讆語，繆詡逢年之技，而萊陽宋氏，獨以學古攻文辭鳴。鴻生畯儒，後先輩望，翕然金春而玉應也。三齊科第，大都一姓爲多，因而陟巍資躋貴士者，珪重組襲，何其盛哉！而吾友故司空九青在其間，尤稱絶出，詩文踔厲廉悍，雄視漢、唐以來諸家。遭時兵火，篇章蕩爲烟壒，弗果信今而傳後。

後九青而起者，又得吾友玉叔。玉叔天才俊上，接聞父兄典刑，胚胎前光，甘嗜文學，自九青之存，騤騤乎欲連鑣而競爽。弱冠，南逾大江，薄游吴會，日尋英儒，酌酒倡和，長歌短賦，春容寂寥，他文皆麗蔚炳朗，濯濯其英，曄曄其光。盛年值際興運，綰綬登朝，羽儀京國，不可謂不遭時也。而仍見疐跲，用詿浮繫於理，凡浹月而獲湔祓。還官郎署，踐揚計銓，僅循年出調外省，遠迹窮邊絶徼，人咸謂非所宜，而玉叔不然。當夫履幽憂、乘亭障，羈累憔悴、浮沉遷次之感，一假詩文以發之。其才情隽麗，格合聲諧，明艷如華，温潤如璧，而撫時觸事，類多凄清激宕之調。又如秋隼盤空，嶺猿啼夜，境事既極，亦復不盭於和平，庶幾乎備文質而兼雅怨者。今被簡命來長臬於浙，浙爲東南都會，湖山秀美，由來風月之奥區。而廉憲，古觀察也，官以采風爲職，驂騑所過，郵耶溪之水，淪鑑湖之楫，探天姥、石梁之嵌岩崱屴，其足資吟哦紀述者，又可勝道耶？然則天之善成玉叔，與玉叔之所自得爲何如哉！

玉叔既之官，郵示其所刻前後集，俾余序之。余幼執經張西銘先生門，即知萊陽之文，與東吴、豫章，塤篪應和。洎通籍入都，交玉叔尊人吏部公於邸舍。守官京師，從九青游，奉使同視楚闈，登黄鶴樓俯眺荆江、鄂渚間，拊楹慷慨，九青題咏甚夥，余愧未能成章，亦勉賡以紀名勝。九青不鄙而進余，謂可深造於斯事，嘗示余掖中數詩，能諳誦其佳句。每念時移勢謝，先友雲徂，并其遺文銷蝕糞土，悲未嘗去於心也。乃今得扣玉叔之笈帙，而卒業焉。竊幸典刑之未淪，希大雅之復作，其不在斯人歟！其不在斯文歟！何能無一言以弁諸簡首？因爲推本其所自來，有得於天之成就者如此，欲使世之習讀者，知統系在斯，相與珍重而虔奉之也。是爲序。太倉吴偉業梅村撰。

（此序據《安雅堂拾遺集》補入）

《安雅堂文集序》

金之俊

余於萊陽宋君玉叔，蓋兩世通籍也。其先人太僕公文章吏治，炳炳烺烺，光前爍後者，吾姑勿贅。若玉叔以名魁捷春榜，其古今文詞膾炙人口，奚啻洛陽紙貴，洵興朝第一名流哉！先是起家曹郎，繼晉銓司。未幾備兵三韓，分藩東浙。已而總浙之外臺。所在官聲赫奕，又與其文名并播海内焉。今年來吴門，出其所爲《安雅堂集》，問序於余。余展而讀之，其思深，其識弘，其慮遠，其情長，其氣清以厚，其調雋以永。其格嚴以老，其言確以質，殆有如《懷沙》《遠游》屈子悲憤之所感乎？何其沉摯而凄婉也！有如歷衡湘、越龍門，周游歷覽，司馬子長抑鬱太息之所作乎？何其激昂而雄肆也！抑亦若柳州、眉山流離困頓、備嘗險阻之所寄托而發爲文詞乎？何其峻潔而曠達也！嗚呼！玉叔真奇人也。其境遇奇，其詩文奇，其流盼動腕，訂古考今，無一之不奇也。凡一生之嶔崎坎壈，皆其觸發性靈，磨礲學問與夫洞徹聖賢義理之處。歐陽永叔所云愈窮則愈工，非詩文能窮人，殆窮者而後工也，其玉叔之謂歟？然窮極則通，玉叔之窮有止境，而詩文無止境也。方今大化維新，海内平治，其必有二三大儒，攬經國之訏謨，敷保邦之偉略，委蛇入告，上以日新聖學，下以周達民隱。又或進而登著作之庭，參論思之席，出入承明，興《禮》和《樂》，作爲篇什，以發皇至治。則《安雅》之爲集也，非止峥嶸峻峭、震耀一時之文，而且爲雍容愉怡、廟堂金玉之文也。宋君其裕之矣！余故知之深而信之篤者，請以兹言爲他日券。康熙丙午孟秋，年家舊治生金之俊拜題。

《安雅堂文集序》

趙昕

國家右文，蔽周京而上。中外才藻，綺文霞興，猶十二章罔不登衮。先生實爲五色領，黼黻盛平，歷今有年所。讀先生文者，相率曰：『今韓愈也。』雖然是能讀先生文，未必能盡知先生文者。昕未能盡讀先生文，然自許能知先生文者，蓋亦未嘗不謂先生今韓愈也。人之推韓，以唐承六朝文敝，貞觀迄天寶凡二變，而繁艷靡縟尚未薙，且稱韓方如潮，文卓卓有樹立，一復於古。先生所承文敝與六朝埒，先生才如潮，文卓卓有樹立，天下知爲古文，前韓後宋，庶新學小生，便可牽入左、馬堂奧。不知韓於文非僅規規左、馬，要皆根柢六經，祈正人心。原其操管從事，唯大暢乎周公、孔子之旨，豈欲以文詞角長短於今古已哉！今頌其起衰之文，而不察其任道之力，雖能讀韓文，未必能盡知韓；雖能讀先生文，未必能盡知先生一也。

先生近纂古文益醇肆，其任道之力，初終不异韓。爲之讀《藏經殿碑》，旨哉！淵乎，猶未也，其寓有先生之教之思乎？《耕德》與《傳經堂》《想想園記》，何善言孝也，不忘其先，凡爲子孫不油然興乎？《愛山臺銘》《藝香詞序》旨哉！蕩乎，樂而不淫，其同民矣乎？《亭皋》之序友生，可盛苓而易節乎？序武伯詩、《送去驕歸序》，學者必有師其能負乎？序尚木詩莫如兄弟，可忘棣萼乎？《歲星堂序》此之謂思賢，夫思則好之至也。序家《本義》旨哉！渢渢乎，大而不疏，精而不滯，理學之匯宿也。題《百牛圖》於善牧得治民之理焉。試懸之通邑大都，讀者擬其碑用意，類韓與潮州大顛古題，神似韓《畫記》，孰知每誦一篇，皆有係名教如此。此昕之韓愈先生者，倘勝於人之韓愈先生矣乎？禹航趙昕撰。

《安雅堂文集序》

黄與堅

戊申十一月，余與宋荔裳先生遇於吴興，相與論古文之道，執手鄭重，繼以嘆息。已盡出其《安雅堂文集》示余，屬爲序。余受以卒讀，喟然曰：先生之所作，其幾於道矣乎！夫君子之所貴乎文者，以其根乎心、止乎理與義，而可以我之説風厲於世也。士抱有爲之才，爲國家激揚奮勵，使我之生平赫然有所樹立，而萬物之氣亦宣鬯而無堙鬱。其退而有言也，亦必舉天下綱紀之大，别其可否，正其是非，使聞之者足以垂訓而立戒，而我之説始無愧焉。蓋言之繫於人如是其重且巨，故不可以苟爲也。世之爲文者不知所本，徒以卮詞釀説，取悦於世，此世之所謂文，非我之所謂文也。孟子之論知言也，曰：『生於其心，害於其政；發於其政，害於其事。』言者心之華，政事之根柢；而所謂文也，豈其枝葉乎哉？

先生讀書好古，服聖賢之教，而又揚歷中外，深識當世之故，舉治術之平陂，人心之邪正，盤積於胸中，而旁引側出具於其文，宜其激卬俶儻，足以增長天下文人之氣，而推其大要，仍然根本之爲也。司馬遷之文，重死生，薄名節，率以所遭之屈抑，而是非詭激，繆於聖人。若先生中遭嶮巇，摧挫磨折，而識以益精，力以益定。所與者，必道之所予也；所不與者，必道之所不予也。誠如是，先生之文，固以道爲師，豈猶夫軨夫、豎子沾沾於字句，自以爲能言者哉？而或以先生卓犖之故，徒取史遷之感憤矜嘆，其爲文亦末矣。不觀之草木乎？松柏之姿，歲久不凋。木槿之華，朝而榮夕而零落者，有本與無本之別也。

惟余之知乎此也，少爲華詞，晚而盡弃之，孳孳焉少進於道，讀先生文，甚有契乎余之指。故書以爲序，冀先生之於道也卒成之，而余亦益以自勉已耳！婁東黄與堅撰。

《安雅堂文集序》

杜濬

文章重物也，非有絶人之力者，鮮克舉之。博稽載籍，惟聖人之文，其爲力也，如陰陽之運四時，如江河之載舟楫，有不可知者存乎其間焉，其力神矣。下此才智之士以能文稱者，如左丘明、莊周、荀況、司馬遷、劉向、班固、韓愈、歐陽修、蘇洵、王安石之徒，度其力皆萬人敵，是用能舉其文，此非可以假借而僥幸者也。而或者疑力之一説，不足以盡文，不知文備衆美，然非力末由臻也。嘗譬之武事，今夫有百斤之椎於此，器之甚重者也，將使夫力不若器者舉之，無勝任之理也。將使夫力與器等者舉之，則僅足以舉之而已，不能用也。必也，使夫力優於器者舉之，然後運用如意，馳騁搏擊，應乎規矩，飄忽變幻，不可爲端倪，人咸嘆其藝之精，而彼力弱者曾不能然也，則可知能然之由乎力矣。孟子曰：『知譬則巧也，聖譬則力也，其至爾力也，其中非爾力也。』然射義論射貴持弓矢審固，夫審與固全繫乎力，力所以運巧，則謂中非爾力，豈説之不易者耶？

文章之道亦然。善作者有遒古跌宕之音，有典則天成之格，有壯凉震動之節，有馳驟呼應之勢。其思沉着而要眇，其韵飄逸而端正，使諷者油然生忠孝禮義之心焉。可謂備美矣。然向使非力有餘地，則亦如百斤之椎僅能舉之，而索然氣盡，烏能從容以畢能事乎？故夫力不足者有二患：或疲薾而不振，或叫號而怒張，其爲力不足均也。真有力者，舉百鈞如揖讓，則可與言勇矣。

蓋當世有宋公荔裳之文，屬余讀而序之，其文雄駿而精切，包舉氣勢，按之有故，而出之有本。端見而格已就，篇終而致益深。杰然足以奄有衆美，而追古作者之盛也。此無他，惟其有絶人之力故耳。且夫宋公以詩名噪區夏久矣，今讀其文，如無詩，此其力爲何如哉！黄岡杜濬撰。

《安雅堂集序》　尤侗

柳州之與昌黎論史也，曰：『周公、史佚，雖紀言書事，猶遇且顯也。不得以《春秋》爲孔子累。司馬遷觸天子，班固、范曄雖不爲史，亦敗。左丘明以疾盲，子夏不爲史亦盲，不可以是爲戒。』誠篤論矣！歐陽子謂詩能窮人，世之不工詩而窮者何限，其顯當世成大名者，又非詩之所能窮也。太史公論虞卿，非窮愁不能著書，而其後復推言之曰：屈原放逐，乃賦《離騷》；左丘失明，厥有《國語》；孫子臏脚，兵法修列；韓非囚秦，《説難》《孤憤》。然則管仲、晏子、莊周、列禦寇之書，又何以稱焉？賈生擬《騷》，貶死長沙。劉安、曹植亦擬《騷》，終享富貴。賦之盛者，《兩京》《三都》，不罹灾患。《子虛》《長楊》，乃以受遇人主，未可訾文章之不幸也。顧有不可解者，天地間水火刀兵、刑獄竄謫、飢寒疾痛、呼號涕泪之事，往往畢命於文人之身，而其人生平嵚崎歷落之氣，飛揚沉鬱之思，亦若與之相遭焉。磯而愈出，或者無所歸咎，遂謂造物忌才，而造物者亦受其咎而不辭。然則人禍天刑之説，昌黎殆有感激而云然耶？其不然耶？

以僕所見宋荔裳先生，東海之偉人也。其標格意氣，風流文采，并足推倒一世，如景星鳳凰，争先睹之爲快。自其家門鼎盛，壯歲登朝，出入郎署，回翔方岳。可云仕宦之達，而聲譽之隆矣。然中遭兵燹，播越無家，爲細人媒孽，再繫西臺，經年對吏，南奔北走，寄命網羅，其顛踣跪危、跋胡疐尾之狀，若日有疾雷擊其前而崩崖壓其上也。每當車騎雍容，琴樽俯仰，譚笑未畢，輒有物焉曳之而去。聞者爲先生不平，遂謂有奇才必有奇厄，即先生亦自疑此中有鬼，豈吾以云云獲罪於天耶？然先生之文，用是日益奇，亦日益富。嗟乎！向使先生高步臺閣，日食大官之俸，醉飽久伸，不辨黑白，雖一歲九遷，何足爲先生重耶？又使今日先生懲前車，焚硯瘞筆，以待爵禄之至，未必有大力者負之而趨也。若是者，文亦不工，窮亦不通，豈不悔其兩失耶？且天何能窮先生，先生雖刀俎在前，謗書滿篋，而意氣浩然，顔色自若，揮毫高視，不覺更有旁人。具斯以往，雖涉川蹈火可也。況以先生之才，天將磨礪其筋骨，冰雪其聰明，使之升歌雅頌，以鳴本朝之功德，即今天子開三館以修一代之史，昌黎復起，舍先生奚適矣。區區窮愁著書之説，曷足爲先生引乎？必如太史公所云，則當世薦紳先生，高冠長劍，朱丹其轂者，豈皆無文章以自表見耶？若夫闔門仰屋，一飽無時，短褐長鑱，忽焉將老，天下之窮愁，莫僕若矣，而問所著書，乃不得先生一字，則又何也？康熙丙午六月既望，吴下棘人尤侗拜撰。

《安雅堂文集序》　宋實穎

昔歐陽文忠公之言曰：『唐之劉、柳，無稱於事業，姚、宋不見於文章。』以彼四子之才，猶不能兩得，而下此者可知已！乃有事業顯於朝廷，文章施於金石，以古人不能兩得者而獨得之，可謂厚幸矣，而患難流離，擯折摧挫，每借之以消磨其歲月，而況塞其志氣。豈造物者始與之，復忌之，以見其得之之難耶？抑不如是，無以見文章之重於事業，而使人企慕而愛惜之耶？

余兄荔裳觀察，僑寓吴門，刻其古文五十餘首，而問序於余，且爲余言曰：『余之好是古文也，飲食寤寐，酣嬉淋灕，歌舞宴笑，以至患難流離，擯折摧挫之時，無不得之心而應之手。如山泉之赴壑，而晴嶺之捲雲也；如秋風之掃籜，而明月之出林也。當其快意所至，一往中的，雖古人豈多讓哉！而嶔崎歷落，憂愁慷慨，官未成而已隳，名方揚而物敗，不可謂非文章之過也。夫文章猶若是之難也，而况於事業歟！然余少歷郎署，中踐清華，燕南趙北之區，扶風三輔之地，上溯錢塘，下探禹穴，所至輒有聲，則似事業無足以難予者；而難予者，獨文章耳！夫文章窮而後工，固與事業有妨歟？何二者之不能相兼也！』

嗟乎，荔裳之事業，既已卓犖若彼，而文章又顯融彰著若此，則是姚、宋、劉、柳古人所不能兩得者，而荔裳盡得之矣。固余之所謂厚幸者也，而又何恨乎患難流離，擯折摧挫也哉！且文章爲性之所好，非患難流離、擯折摧挫，不足以見其重於事業，而爲古人所難得也。宗卿直方、司業右之，皆有志事業而兼攻乎文章者，試以是語之，以信歐陽文忠公之言不我欺也。康熙五年，歲次丙午六月，吴門弟實穎既庭拜手撰。

《安雅堂文集序》　程康莊

五岳以泰山爲宗，自昔德業文章之盛，以孔子爲宗。土厚而殊，尤其人必奇，行義必不同於俗。吾聞山東之國，由孔子已來，商瞿、曾參、孟軻、伏勝、匡衡、鄭玄、何休之徒，博通經術；王粲、左思、顏延之、劉勰、任昉，皆能以文采耀於世，風俗與化移易，豈非士發憤厲有根柢之容隱然岳峙者哉！

荔裳宋公，齊之昌陽人也。之罘丹崖，得氣至厚，其爲古文辭，理析秋毫。務豐奇偉之辭，驚態横生，而合其變又不離乎古法，天下慑眼，正能仰視之者。是以紬華若拾遺，遲疾聽其俯仰，無棘喉燥吻之習，而巧復有餘。嗚呼！古文之傳絶久矣，賴公而彰之，以挽三百年之衰，庶幾其有瘳乎！公愛士之誠出於性，成制義、度衷亮、賢疏舉，艷發之士，充廬接踵而至，相與振翰討論，共起居、接飲食，後先所慰薦掘穴岩岩之子，甚備得其心，雖在逆旅而風雅不隔，終宴竟日，日更數十人，故公當瑣尾流離之頃，竭智畢忠、出死力以相從者，悉彰蔽於公，非好著書立説、取友識道，理能若是哉！予王父司空公任山左，由憲副、大參、廉憲、左右轄垂十年，莅其地與公之先世結分獨深，今公不遠千里而錫之以文，亦可以知公之耆文能神期矣。康熙四年冬至前八日，武鄉後學程康莊撰。

《重刻安雅堂詩文集序》

王熙

萊陽宋先生文章妙天下，天下能文之士，無不知先生者。今年春，先生子思勃重刻《安雅堂詩文集》各若干卷，以熙嘗受業於先生，而屬熙序之。嗚呼！先生之詩文，天下皆知之，亦皆能言之，熙何敢更贊一辭？惟是生平患難周旋，離合聚散之迹，則有可述者矣。謹拜手稽首而爲之序，蓋甫執管而泪涔涔下也。

憶自前乙亥，先生舉茂才异等來京師，與先君文貞公申僑、肸之好。家有小樓，顔曰『勝引』，先生至，輒坐其上，相與揚榷今古，軒眉抵掌，流連竟日。熙時八歲，侍坐於側，聽之亹亹忘倦，自乙亥距今六十五年矣。甲申，都城破，先君挈熙南下，與先生遇於武林，訂爲北歸之計。兩家孥各僦舟而居，檣帆連絡，相依爲命。時干戈滿地，風鶴皆警，履危蹈險，其得免者幸耳。至今思之，心猶怦怦然。既達萊陽，先生讓宅以居，暇則課熙爲文，講論《尚書》大指，不以流離故輟業。乙酉冬，先君還京師。丙戌詔再舉鄉試，熙與先生讀書報國寺，維摩方丈，一燈熒熒，咿唔之聲，與晨鐘暮鼓相間續。先君俸入不足供家人饘粥，熙裹襆被從先生，虀鹽或不能繼，猶時時仰給於先生，先生任真推分，藹如也。其年秋，與先生同舉鄉試，明年，同成進士。熙叨預館選，而先生以二甲視部事，邸舍相望，每熙自館歸，先生從署中出，質疑問難，無异蕭寺。未幾，先生備兵秦州，晋兩浙憲長。族不逞子與先生有夙憾，飛書上變。逮先生入對簿，一門咸就縶。詔旨嚴切，中外莫敢窺其門。熙時槖饘往視，持先生而泣，先生笑曰：『死生命也。』雖囹圄中未嘗釋卷。訟繫二年，事始白。久之，補原官，爲四川按察使。會入覲留京師，吴逆告變，妻子皆在蜀，先生志不自得，意悒以死。

嗟乎！先生早負盛名，不得排金門，上玉堂，而浮沉郎署間，俯仰眉睫，可謂詘矣。及總憲外臺，方少自發攄，而爲僉壬所構陷，幾不自保，又何窮哉！既賜環柄用矣，烽烟間隔，室家離阻，卒坎壈以殁，豈真所謂文人晚達而多窮耶？抑古來賢人杰士，自有其可傳者，而不在功名通塞之迹耶？

先生殁之四年，滇、黔、巴蜀，相繼底定。天子徵用文學之士，使先生而在，石渠、天禄之間，自當首讓一席，出其經濟學問，以爲我國家之光，而惜乎先生之墓草已宿矣。雖然先生詩文具在，光芒萬丈，不可遏抑，豈惟當世能文之士相與誦揚，恐後千百世而下，猶將謳吟贊嘆，讀其詩文，想見其爲人。則信乎先生之可傳者自在，而不在遇合之通塞也。

先生之子，盛年工爲文，能守先生之學，比自萊陽來，握手道故，見余髮種種，相顧嘆惜。熙因爲備述先生相遇之始終，與夫生平離合聚散之迹，繫於先生之集而歸之。見熙於先生不獨文章道義漸摩之久；而死生患難之際，周旋最親。俾兩家子弟識之，世世無相忘也。康熙己卯仲春，受業門人宛平王熙拜撰。

《重刻安雅堂集序》

張重啓

吾邑宋荔裳先生，先君子之金石交也。年長先君子一歲，居同里，業同學，德相勉，過相規，文章相砥礪，雖兩姓也，猶親昆弟矣。當勝國末造，邑城失守，先君子結纓殉難，啓齒尚未毁也。賴先安人日夜抱持，出萬死一生之中。嗟乎！煢煢孤孀，形影相吊，誰復過而問之哉！維時先生亦遭尊甫選部公之變，不脱衰麻，偕其兄太僕公、節推公、弟文學公哭先君子於殯所，撫柩號慟，近泪幾無乾土。因摩啓之頂，牽啓之臂，呼乳媪而命之曰：『爾主身後，祇此一綫，汝愼護之，勿少疏。』啓雖幼小無知，頗聞斯語，入以告母，則母子相持感泣，以爲古人不是過也。蓋先生之篤於交情，不以存殁异視者如此。

戌、亥之間，先生宴鹿蘋、題雁塔矣。需次旋里，元夕觴邑侯於園亭，啓初就小學，偕學子數輩，往觀燈火，先生於稠人中呼啓命坐，賜以果餌，詰問章句，掀髯微笑者久之。因舉觴向邑侯而言曰：『此故人之遺孤也，頭角嶄然，他日大成可期，亡友有後矣。』邑侯驚顧而起，嘆先生之高義不絶口。

癸巳，先生以吏部郎出憲天水，由里中之任，歲云暮矣，置酒安雅堂中，遍召親串，款話平生。啓以後生小子，得厠席末。先生即座間題一聯爲贈，曰：『龍劍傳家，共羨江淹花作管；羊車過市，競看衛玠玉爲人。』噫！啓何人斯？敢當先生之揄揚獎藉乃爾耶！

甲午以後，先生宦游四方，久睽色笑。辛丑秋，以牢修告密，由浙臬逮赴西曹。逾年事白，傷非常奇禍，起於骨肉，遂流寓三吴，夢斷鄉關。歲壬子，當寧察先生冤抑狀，起補蜀臬，復由里中之任，宴會親知，仍如赴天水時。啓以丙午鄉貢，業再下南宫第，潦倒青袍，慚負知己。先生顧酌酒相慰曰：『焉有如此才而長淪落者乎？會當從錦官城中看芙蓉鏡下榜，臚傳首唱者，非子其誰耶？』嚴程期迫，叱馭而行，啓隨諸長者後，祖餞西郊，臨歧拜别，以爲先生此去，節鉞開府屈指可待。他時便道里門，親知歡聚猶如今日也。詎意癸丑入覲北來，遽有吴逆之亂，先生聞報，慷慨發憤，氣塞胸臆，竟以疾終於長安邸舍矣。又五年己未，啓始僥幸一第，而先生之墓木已拱矣。經過西州，羊曇痛哭，啓獨何心？能不悲哉！

先生舊刻《安雅堂集》文賦詩詞共若干卷，喪亂後，板葉殘闕。其仲子思勃補緝訂正，復成完璧。今春二月，薄游都門，垂涕囑余曰：『先大夫刻集，大人先生前後各有序矣。同里戚誼之篤、知交之深者宜莫如子。子無言，何以慰先大夫於九原乎？』嗚呼！先生學富五車，胸羅二酉，文則追踪兩漢，賦則媲美《三都》，詩兼庾、鮑、李、杜之長，詞擅秦、柳、蘇、黄之勝，四海之内，五十餘年以來，無不知荔裳先生之人者，即無不讀荔裳先生之文賦詩詞者。不惟啓不能序先生之集，而先生之集亦何待於人之序之哉！故謹述兩世交情，以見先生之存心制性，可以質聖賢而不愧，非僅當代之文人已也。若云序先生之集，則吾豈敢。時康熙三十八年歲次己卯上巳後三日，同里眷姻侄比部郎張重啓頓首拜撰。

《重刻安雅堂集序》

周金然

東萊宋觀察荔裳先生，詩文膾炙海内，余髫年已習聞其名。至康熙己酉，始識先生，一見遂托末契，定忘年交，相與游覽金、焦，登燕子磯，歷秦淮、鍾阜諸勝，栖遲盤薄，所至輒共題咏。每寫一景、拈一詩，各據一几，含毫伸紙，余屬草甫竟，先生已脱稿矣。頃之易以相印。雖謬賞鄙作，相視莫逆，未嘗不嘆服先生之敏且工，不自覺其瞠乎後也。

歲辛亥既先後入都，仍數共晨夕，尊酒論文，致足樂也。壬子春，先生旋補蜀臬，分手殷依，則詩以送之云：『馭應回九折，棧定歷千盤。回首長安近，休嗟蜀道難。』至秋，余舉於京兆，留滯燕山者二載，方嘆知己之不易逢，賢豪之不恒聚，停雲落月，耿耿余懷。會先生以覲事赴闕，驚喜過望，雖獲握手留連，非復曩者笑談酬倡、歡焉道故情悰矣。私衷正隱慮之。未幾傳聞成都失守，傷亂思家，日益危篤，遽歸道山。憶彌留訣别，猶喃喃荷荷相期千載事，怛化摧心，可勝道哉！

嗟乎！以先生之才之學之懷抱，而志業未遂，漂摇户牖，著述散佚猶多，皆後死者之憂也。兹幸嗣君思勃，克念箕裘，以舊刻《安雅堂集》殘缺漫漶之餘補輯重梓。以余知先生最深，而屬爲玄晏。噫！象賢肯構，莫大乎是矣。追維聯屐登臨，同舟游泳，風雨殘燈，恍若夢寐。而宿草興悲，何忍執筆序其遺稿？而誼有不容辭者，聊志我兩人交期始末若此。至其詩若文，向推一代作者，有目共睹，寧煩更益一詞哉！康熙己卯仲春，雲間周金然斷山拜題。

《重刻安雅堂集序》

嚴虞惇

余年弱冠，見萊陽宋荔裳先生於吳門。先生與先君子交相善也。嘗與先君子論古今人物及文章氣運之升降，酒酣以往，辯難往復，各不相下，鬚髯猬張，大聲殷墻壁。余時居末座，灑然變色者久之。爲文章凌紙怪發，龍蛇變現，如雲興泉涌，頃刻數千言不少休，見者震掉悼栗。而先生意氣自如，蓋天授非人力也。先君子命余以文正於先生。先生曰：『此子筆力雄健，异日當讓一頭地。』先君子顧余而喜曰：『小子勉之，先生命之矣。』先君子於文章少所推讓，獨心折先生暨新城王先生。新城自都門貽書徵序，鄭重期許。而先生自吳之越之金陵，詩歌唱和，溢於卷軸，流於江湖。洎先生奉詔入都，觀察蜀道，遂音問相隔，不復相見，而先生亦遂弃人間矣。

先生少負异才，風格豪上，顧屈首郎署，不獲登承明著作之庭，非其志也。洊歷外臺，分藩建節，駸駸通顯矣；復中蜚語，幾蹈不測。故其詩沉鬱頓挫，有勞人志士之思。覽古寫懷，登高狀物，江山資其凄惋，風雨壯其羈愁。屈子奏重華之詞，賈生續沅湘之賦。然而風流節概，豪宕感激，懷鄉戀闕，怨誹而不怒，蓋《國風》《小雅》之遺音歟？假以先生之才，使之鋪張鴻庥，揚厲偉績，庶幾與古之作者相後先。惜乎浮沉外僚，跋前躓後，卒至崎嶇嶺嶠，羈孤萬里，何其痛也！先生與新城諸公，舊有『燕臺七子』之目，今新城在日月之際，參預密勿，旦夕輔政，而先生則竟已矣！然而先生之文窮而益工，久而益彰，其精氣光怪不可遏抑，不有得於今，必有得於後，決不沉溺銷蝕無疑也。

先生歿二十餘年，子思勃哀輯遺集録而刻之，以余嘗奉教於先生，屬爲之序。余學殖荒落，回思提命緒言，深負名賢知遇。顧以通門世好，側聞末論，撫今道故，不敢以不文辭。更念先君子昔年文酒過從，雄談高論，頡頏馳騁，今先生詩文大顯於世，而先君子遺集數百篇，未授剞劂，小子無似，無以發揚前人之光，執筆而序先生之集，尤重有愧於思勃也已。康熙己卯三月下浣，虞山後學嚴虞惇拜書。

《讀安雅堂拾遺集有作》代序　尹繼善

安雅堂中句，由來北宋傳。杜韓堪并駕（阮亭先生論詩，謂康熙已來，詩人無出『南施北宋』之右。先生五古歌行，時闖杜、韓之奧。見《池北偶談》），庚鮑可齊肩。祖德真良治，孫謀有象賢。遺詩同韋孟，奕世又重編。

乾隆十一年歲次丙寅夏月，三韓尹繼善拜題。

《安雅堂拾遺集序》

楊繩武

萊陽宋觀察荔裳先生，以詩古文詞衣被海内近百年矣。其詩初與宣城施侍講愚山并稱，有『南施北宋』之目。後無錫鄒流綺先生有《國朝五家詩選》、石門吴孟舉有《八家詩選》，鄒列先生於五家之末（一錢牧齋謙益、一吴梅村偉業、一熊雪堂文舉、一龔藝麓鼎孳），吴列先生於八家之先（次曹顧庵爾堪、次施愚山閏章、次沈繹堂荃、次王西樵士禄、次程周量可則、次王阮亭士禛、次陳説巖廷敬也）。藝林嘖嘖，咸推爲金聲玉振。第先生生平坎坷，總憲兩浙時，奉詔嚴切，事起倉卒間，半生著作盡失。（先生壬寅除夕有『平生思著作，一旦付沉淪』之句。）既白，弃家游吴、越。久之，補官蜀臬，復彙訂《詩集》三十卷，携之成都。（見阮亭《池北偶談》。）次歲入覲，蜀亂，没於京邸，全家滞蜀，此漁洋山人所以有『宋玉今終古，西川信未通』之作也。兵亂之際，全集烏有。定後旋里，康熙己卯，曾搜羅重刻一集，然不能得什一於千百矣。是以平生著述，雖流播人口，而欲窺全豹者，究以未得滿志爲憾也。先生名門世胄，文孫仁若（永年）及澹褒（恬）暨梅亭（邦憲）等俱克世其家學。而梅亭鋭志綱羅，南北驅馳，凡於耆舊宿儒，斷簡叢編，以及驛壁旗亭、練裙紈扇，見先生一字之題、一篇之作，手自繕寫，彙而刻之，爲《拾遺》若干卷。雖西蜀全篇，無從再遇楚弓，而視己卯重刻之集，目次相埒。會與余相遇金陵，屬爲之序。

余惟先生詩文，標榜一代，雖殘膏剩馥，罔不俎豆文壇。昔尤展成先生序先生文集，謂文采風流，推倒一世，而奇才奇厄，此中疑有鬼神。是前輩巨公宗匠，論定已久，固無俟後學之品題以爲增重，而獨喜梅亭能表章前人餘業，比之范喬捧硯，魏謩傳笏。説者謂遺詩韋孟，再見今兹。其志較苦，其力較勤，而其所繫爲尤重也。遂書以引其端。乾隆丙寅，後學楊繩武書於鍾山書院。

《安雅堂未刻稿序》

彭啓豐

萊陽宋君仁若，輯其王父玉叔先生未刻遺集若干卷，分余門人余生集來求序，余讀而嘆曰：甚矣哉！先生之不幸也。先生早歲登籍，中丁家難，晚遭逆變。燕、秦、越、蜀，游歷殆遍。仕進齟齬，卒未得如其志，人争惜之。而吾謂此正不足惜，蓋不極天下苦硬之境，不能道天下秀杰之句。昔龍門氏足迹遍寰宇，探九疑、窺禹穴，涉歷既久，退作《史記》，具瑰奇鬱勃之觀，論者謂借助於山川者居多。杜少陵值安、史之亂，間關氛祲，曾無虚日。而避蜀逃秦諸作，忠義激發，亘古彌今。然則當日所歷山川險要，戎馬倥偬，其所以增益先生者不少，又烏足爲先生病哉！

先生文名振海内者百年，所著詩多凄清激宕之音。嘗手定詩三十卷，携之成都。蜀亂後，妻孥羈蜀，而先生以入覲卒京師，此稿遂不可問。康熙間重刻一本，殘膏剩馥，迥非原書。今仁若於重刻之外，復加甄綜，都爲一集，頓還舊觀。所登諸作，酬應贈答，什居六七，然往往逼史氏而方少陵，使全集尚在人間，其山川之所涉覽，時事之所錯更，與夫流離遷徙、感懷撫事之作，正復不知何如？且將與此本較其存逸，惜乎軼而不傳，無從參互而考訂也。仁若能於散佚之後，斤斤保守，罔敢缺遺，復手自校勘，壽之永久，固孝子之用心。彼歸玄恭之刻《太僕集》多紕繆者，何足方兹？百世而下，有讀書論世之君子，因其所及見，而思其所未見，其慨慕當何如？然則此集雖不足以盡先生，正不可謂非先生身後之幸也。是爲序。乾隆丙戌夏日，賜進士及第、兵部尚書加五級長洲彭啓豐頓首拜撰。

《二鄉亭詞序》　董俞

萊陽宋荔裳先生，以文章名海内久矣。乃人稱其登臨宴集之暇，好爲小詞，甫脱稿，輒爲好事袖去。尚書紅杏、郎中花影之句，恒津津人齒頰間云。閑讀《安雅堂》所載古文辭暨各體韻語，絶似昌黎、廬陵諸大家與建安、開元時人。不禁嘆曰：『美哉！泱泱乎，東海之風，于鱗以後，一人而已！』顧以未得讀其詩餘爲恨。

一日，先生駐驂五茸，得追隨杖履。采蒓澱湖，玩月九峰。歷壽夢之遺墟，吊平原之故館，夕陽蔓草，流水寒鴉，相與徘徊不忍去。於是出其奚囊中長調歌之，多商羽之音，秋飆拂林，哀泉動壑，不足以喻其崢嶸蕭瑟也。已而置酒名園，銀屏絳蠟，掩映於花榭竹嶼間。檀板紅牙，肉倡絲和。先生復出其小令爲曼聲歌之，如新箏乍調，雛鶯初囀，尖佻新艷，不數齊、梁《子夜》《讀曲》諸歌。噫，觀止矣！湖海之作，傖父辛、劉；閨帷之製，衙官秦、柳。此真子建天人之才，邯鄲生能不爲之咋舌汗下乎？余嘗謂之曰：『不朽之道，人患其少，公患其多，豈欲占盡文苑諸家耶？抑公以生平風波危懼，跋胡疐尾者尚少，而更將深造物之忌耶？』先生爲之捫腹微笑而已。康熙己酉暮春下浣，雲間年家後學董俞蒼水題於玉屏梵閣。

《祭皋陶弁語》　杜濬

雜劇院本，詞家之支流也。然出之有道，要不爲無益於世。蓋古之忠臣孝子、義人烈士，事在正史，不但愚氓無由知，即淺學儒生，至有不能舉其姓字者。惟一列之俳場，節以樂句，則流通傳播，雖婦人孺子皆知稱道之。故雜劇之效，能使草野閭巷之民，亦知慕君子而惡小人，此莊士之所不廢也。

余家藏書不修，嘗就余所見，輯成《史泣》《史笑》二書。若以傳奇家例論，則《史笑》多净丑，《史泣》多苦生，其間尤痛心酸鼻、不能已已者，莫如東京之范孟博，南渡之岳鵬舉。鵬舉之事，既已廣被樂府，獨恨孟博未遇奇筆。一日，客有授余《祭皋陶》四齣者，余驚喜讀之。大約以辛辣之才，構義激之調。呼天擊地，涕泗横流，而光焰萬丈，未嘗少減。作者其有憂患乎？其有憂患而無患乎？夫無孟博之憂患，决不能形容孟博之直氣，使千載之上，宛在目前至於如此也。亦足見雜劇之功偉矣。

或曰：『吴導、郭楫事在建寧二年，不祭皋陶與抗辯，王甫案可考也。漢帝赫然誅牢修、節、甫，而大赦黨人，孟博歸田養道，庸得若是乎？』余曰：『不然。夫正史能紀實，而不能翻空；雜劇能翻空，不能翻人心之所本無。彼誼辟神靈，而忠良得蒙澡雪，此所謂翻空，而非人心之所本無者。夫古今之人心，即古今之實事，空云乎哉！彼正史所載，妄語耳。』康熙十一年春仲，杜陵睿水生題。

《雜劇祭臯陶題詞》

王蘋

每疑祭臯陶一段公案，强作解事小兒，便道臯陶爲古來第一明允刑官。今日建牙若盧堂上，冤民朝夕膜拜泣禱，决不負人香火。請看范孟博爲東漢奇男子，突遭牢修媒蘖奇禍事，孟博慷慨不數語，即爲奏聞上帝，立見平反。爲後世設人理人心萬年京觀。載之祀典，徵以百牢，詎逾歟？予聞而嘻曰：『此是□碧翁索性培護善類，渠何與事，輒妄獵人間酒肉乎？若值帝醉時，百臯陶無濟耳。不見秦之圜土，歷百餘歲尚化爲丐酒之蟲邪？』或曰：『唯唯！否否！閽高九重，提救者誰？苟非虞廷士師惡不可爲，我不爲惡者，烏得而免諸？』由此觀之，若有能不祭臯陶者，方許他祭臯陶。康熙癸丑暮春之初，凡鳥山鄉隨緣居士題於綉林草堂。

（輯自宋琬著、馬祖熙標校《安雅堂全集》，上海古籍出版社二〇〇七年版，第八一五—八三七頁。）

三、作品節選

宋　嶽

重修丹陽殿碑記

□□□真人懸實道教宗師□真之一世□□石遷寓東牟，丱角時，心已在風塵表。年四十，遇王重陽，立談契合，刻苦修真。師事重陽，恩若孔顏，從游歷覽，福地洞天，罔有不至。心得秘訣，大道果成。歲當壬寅，真人六紀，復回海上，道經是觀，睹名游仙，乃語衆曰：『茲正吾歸宿處，吾師向所指示者。』遂不復他適。明年冬臘月，既生魄有六日，當子半，風雨俱作，迅雷大震，真人乃東首枕肱而化。迨旦，神詣酒監郭復中家，索筆留頌曰：『長年六十一，在世無人識。烈雷吼一聲，浩浩道風起。』又適劉錫宅，留頌屋壁間云：『三陽會裹行功圓，風馬乘風已作仙。勸汝降伏龍與虎，自然有分亦登天。』别少頃，人傳師半夜已逝。時人駭焉，方識真人死而不死之神化矣。其侍從之徒，卜地觀東隅，葬仙蜕，建祠塑像，歲時行祝。後數年，爲馬氏子孫訟於官，徙仙蜕歸葬東牟。逮有元入宰中華，崇尊道教，贈以師祖，錫號『丹陽順化慈願真人』，更『游仙觀』爲『游仙宫』。適龍集甲辰歲也，制下時有真人法孫虚静應照真人李君泰者，復迓仙蜕改葬於宫之乾隅。君泰發其所積，博鳩良工，建修殿宇，像塑儼然，迄今已經百年，風剥雨落，鼠穴雀穿，不能無所凋敝，故瞻禮者率用戚然。爰有宗子道會吴姓而奉真者，特心修煉，冠絶道流，一旦以重修爲己任，既罄己囊，又資賢達。欲柱之堅久也，則更以修石；欲吻之壯觀也，則易以琉璃。黝堊丹漆，材甓孔良，碧厥牖而朱厥户；播以花卉，萃以怪石，廣厥垣而峻厥墉。計修於天順丁丑春，而落成於庚辰冬。奉真可謂修舊起廢，有光於丹陽者矣。

近者遣伻來京，丐予作記。予因嘆曰：『昔丹陽得遇重陽，一晤遂穎。厥後脱仙蜕於是宫，其灼見仙家秘語，因可想見。既榮錫寵號於异代，游門墻者惜其生時之不同，幸其道傳之有自。果能心領神會，得於夢幻，俟夫行滿功成，龍錫之號，又有得焉。將俾後人目之曰：丹陽仙迹永不替矣，丹陽道妙傳無窮矣。詎不偉云？爰述於此，以垂示將來云。』

（輯自《康熙萊陽縣志》卷之一〇『藝文』條，原文題目漫漶不清，似爲『重修丹陽殿記』，民國本《萊陽縣志》卷三之三下『藝文·金石』條則衹録『《重修丹陽殿碑記》，宋潡撰』，未録全文。現按民國本《萊陽縣志》中之題目，并輯録《康熙萊陽縣志》全文。此文亦收録於王宗昱編《金元全真教石刻新編》，北京大學出版社二〇〇五年版，第六二三頁，題爲『重修丹陽殿記』。）

宋孟清

編輯詩學體要序

詩之所難知者體，而最難知者要也。知其體，而不知其要，則聲律無所諧，而所言者泛泛矣；

知其要而或出於體，雖律嚴語奇，亦非所謂佳作也。故兼體要而得之者爲難，而學者亦嘗病焉。弘治癸亥秋，拙承乏訓漢中，講習之暇，諸士子以詩學之要請，拙授以《修辭衡鑒》及諸名賢詩話。既而初學苦其浩瀚，難於檢閱，故不揣陋劣，采摭古今詩學嘉言於前，復次以諸家體制，原其始而綴其要。開卷之際，不俟揣摩臆度而體要備舉，其於臨題造語，庶幾有所持循，而進有所不昧矣。便於初學，豈待口耳之贅也耶？雖然，於古人規模間架聲音節奏，皆可因此而步趨矣。然其立意吐辭之妙，超越古今，而自成一家之言，又非拙所知也，豈可規規於此乎？弘治甲子春三月吉旦，漢中府儒學訓導萊陽宋孟清書。

《詩學體要類編》目録

卷之一

詩源　詩變　捴説　諸名賢詩話

卷之二

四言古體　五言絶體　五言近體　五言排體　六言絶體　七言古體　七言絶體　絶句拗體

絶句側體　七言律體　拗體律　七言排體　柏梁臺體　無題體　咏物體　騷體　賦體　樂府

體　長短句體　詞體　宫詞體　竹枝詞體　歌體　行體　操體　曲體　吟體　嘆體　怨體　引

體　鹽體　謡體　咏體　篇體　禽言體　香奩體　聯句體　集句體　回文體　一字至十字體

調體　和韵體

卷之三

箴體　銘體　贊體　頌體　辭體　誄體

（以上輯自顧廷龍主編，《續修四庫全書》編纂委員會編《續修四庫全書一六九五・集部・詩文評類》，上海古籍出版社一九九六年版，第一九九—二〇一頁。）

宋應亨

書札二則

其一

故人聚首時，歡若生平；去後之思，翻憶從前之不獲朝夕也。離况日深一日，所謂『一日三秋』者，良不誣也。捧翰教，恍如面談，知福履安吉，稍慰闊懷。日晤北海年兄，極道高誼，亦云不可得之今人，信秉彝有同然耳。虚揚兩月不足供束裝之資，台下之品自高，然亦太節也。雖歸心甚迫，此别未卜何期，倘不鄙弃，再辱臨，爲十日飲，同作散場，亦快事也。台下許我否？承諭李舍親書，敬付盛使，第其人不甚通方，恐肉眼未必能識此高人，反爲台丈笑耳。審編方竣，草此上復。

無限離思，難究穎楮，惟有神與偕往而已。計明春長安可圖一晤也。殊甚懸結。弟亨又頓。

其二

聞年兄山居下帷攻苦修大業，以時考之則可矣。兩次不第，便竟此物無味，且將有窮途之悲也。年兄高才邃抱，自當雲霄而上。如弟駑駘之質，老征種至，窮魔却之不去，日以冗雜應付作苦。但得無事，山居兀坐片時，亦是清福，况讀書乎！年兄何以命教之？兹黎園一班，久居敝邑，頗能事人。小旦二陳，青春稍逾，斷袖仍堪，繞梁之音，足供清賞。今持敝邑李父母書，投貴邑令君并謁諸大君子。弟極知不敢煩年兄，但各索書叩謁年兄處，義不得辭。敬藉羽修，候倘下帷之餘，一曲一觴，亦甚快事。萬不敢損年兄惠，但祈於貴令君處，賜之齒頰，命從者稍吹嘘之，口角春風，即渥澤也。不得已之請，諒年兄自能鑒原耳。臨池，南向神馳。弟亨又頓。

（以上輯自陳介錫輯《桑梓之遺録文》，《山東文獻集成》第一輯，第40册，山東大學出版社二〇〇六年版。）

宋璜

書札二則

其一

按臺特臨敝邑，止求了此欽案，遞報詞訟概爲却拒。且敝縣邏役密布，即有冤極伸告者，未得其利，先受害矣。雖有司父母爲計甚得，祇難爲此百姓耳。接手教知爲猾胥咆哮，輒敢以不法之事加黄年伯之僕，殊可切狠。無論年伯不肯坐受無端之辱，即鄉民亦不願此也。時值家君有膠東之行，深以不獲奉黄年伯之委，自兹惴栗。弟即持黄年伯原札求陳父母，轉學閔狀，陳父母偶以小事失檢，致按臺怒責典史，因而遷及有司。以素無能爲之父母，值此自救不暇之事，又復却顧不前矣，爲之奈何？欲令黄使竟爲投詞，恐無道之者以衆人混處，更於體面不光矣。計不知出，祇得令之暫返，家君必往晤黄年伯。就中消息，酌而後行，未爲晚也。至若楊司理，公當自有説，以期必濟，安肯令小人得計乎？黄年伯事，弟以身視之，特束於無可如何，而不得不靦顔以報耳。如有心力可盡而故自假托者，真昇類也。來使想自能詳其原委，幸婉致之年伯，感甚！感甚！所云叨儀，吾兄何不以人禮待弟而薄視若此耶？亦殊可笑。即尊兄捫心自揣，當復自笑已。知契兄弟，勿再作此市語也。率復，不莊、不悉。弟璜又頓首。

其二

事之無璜之罪也！爲知己者死，亦復何憾！樸直一念，天地鬼神鑒之。此時家已破矣，已心盡而力竭矣。大丈夫做事，死不肯悔，矧未至死乎！出金贖人，初非怪事，論匿則三九見在彼家。論取贖，則滿有明例。北平所可自信者，此情此理。所持以難先生者，惟在不來，來則何難主持乎？尊諭敢不識心？自有此事以來，不并力圖謀，全家死於月内。諸所欲言，去人自能口悉之。晚璜頓首。

（以上輯自陳介錫輯《桑梓之遺録文》。）

宋琬

（一）五言古詩

上方寺書見我上人壁　二首

其一

自我辭鄉邑，望舒六七園。客心畏春草，墮泪梅花前。有時出東郭，乃至招提邊。忽如久行旅，還見舊山川。柴門頻散步，竹屋怕獨眠。夜雨聲蕭蕭，孤燈寒悄然。仿佛若有悟，欲言未可喧。微聞古佛語，萬象如浮烟。

其二

鄙人寡静氣，聞道苦不早。荏苒塵鞅中，晼晚忽已老。晨興攬明鏡，面目難復考。予髮未及華，雕落如蓬葆。意者造物心，髡之事幽討。大師休惠儔，天極秉要渺。默然磬聲寂，微雨起枯槁。飛飛兩白鶴，日夕虛郎繞。愧此欲終栖，松花飯可飽。

寄李寶應叔則

孔鸞不妄集，翔鳴必梧楸。志士惜羽儀，委身良有由。壯哉張子房，毀家爲仇讎。報韓乃事漢，功名拜留侯。丈夫志貴成，豫讓翻足羞。關中有李子，仗劍東南游。其志豈徒然，徘徊空道周。湖干領薄書，顧予心悠悠。登樓劃然嘯，夜静魚龍愁。酒酣發濡墨，揮灑皆銀鈎。四座歌且嘆，况乃聞箜篌。賤子秉微尚，間關非有求。慰意欬謦間，是夕緩羈憂。歸來纏舊疴，偃蹇依荒丘。時命不我與，躪藺將誰尤。淮水日悠緬，夢想在方舟。南征多飛鴻，矯若輕雲浮。燕雀雖滿目，啁啾安足謀。

春日曹侍御秋岳齋中社集

飄風振修翮，巨壑寡纖鱗。下士懷蓬蒿，凄若田間鳥。京洛盛才彦，珥貂皆俊民。王路廓以夷，朱鳳欻然臻。金張初列第，崔蔡方卜鄰。吉人會休浣，爲樂惜良辰。清商揚素徽，夭采亂華茵。置酒臨廣衢，逍遥跤長津。日晏青門道，柴門何轔轔。健兒射獵歸，割鮮染朱輪。驚沙莽的礫，栝柏斧作薪。我心懷悱惻，太息難重陳。沉沙渺難理，感慨非一倫。常恐年運往，奄忽隨飆塵。陽烏厲歸翼，矯矯安能馴。庶以瑶華音，慰此長苦辛。

清明日孫介黃吏部招同趙韞退常傳即席分韵

玉衡指東陸，百卉繁以滋。澤蘭被廣薄，箓藻散華池。倉庚語猶澀，卷耳紛已披。嘯侣未易諧，良辰方及兹。虚堂絙瑶瑟，左右陳尊彝。徘徊望雙闕，宫雉鬱參差。班馬聽其群，日夕清笳吹。明月足感人，況伊懷輕䬛。側想鐘陵宴，宛彼清江湄。朱樓夾回沼，翠筱相因依。復此山公酌，接□歸倒持。俯仰若崇朝，青曦已載移。余髮如枯桑，安比垂柳絲。朝爲燕雀翔，暮與黄鵠隨。愴矣遠游子，時畏春風欺。

旌旗別業

結廬在山足，山勢如垂斿。相與共昏晨，數過成遠游。間身會有時，遂得恣遐搜。披翳察宿莽，脱葉行復勾。春風蟄樹中，怒發不可揪。荆榛荒有緒，篁笿回相繆。紅者爲橡葉，黑者如漆髹。白日無曠照，細泉多奔流。時聞驟雨過，出門聽已收。坐卧荒草間，颯然疑凛秋。皋陸亂雲氣，松脂何油油。樵人照徑歸，餘烟及含裯。因懷山水篇，明膏嘆莊周。逝將從兹去，感令夙疾瘳。

寄懷耿徂徠

長離奮曾霄，葳蕤振修翮。瑯玕不妄餐，況乃玩松柏。伊人實孤騫，屏足謝人迹。晦此清廟姿，儼然天竺客。疇昔展佳覿，相將卧瑶席。秋池散芙蓉，白露鴻飛夕。清言接曙鐘，衆中見彩隻。歲月何晼晚，朱明時復易。冉冉懷百憂，垂老嗟物役。攬衣步中逵，荒途渺阡陌。大江日夜流，東歸竟安適？惆悵襪陵山，何由理輕策。

融默上人五十壽

我夢敬亭好，烟月空蒙蒙。嘗思謝簪組，結廬白雲中。况聞休上人，振錫雙溪東。清言領衆要，豁達披群蒙。雖懷出世姿，雅慕平原風。行年方及艾，丹顴如霜楓。方舟限河梁，日斷南飛鴻。營營婚宦淵，蹉跎誤微躬。繩床如可接，何日覺余恫。江天暮徙倚，素心幽磬通。

報李溉林明府

皖城黑子邑，城郭無百□。往在太平日，井税恒苦愆。况乃困兵革，蓬蒿盈中田。吾友燕趙豪，射第當少年。剖符近三載，不施樸與鞭。昔時半流亡，負子今來旋。努力事耕作，桔槔聲相連。東菑勸稼歸，時弄三兩弦。素書不我遺，言發樅陽川。蒔香方及摘，竹篚青絲纏。置我白玉碗，酌用姑溪泉。感君此幽意，三復瑶華篇。黄鳥眷儔匹，飛鳴何翩翩。離憂杳江湖，寄言咏慎旃。

（二）四言古詩

岱宗十章爲大司農謝公壽

奕奕岱宗，帝天之閫。降興雲雨，含毓星辰。陵衡阜華，圭璧爰臻。嘉會貞元，實誕宗臣。

維此宗臣，在濟之滸。噦噦孔鸞，載翬其羽。秉德無回，華中在虡。迭用柔剛，焉知茹吐。

炎德浸微，兆先金版。龜筮不猶，人謀曰舛。譬彼横流，方舟莫展。不有哲人，曷維其戩。於赫王家，飛旆自東。既克蚩尤，四方來同。士無頓甲，車不再攻。歸馬燕山，宅是鄗宫。帝用非康，求我黄耇。孑孑千騎，賁於川藪。翼亮天工，承弼左右。三命孔嘉，公拜稽首。天子曰咨，汝佐司徒。公曰念哉，下民其痛。筐篚之求，非慮非圖。務德勸分，下民其蘇。邦之肇逢，戎車日毖。芻飛萬里，民用不匱。行有糇糧，野多遺穗。黍稷稂稂，農人是飼。惟帝曰都，予懋汝席。爰陟上卿，俾管大農。紀於大常，策名鐘鏞。路車象弭，赤舄雍容。湯湯溟渤，吐納洪濤。岳岳昆侖，不有其高。淑人君子，令聞孔昭。如玉之瑩，如松之喬。咳貴良金，匠程華棟。造父操御，轅轡滋重。管庫之微，義取采葑。瞻仰崇丘，岡陵是頌。

春日曹侍御秋岳招同龔芝麓、王敬哉、趙韞退、李舒章、王岕菴、張爾唯社集，賦詩分韵

玄鳥載旅，旭日斯雍。有風自東，吹彼倚桐。祁祁靈雨，□□其霏。彼美君子，振佩揚暉。薄言采薇，於澗之端。策我輕輈，被我素紈。有翩者鵠，羽翼薄霄。跂跂鶯斯，亦戾維苕。陟彼高臺，以瞻怕碣。涂廣怨遥，逝若將耋。鬒髮如月，朏則復魄。憂心非草，不可以碧。永懷孔疢，非渴非飢。采采揭東，施於道垂。箓蘋齊葉，朱華乃吐。客不我斯，歲不我故。東望故鄉，鬱何崎崟。何日叙悲？視此瑟琴。

紀愁詩

其九

納納乾坤内，難容七尺身。楚囚差足擬，江賦未能陳。敝宅唯三畝，高墳半六親。高衢逢故吏，相語泪沾巾。

其十

落日慘無暉，涕痕雪共霏。愁來衣不解，怒與劍相依。四海風塵苦，中原戰伐威。鄉心一千里，應逐寒鴻飛。

吴門訪孫陀山不值

伯通橋下問，君或爲人舂？飢出懷中札，夢勞江上峰。别來飛壘燕，相勖憶憐鐘。惆悵空芳草，王孫未可逢。

病中偶筆

微軀資藥餌，歸路怯兵戈。但有臨風泣，誰能對酒歌。呻吟僮僕共，躑躅夢魂多。何日滄江畔，柴門掩薜蘿？

方爾止納姬戲贈

不見方干久，相逢忌所遭。驚鴻儼洛浦，珠佩呆江皋。莫賣成都卜，還求脊恤膏。白頭吟可念，何用假錢刀。

贈賈如雲

國難頻傾覆，逢君歌式微。少年馳玉塞，奉母采山薇。宛馬深相戀，韝鷹待一飛。何時雲閣畫？賈復拜侯歸。

贈別曹秋岳太僕

其十二

蕭瑟高齋夜，寒燈坐詩論。霧霾康樂裏，客散季長門。近態如徂喜，從來有免爰。江湖新恨滿，試與望平原。

（四）七言律詩

攆冠道人詩　二首

道人，湖上之隱君子也。余在韶光寺西精舍見之，云弃官歸即隱於此。妻若子顧尚在，鬚鬢雖始皤，狀貌纔如三十許人，所居屋榜曰『活埋』。水淲淲流几榻間，可掬可漱。道人不假辭談，自然超默。

會日暮乃别去，但聞磬聲蒼然而已。後游不果，遥有此寄。

其一

篔簹千畝閉孤嶺，嘯罷惟聞鸞鳳吟。落日看山九節杖，秋風吹壁一弦琴。石羊戢戢初平叟，野鶴飛飛支道林。試問先生何所悟？空山明月兩無心。

其二

十丈丹梯未可躋，攬石歸去笑醯鷄。似同梅福居吴市，當學梁鴻入會稽。流水依除如過客，白雲繞磬失來溪。他年不負蘇門約，布襪從君弱水西。

武林晤候赤社

其二

旄丘之葛賦堪哀，欲滌羈愁酒數杯。落日扁舟勾踐國，當時走馬孝王臺。厭聞河朔戈鋋起，親話淇園竹石苔。知爾窮愁應有作，江湖流寓本多才。

七子討

七子舉孝廉，并出余兄玉仲之門。余在武林與之游，各贈以詩。（按：其中『吴錦雯』已載《未刻稿》）

俞天池　於潛

層城紫霧鬱岧嶢，仿佛伊人爲建標。竹箭由來南國富，彩毫直與北峰超。露臺射策凌三殿，燕市嗚珰起六朝。羡爾春明烟柳外，青袍草色碧遥遥。

屠琴山　秀水

王家弓冶舊珠琴，公子新聲忽擲金。僕本恨人懷不淺，子非窮者嘆何深。鄴臺自重漢南客，魯女難忘漆室吟。冰雪一函良覿在，澄江如練是君心。

彭玉城　仁和

繫攬西陵歲欲寒，薄霜初染岸楓丹。憐余敝褐隨孤雁，把子奇文陟晚嵐。叔夜人如湖上月，靈均佩是澤中蘭。布帆取次清江發，急向承明策治安。

王白虹　餘杭

嘉客相逢咏阜螽，疏麻折贈意忡忡。高樓握管逢王粲，長笛當風拜馬融。年少有懷書盡泪，時艱還賴筆爲弓。烽烟聞道憂黄屋，好請長纓五柞宫。

沈日觀　慈溪

飛英服皂錦爲輿，蹀躞春風視八區。愧我不訓青玉案，思君遥隔白蘋湖。青衫緇葛都人士，斑管牙璋子大夫。射策清時無忌諱，好陳三策佐訏謨。

張鹿野　歸安

君家筐篋賜書輝，公路翩翩修且頎。平子兩都誰早就？司空雙劍不孤飛。秋風作賦芙蓉浦，宛洛嗚鏢楊柳衣。寂寂江天風雨夜，相思能不憶玄暉。

贈蘭田叔畫師

大痴一逝風流盡，自得伊人地不孤。誰使時流訛北苑，還將老筆貌西湖。謝鯤醉後齒先折，張旭狂來髮可濡。十幅生綃曾許我，不知酒債又酬無？

贈陳人中先生 三首

其一

十年華采羨長離，拜手皐亭愜動思。我問融修見小大，君論蘇白格高卑。六橋烟暖鶯千樹，五泄雲深月一規。葛屨擔簦稱弟子，好從禹穴訪遺碑。

其二

雕觚風立欲千春，爲政交推第五倫。騷雅何年存此調？性情夫子得其真。何時豪邁聞操蔗，終古詞源屬斫輪。堪笑狂奴誠泛泛，方知日月恕庸人。

其三

切雲冠佩陸離裾，坐擁敦彝意氣舒。春日湖山遥訖瑟，中原兵甲夜飛書。江東顧眄誰無嘆，天下安危望敬輿。嘗怪鄴臺諸子盛，祇將文字紀黄初。

潤州喜晤赴五赤霞

十年聚散如零雨，尚憶齊帝舊酒壚。屈指弟昆雙鬢短，側身天地一身孤。高樓夜嘯魚龍起，廣澤春寒雁鶩呼。撫劍欲歌還欲舞，壯懷激宕詎能無。

別楊鼎臣舊矣，舟中偶值，喜而有贈

曾向燕臺看孟勞，片帆忽下廣陵濤。欲追往事聊呼酒，醉露新書是反騷。挂壁蛟螭時欲嚮，浮家舴艋自能操。不因漂泊憬相問？肯信吾今有二毛。

與孫瀓玉登鎮江城樓

春來烟雨大江東，與子憑高望落鴻。楚客寄懷留宿莽，孫郎佳句有晨風。戈鋋明滅濡須口，日月銷霾碣石宫。握手自然成感慨，鄉心常在夕陽中。

東甲省白孝廉

鄉里交推萬石君，登堂口授古三墳。衣冠照我生新畏，風俗當年得舊聞。游子自憐常落魄，老人既遇可從軍。故園烽火金狄烈，愁見紛紛白馬群。

張幼量以白門精舍假余感贈

其二

尚憶相逢俠少場，十年回首嘆滄浪。銜泥自愛巢君屋，魔鏡還應笑客裝。咕咕啼鶯榷柳葉，暉暉明月滿相廊。最憐湖外蒹葭色，吾道依然水一方。

贈劉在中

江城落日見旌旗，有客登樓索笛吹。高眼雙懸湖海外，孤舟半素荻蘆漪。短章頌酒懷非淺，長鋏依人事可悲。愧我空囊如白雪，爲君給佩采留夷。

王敬哉避地餘杭，與余俱病，少間晤面，因訂北歸之約

故人卧病浣花村，何日西湖共一樽。曾約采山招大隱，却難閉户著中論。莫嗟蕭瑟囊俱敝，祇恐飄零鬢不存。問道終須同鼓棹，秋風無恙到柴門。

簡曹秋岳侍御　二首

其一

憲府青驄舊有名，金蓪孤擢露華清。知君不倚彈冠貴，顧我何堪倒屣迎。公子愁來吟七啓，詞人亂後賦西京。敝裘退逐東風志，適越游燕總未成。

其二

山木何年咏鄂君，自憐孤賤久離群。布衣憚謁金張館，短劍時披鮑謝文。封事三臺摇白筆，羽書千里黯黄雲。西來朝爽還堪挹，莫道嗚笳不可聞。

曹秋岳回鄉，齋中送李舒章歸雲間　四首

其一

高樓短築憶當年，細雨愁聽日暮鵑。白紵漫酬青玉案，紫騮嘶絶緣楊天。何人更擬江南賦，有客思歸石瀨船。珍量河橋今夕酒，不堪雙雁畫梁前。

其二

蒼茫何處問機山，送客登臺望楚關。烟水欲成千里夢，干戈未遣五湖間。檣懸明月烏啼切，草濕空城燕子還。脱帽相看聊佇立，爲因風雨慰離顔。

其三

重釣堪思中浦魚，驚心重數亂離初。鶯花又滿咸陽路，龜策難知楚客居。碣石春寒猶有雁，茂陵天黯久無書。故人況逐舟扁去，滿月江湖涕泪餘。

其四

芳草迷離落照明，當筵花影逐愁生。風塵慘澹憐孫楚，嫁奶流連誤向平。山色西來烟欲暝，江流東去月無聲。飄零俱是吹簫客，感慨還爲猛虎行。

大雪，期游龍門寺不果，是夕宿孫華卿家中

蕭然寒雪動林墟，擁褐高吟興有餘。半畝白雲歸客夢，一叢紅樹老僧居。似聞飢雁流哀壑，乍聽疏鐘在草廬。布襪青鞋真負汝，平生心事馬蹄疎。

雪後游雲嶺寺　二首

其一

寒嶺驅馬盡銜泥，絶壁穿雲洞壑迷。古木半懸幽徑外，落霞偏在暮峰西。到來麋鹿俱無恙，是處莓苔可自題。夙昔登臨懷不淺，故人樽酒况同携。

其二

長松謖謖水潺潺，雪色霏微薜荔斑。望里寒光摇素練，年來歸夢滿青山。欲從支遁中峰住，試問梁鴻何日還？夕色摧人還秉燭，此身真愧暮鴉閑。

客范磊蓠園中

幽栖物外結精廬，策杖來依白鶴居。百尺元龍高士榻，一編司馬長卿書。移床欲就桐蔭卧，繞砌還憐竹影疏。况有上方鐘聲接，從君學道意何如？

山中老僧招宿不果

葉落幽林一磬鳴，遠公許爲掃柴荆。虚懸雙履來空谷，負爾三車演化成。華髮欲多難問道，青山何日可逃名。已知萬事蹉跎盡，馬足勞勞笑此生。

月夜諸子小集蘋園

猶是滄洲一釣徒，天寒樽酒坐野枯。登臺月與飛鴻起，對雪人如白鶴孤。鄴下諸賢還老健，平原高館日荒蕪。朱弦况有能琴客，如此愁心何可無。

晤趙伯浚於山中

舉世何如爾獨醒，數行涕泪慰飄零。似從澤畔逢漁父，未許人間識客星。豈必嵩廬方避地，可知魯壁有傳經。他年莫遣移文出，便結茅齋倚翠屏。

夜大風雨，簡邱子廉

蜻蛚無聲依四壁，西風吹被客如蠶。雉朝飛曲愁相和，烏夜啼時夢不堪。尺素何由飛海上，一哀終自繞江南。水田依舊吾將老，與爾晨昏共結庵。

春日得友人消息於馮孔博處

南北真同沙上鷗，泪痕襟血未全收。逢人每聞點門卒，有客偕過燕市樓。卧病曾聯青雀舫，生還休怨黑貂裘。雲門谷口桃花路，好向滄波理釣鈎。

春日曹侍御秋岳齋中社集

樽前莫唱五噫歌，客有孤懷奈此何？春夢漸隋青鬢短，帝鄉自昔白雲多。潤移蜀紙裁斑管，彈到秦筝倚畫戈。一自南皮風雨後，高文千載更誰過。

孫介黃齋中同韞退作

御苑長楊絲未齊，羈心無那草萋萋。閑穿雲徑沾紅雨，笑倚清樽墜白題。賦罷余情歸舞鶴，座中豪客舊聞鷄。故園山色新雨後，辜負三春布谷題。

金有鏢、吴素求、王殿邦招同王敬哉、米吉士、王胥庭，家兄答昊觀劇分賦

花落燕臺起暮塵，紅牙小拍正宜春。最憐此日新豐柳，况對西園供奉人。三叠何戡殊未老，百年優孟竟誰真。浮生南北如飄梗，飲罷無歸嘆此身。

夢董樵谷、孫石書索余近詩，有『山中芳杜近如何』之句，既寤，遂成一首

山中芳杜近如何，伏枕愁聞寒雁過。不分餘生供雀角，最難消受是漁蓑。傷心旅病憐青草，落日鄉書隔碧波。燕市已無屠狗輩，悲來誰復和而歌。

晤張允修孝廉於天壇道上

相看訝道是還非，立馬郊壇向夕暉。亂後逢人羞説劍，年來何事不沾衣。青衫久謝吹簫侶，華髮常取明鏡違。握手自憐如夢寐，哪堪又逐寒鴻歸。

呈吴雪航侍御　二首

其一

神羊五色映臺烏，封事朝傳帝日都。閶闔一開迴白筆，瘡痍頻哭爲黄圖。竟看桓典乘驄出，親見朱雲繞陛呼。清問仁聞咨大計，卿云歌爛一愁無。

其二

新豐廬井尚依然，上客登朝補究年。抗疏屢移玄武仗，采風先奏野鴻篇。西方未息懸車没，天下猶征算幾錢。聞道近來憂太傅，可無揮泪聖人前。

賈龔署年兄

宛洛相逢雨雪餘，酒家壚畔定交初。支離我魂中涓馬，痛哭君陳太傅書。燕市悲歌人易散，趙州哀怨酒難除。承明聞道將摧賦，好向西郊油壁車。

代少司成羅老師壽中丞羅公（之下四首并代）

東山杖履近何如，聞道蒲輪下玉除。人向鹿門招大隱，篇名鶡冠有藏書。烽烟無恙柴桑裹，江海還瞻孟博車。此日稱觴應泛菊，含情倍覺憶吾廬。

耿撫軍

組練三千控上游，帝咨元老尊江州。百年國計營平策，异代家聲好時候。下里生男應姓賈，中原有客若依劉。伫聞旌節還開鎮，方略應寬聖主憂。

張學憲

江城烽火廢菁莪，使者談經攬轡過。鹿洞雲霞開講席，鵝湖風雨繞弦歌。月明應續滕王賦，木落還吟湘女波。皋比若登廬阜上，羡君千尺對嵯峨。

史太守

渤海曾聞龔少卿，移來琴鶴豫章城。斗間劍氣中霄動，江上棠花百里明。詩人春陵堪雪涕，月臨匡阜塵洗兵。拂衣欲買扁舟志，爲報東岩方可耕。

胡皋長

翠幰風清白鷺車，康郎山水入吹笳。訟庭無事扉生草，澤國誰歌鼠有牙。按部千官争解綬，微書十道伫宣麻。阿戎别後常相憶，彩筆猶能賦落霞。

趙韞退太常見招賦詩，余以他事不果赴，補作一首，時孫介黄自關中回

奉常齋宿意多慵，醉後長懷阮嗣宗。愧我出門愁短褐，知君秉燭坐疏鐘。何人過問玄亭草，有客初登太白峰。聞道灞橋風雪好，幾時羸馬一相從。

酬贈方爾止　三首

其一

潤州爲客嘆風塵，與子成言共隱淪。欻爾干戈催割席，飄然湖海愧垂綸。狂歌真作東門達，浪迹還如北郭貧。總爲故人滋繾綣，來分憔悴卧江濱。

其二

謾訝相逢是老夫，幾年憂患兩人俱。舊游今尚懷三泖，大隱何妨在五都。注易漸深窺象罔，草玄未就泣童烏。傷心不待回車哭，望思歸來泪已枯。

其三

博物兼通方外思，京房扁鵲豈專師。已違出處何須卜，但有窮愁不可醫。繞屋琴書收藥後，一樽風雪下簾時。蕭蕭誦讀猶能暇，賴爾晨昏與析疑。

祀竈日方爾止過訪，留宿賦答

其二

褊性違時拙笑啼，高齋長閉似深閨。人稀始許來三經，歲宴纔能具隻鷄。臺上鳳凰堪灑泪，林邊烏鵲來安栖。春來得遂扁舟興，白紵天門共汝題。

王玉門小集，限韵條字

閉門高卧雨蕭蕭，有客來過問柳條。鬢髮堪羞芳草色，愁心真似暮江潮。兔園雪後歸鴻盡，鹿塞春深匹馬遥。期爾封侯憑俠骨，莫令雙劍老漁樵。

送陳懷赤侍御還京

丹旐高懸擁綉衣，使君五西有光輝。九霄宫漏祥鳥集，千里江花緑鷁飛。朱勃豸冠原不佞，鮑宣驄馬未曾肥。東南民力今如此，封事還達紫微聞。

送龔芝麓太常還京師

廣陵簫鼓夜沉沉，夾道鶯花接禁林。肥水豈能卧龍久，雲門重有鳳來臨。西雍尚識明堂位，下管誰陳韶護音。京洛故人如問訊，爲言衰颯二毛侵。

方爾止招同肖尺木、羅天成、王翰明、許銓臣登范羅山

莊鴻何事又先還，杖策登臨此日閑。病起尚能依白社，春來莫遣負青山。江城樓閣寒烟外，古寺松杉晚照間。獨有垂垂堤上柳，不知愁色爲誰攀。

雨中簡遠公伯璣

客愁踈雨倍相關，一仲蓬蒿罷往還。多病獨憐垂翅鶴，懷人如對隔江山。扁舟歷落干戈外，史筆憑陵今古間。預擬銷魂頻載酒，秋來楊柳詎堪攀。

喜馬西垣社兄見過

古人摇落意何如？千里蒲帆問索居。欲滌羈愁逢暮雨，不嫌官舍止枯魚。馬融吹笛應裁賦，賈傅哀時早上書。無那樽前增嘆息，短檠踈竹倍憐余。

贈蔡大美

江城蕭瑟謝人群，藥裹茶烟坐夕曛。客夢未離滄海月，君來爲話敬亭雲。檻邊宿鳥還相傍，雨後流鶯不可聞。卜宅青山他日事，柴扉深對共論文。

答陳青雷

西京回首一沾襟，消息蒼茫直至今。别後山中芳草换，愁來江上暮猿吟。扁舟未許浮家隱，千里遥傳大雅音。爲問芙蓉湖畔客，綸竿裊裊白雲深。

送錢既白至太湖，兼寄李溉林明府

念爾先朝供奉班，幾年飄泊亂離間。柏梁已逐風雲散，蓬徑從教歲月閑。逋客百年惟釣艇，藏書千里問明山。司空原上花争發，聞道潘安鬢未斑。

（五）五言絶句

春日曹侍御秋岳齋中社集

幾夜棠梨雨，三年杜曲春。啼鶯如有恨，應吊故宮人。

（六）七言絶句

春日曹侍御秋岳齋中社集

朝來燕子逐輕風，芳草天涯夢不同。儂有愁心千萬縷，年年吹入柳綿中。

（七）五言排律

寄懷萬虛公年兄

賦奉明光殿，卿才白雪高。壯游懷桔柚，薄宦共江皋。律令張廷尉，詩篇謝法曹。豐棱瞻夏日，昭晰及秋毫。鑄鼎神奸徙，然犀水族號。北樓人可友，東閣興偏豪。吏散無留牘，垂簾著反騷。敬亭山下月，春谷雨中濤。握手驚霜鬢，登車贈寶刀。贅疣嗟乘雁，攀檻類飢猱。貧過東方朔，交深左伯桃。銷魂千里别，惆悵戀綈袍。

送别袁綏南轉漕儲憲付

華岳蓮峰峻，秦川渭水清。哲人生上國，夫子振高名。尉薦三臺疏，旬宣四牡行。民歌楊伯起，地接謝宣城。詎假然犀照，還聞買犢耕。褰帷驅害馬，卧閣聽流鶯。百渚飛鴻集，雙轓馴鹿迎。甘棠召伯樹，細柳亞夫營。淮海維揚郡，浮海達洛京。鑿渠傳漢史，轉粟藉蕭卿。匏子長茭屬，梅花短笛輕。馮夷贍鷁首，風伯引龍旌。秔稻千帆集，壺漿載路盈。及瓜慚薄劣，御李見深情。祖帳臨南浦，浮槎欲北征。登樓陪庾亮，持扇贈袁宏。不日趨鵷陛，還瞻衮綉榮。

（八）詞

長調

滿庭芳　壽大宗伯王敬哉先生

菊尚拖黄，梅將凝粉，安排晴日開筵。銀箏畫鼓，譜出鷓鴣天。兩世尚書門第，朝回處，玉勒紛然。華堂上，太平師保，矍鑠地行仙。　名園，飛霰後，銀燈火樹，雪月光聯。要裝成瑶圃，映上紅箋。海畔群真介壽，驂鸞渡，弱水三千。馳封酒，傳來御苑，猶帶鳳樓烟。

［以上輯自趙家斌《宋琬佚詩輯存》一文，文見《萊陽文史資料》第三輯，中國人民政治協商會議山東省萊陽市委員會文史委員會編，内部資料，一九九一年印刷，第一四五—一七八頁。文章開篇有按語，云：『被譽爲「一代詩宗」的清初大詩人宋琬，其詩歌創作極其豐富。内容沉鬱深厚，形式激宕凄清，無論從詩的數量和質量上都可（開）有清一代神韵派的詩風。據統計其詩共有一千六百餘首，然而在作者生前刊刻的《安雅堂詩集》僅有十分之一。之後，作者之子宋思勃和族孫宋邦憲先後南北奔波，幾經搜輯，自行刊刻《安雅堂未刻稿》（以上兩書均收入《四庫全

書》）,由於爲了避免受文字獄之罹害及其它種種原因,仍删除大量詩篇。故清人盧見曾在編選《山左詩鈔》時,雖把宋琬列爲首家,仍發出「不見其全」的感慨。爲了研究和瞭解宋琬,我用了七年的時間搜集、整理、考訂其詩作,除了《安雅堂集》外,又從作者手稿,同代詩人來集之及清中葉一個叫希梅的人的手抄稿中輯録其從未刊刻的詩作百餘篇,除個别經考訂存疑者外,其餘均輯録如後,以享讀者,并供同仁及研究者參考。』」

感懷

其一

夸夫競權勢,志士懷榮名。殺身非一端,天道常惡盈。湯湯桐柏水,有時濁且清。羲和無停策,衮衮東西征。自非空桑子,豈不念所生。宛彼鳴鳩詩,凄惻涕沾膺。

其二

商飆凛勁秋,昊天降霜露。采采孤葵根,展轉愁其足。幽蘭在庭柯,馨香莫能蠹。君子諒不惜,零落傷中路。庶事多貿理,人生信所遇。俯仰終古間,誰知龍與蠖。

剡溪道中

其一

榜人牽百丈,沿岸涉横塘。波影疑爲月,山容曉作妝。寒花開杜若,飛瀑下篔簹。欲向天臺去,尋源到石梁。

其二

蕩槳烟初破，回橈雨未收。風高梅半斧，候暖麥將秋。雲氣藏山寺，江聲抱郡樓。客懷俱拓落，不但爲依劉。

題夏敬孚侍御祖德篇

大儒不世出，出作邦家瑞。九原雖异代，鬚眉儼生氣。夏公洵偉人，落落負奇致。讀書觀大略，雅志在康濟。百里枉士元，新硎刃初試。甘雨逐襜帷，兩歧歌麥穗。飲水不言清，戴星敢云勩。天子重循良，徵書召龔遂。都人夾路看，威儀睹司隸。當道殲豺狼，先聲走魑魅。智井辨沉冤，破柱窘閹寺。迹斂五陵豪，膽落中常侍。神宗嘉其能，御屏書姓字。吾生雖後公，高山夙欽企。鵲起羡文孫，弓裘得無墜。威鳳凌丹霄，瑚連實宗器。驄馬步仍工，公卿咸辟易。示我祖德篇，潸然出涕泗。華表鶴未歸，衣冠留篋笥。再拜申短章，因之頌高義。

題雲居寺僧房

忘機惟宴坐，湖水對前軒。斜日明松鼠，空山老竹孫。磬中傳法性，香裹絶名言。不得常相伴，吾身愧嶺猿。

題方爾止《述哀》詩後

新詩讀罷泪油然，紙上啼痕染杜鵑。我有父兄千載恨，對君沾血拂龍泉。

嚴武伯詩序

虞山錢牧齋先生，以先朝耆宿操海内文章之柄者四十餘年，所著《初學集》，海内争傳誦之。然暮年稍涉頹唐，又喜引用稗官釋典諸書，於是後進之好事者摘其纖疵微瑕，相訾嗷以爲口實。然而夏后之璜不無徑寸之考，固不害其爲天球弘璧也。

歲辛丑，先生顧余於湖上，辟唓之暇，語及當代人物。先生曰：『吾虞有嚴先生武伯者，縱横迭宕，其才未易當也。』越乙巳，始與武伯定交於吴門，而先生之撤琴瑟已再閏矣。武伯身長八尺，眉宇軒軒，驟見之，或以爲燕趙間俠客壯士也。酒酣已往，爲言先生下世後，其族人某，先生平日遇之甚恩厚，一旦妄意室中之藏，糾合無賴少年，嚚於先生愛妾之室所謂河東君者，詬詈萬端，迫令自殺。武伯不勝其憤，鳴鼓草檄，以厥其罪。其人大慚，無所容。聆其言，坐客無不髮上指者。嗚呼，何其壯哉！居平鬱鬱不自得，則去而之京師。出居庸關，經彈琴峽，爰及上谷雲中，所至輒下馬賦詩。大司馬合肥龔公甚激賞之，而沛人閻古古者方爲龔公上客，且儼然武伯父執也。閻生老矣，而狂益甚，往往駡其坐人不少忌，而獨心善武伯，故其倡和之詩尤最多。予讀之，頗以不得預於其間爲恨。一日飲酒，漏三鼓，武伯出牧齋先生文一篇示余，相與辯論往復，不中意。武伯鬚髯盡張如猬毛，欲擲鐵燈檠於地者再。厥明酒醒，相視而笑曰：『夜來真大醉也！』雖狂者之態固然乎！而其護師門如干城，不以生死易心，良足多也。昔者楊子雲歿，世人未之奇也，獨其門人侯芭以爲

《玄》過《周易》，芭之文采不少概見，卒賴此一言以傳，况武伯之卓然名家者乎！若其馳騁豪縱之氣，飛揚蹈厲之才，覽者當自得之。余椎不文，終未能繪其一二也。萊陽同學弟宋琬。

答尤展成書

昨歲經過珂里，奉訪雲亭，一慰懷想，聊申契闊。徒以王命嚴程，僕夫敦馭，遂使暫違叔度，遽別真長。滄江白雲之望，清風明月之思，與時俱永矣。年翁抱桓譚之絶才，負嗣宗之神筆。文園著作，有類馬卿；騎省閑居，聊同潘樂。西郊宴喜，陸大夫之優游；南國簪裾，王右軍之觴咏。以視夫風塵鞅掌，跋涉關津，固將使叢菊笑人、女蘿含誚矣。弟承乏越東，濫膺浙土，自慚敝帚，何當長風。正恐渤海稱煩，淮陽難卧，倘貽知己之憂，詎解勞人之目。惟是探奇禹穴，選勝秦峰，叔夜山亭，幾存斷柳；子真舊井，獨酌清泉。緬懷古以洗殷，庶褰裳其不遠。然而屋梁落月，時念故人；谷裏鳴琴，睠□同好。幸家季之忽臨，屬芳緘之遠訊，捧讀翰音，如聞玉欬。喜荷交并，不知所云。家季天涯兄弟，垂傾北海之樽；客裏年華，共對西窗之話。既賦遄歸，率爾言別，極目江帆，永懷耿耿。

（以上輯自陸勇强《宋琬集外詩文考述》一文，文見《内江師範學院學報》二〇一〇年第十一期，第七一—七三頁。）

丁耀亢《化人游》卷首總評

《化人游》，非詞曲也。吾友某渡世之寓言，而托之乎詞者也。世不可以莊言之，而托之於咏歌。詠歌又不可以莊言之，而托之於傳奇。以爲今之傳奇，無非士女風流、悲歡常態，不足以發我幽思幻想，故一托之於汗漫離奇、狂游异變，而實非汗漫離奇、狂游异變也。知者以爲漆園也，《離騷》也，禪宗、道藏語録也，太史公《自叙》也。斯可與化人游矣。順治戊子，萊陽玉叔甫宋琬題。

丁耀亢《化人游》第七齣《再晤仙源》末評

鯨魚化爲古刹，孤舟化爲烟巒，西子化爲雲水。道冠何生，聲色妄緣，一時頓盡矣。宋玉叔評。

宋琬復周金然書　二篇

其一

濁醪鮭菜，深愧輶簡。然而剪燭西窗，不减話巴山夜雨也。佳聯切當，愧莫以當。揭之齋壁，生色多矣。旅館無事，盍再過共賞之。

其二

良宵公宴，不數南皮之游。惟念及將離，不免黯然耳。捧讀贈言，字字典切，而纏綿悱惻，尤令人感而欲泣。當同手教，謹志勿諼也。

宋琬爲丁煒作《問山詩集序》

吾友丁君雁水用邑宰起家，有聲於三輔間。既而爲民部主政，剔厘鹽策，悉中款要。大司農以下，咸器重之。余以爲此經濟之杰士也。既而讀其所爲詩，春容閑雅，清新幽异，渢渢乎何其麗以則也。獨念雁水以淹雅之才，本宜載筆於承明著作之庭，乃俯首爲貧，間關踟躇，絶無憔悴羈孤之感。是豈凡情之所易及哉？夫屈左徒與陳思王，千古文章之士也，一則求白而無以自明，一則求試而無以自展，輒散步行吟，其因悱惻，陳思王至謂所懷萬端，竟夕不瞑。二公之文，非不瓌麗，然天地沖和之氣，抑亦疑其太削矣。雁水則隨遇而安，委心任運，筮仕爲吏縣最瘠而其中泊如。今雖優游郎署，複爾繁瑣雜遝，絶不以爲煩苦。斯非充然有得於中，豈能幾及耶？至於鑿山川之奇奥，集賓朋之勝游，是不爲造物所縛，而獨得夫優柔平中之致者歟？兹且名位益隆，撰述益富，清廟明堂之什，足以鼓吹休明者，泱泱未艾。要之，雁水之胸次，固未嘗以歷境而异視之也。雁水之言曰：『詩貴合法，然法勝則離；詩貴近情，然情勝則俚。』余聽其持論，益爲心折，復何間然，於其詩哉？是爲序。

許虯《萬山樓詩集》卷首宋琬評

丑冬，自川輯瑞入都，寄迹蕭寺。病榻支離，有蹋雪過訪者，爲吴中許竹隱先生，袖詩一卷見遺。予高枕讀之，浩乎如江漢之朝宗，鏗然如八音之大成。經營慘澹之中，而加以離奇跌宕之樂。不覺拍案狂喜，十倍枚乘《七發》矣。向於各家選中，見竹隱詩，竊傾心愫。兹復縱觀諸體，益爲動容者久之。詞人代興，微緒獲振。東南哲匠，如波不絶，有如是耶？予甫離峨眉，遂登萬山。百尺樓上，略綴數言。爲斯道標的起見，非止自述快己事也。萊陽宋琬荔裳。

（以上輯自汪超宏《宋琬年譜》，分别見於第七五頁、七五頁、二五五—二五六頁、二七四—二七五頁、二九四頁。）

《北寺草》前小序

庚寅冬，余兄爲仇家羅織，牽率及余下獄，至壬辰正月始解，共詩五十六首，名《北寺草》。其地乃明之北鎮撫司，楊、左諸公死處也。

《一剪梅·熏香》詞一首

瓊窗半鎖緑陰濃。犀押簾籠，玳押簾籠，熏香小鴨火微紅。蘭餅初融，麝餅初融。沉沉不斷畫屏東。烟裊樓中，花裊樓中，睡餘無力髻鬟松。一陣梅風，一陣蕉風。

（以上輯自王歡《宋琬散佚作品考》，《紅河學院學報》二〇一五年第二期，第六二頁。）

秦州志序

古之君子入人國也，於其山川、雲物、草木、禽魚諸屬，莫不悉而志之，况於人物之大者乎？於其險要厄塞、徯徑關梁諸地，莫不謹而書之，况於封疆邊守之重且遠者乎？文以足言，言以足志，此其所以志也。

今夫秦，四塞之地，被山帶渭，天府之國也。東有關河，南有漢中，西有巴蜀，北有代馬，故自古帝王都會，於此志焉。史稱秦地剛决蕲絶，修習戰備，高上氣力。故其詩有『王於興師，修我甲兵』，及《車轔》《駟驖》諸篇。紀陟有言：疆界雖遠，險要必争之地，不過數處耳。大淮以北，地之要害，莫過乎秦。故自古弓矢、器械、車馬之用，於斯志焉。若夫據勢勝之地，騁狙詐之術，征伐關東，蠶食九國，其風故不遠也。敵王所愾，復祖父業，秦世父之秉心忠孝，猶奕奕也。賈生《過秦》之論，杜甫《秦州》之詩，非不瑯瑯聽睹也。攻伐戰守，則謀臣策士，首尾爲用，齊、楚、趙、魏、中山之君，莫能相尚也。故自古英略智謀諸策，於斯志焉。《易》曰：『王公設險以守其國。』孟子曰：『天時不如地利。』言爲國之恃險也。又曰：『地利不如人和。』言恃險之由人也。孫卿曰：『天有其時，地有其財，人有其治。』國之興也，參而由焉，卿所謂『合其參』是也；恃險而已，卿所謂『捨其參』是也。夫雍州之地，宜其崇也；崤函戰鬥之士，宜其俊也。山川之險，不易也；勁利之器，不銷也。先政之策，可循而守也。然則雲物、草木、禽魚諸屬，一迹而至耳。披圖覽鏡，可不亟亟哉？是故君子觀於志都會，知守國矣；志弓矢、車馬、器械，知修備矣；志謀臣策士，知所得者在此，所失者在彼，與聖賢之學遠矣。然則秦之有志，自胡可泉先輩載筆以後百有餘年而闕焉未備，豈非邦大夫之過歟？三韓姜君以豐沛之彦來刺西州，實藉將予。會當甲午崩騫之變，余偕郡守竭音羽之瘁者終年，民有寧宇。余顧姜君曰：『是非秦州之一大興革乎？惜哉，舊史之蕪也！』姜君乃毅然任哀輯。適當亭王令心古新去其國，憩南湖度夏，余遂以其事屬之。嚴殿最搜，軼微稽，裁往復，三閱月而書成。州所有人物之大，封疆之重，山川、雲物、草木、禽魚之微，亦庶於是乎備矣。胡先生其許我哉！順治丁酉夏四月，分巡隴西道東海宋琬序。

（輯自《乾隆直隸秦州新志》卷之首。）

張尚寶載徵傳

尚寶張公諱載徵，字淵默，號幼魚，爲大理卿龍池公孫、憲使從龍公子。李宜人夢一尊宿入帷而生。令敏機警，俊雅清韶。服家訓，富詩書，雖習誦未通，人有潘、陸之目。孝篤天成，生養死送，極盡其情。甲子，以選舉爲史館中書。及晋爵尚寶司丞，并翰林典籍經筵正字，官秩四品，服俸恩榮極矣。而儉素謙抑，初不似貴公子。生平好爲人解紛，如高侍郎硜齋忤於璫、梁工部丹崖爲璫陷，力爲言之揆宰，旋里還贓，悉得無恙。又釋臨江姜倅之解負，使歸索諸逋，而初不名一錢，却館生金圍之饋，而念切四知。清節高風，信皓皓乎不可尚矣。且明體達理，知人善目，如嚴司巡執杖之環呼，立止館試之嘩，存辰入申出之閣，體不去交牌之報。事雖小，而慮遠晰微，劉長山、李高陽皆雅重之。至若識毛帥之不終，謂皮島之不可易名，料袁撫之債事，謂汰兵之不可預期，卒如其言，而國祚隨之，尤迥出人萬萬者也。十六年，都邸宛轉食貧，以季子重曜有秋歸。不三年，遽以癸未頹城，同左安人雙貫。重曜亦以救父代死焉。嗟乎，公生平爲德於人，親戚待以舉火者幾輩，而左□人恭儉茹淡，手一瓣香閨中，有女聖之稱。重曜篤謹醇良，死孝弁生。是夫是婦，是父是子，豈非淵源之有自乎？

公饒學喜書，生平著述，如《義府》《理藏》《葩經》《朱墨講言》及《類古》諸篇，皆以室燼無遺。惟《適適樓詩草》《二三場摘要》爲今所僅存云。適子三：重潤、重暉、重曜。曜别有傳。暉卒於歷城教諭，食貧樂道，有古人風。潤請於學使者，得行六年之喪，而猶懼先德之弗彰，謀於余言以傳。余與伯子友善，且傷其志也，故次序之，愧不文耳。

（輯自民國本《萊陽縣志》卷三之三上『藝文·傳志』條。）

宋珣

小詩奉贈杞翁老先生年台兼祈和正

薊北鶯花春老天，相逢酒市話從前。雲横華岳三千里，烟鎖齊州十五年。每憶琴尊尋舊夢，還傳詞賦屬新篇。石渠秘閣連宵漢，咫尺人登羨若仙。

（輯自陳介錫輯《桑梓之遺録文》。）

宋鳴和

成都九日登高

成都九日一登臺，三載牢愁此頓開。名士談詩嚴武在，美人進酒薛濤來。蒙山可采延年菊，錦水聊傾禳祟杯。十里楓林青女降，數行雁字寫江隈。

小飲溪寺贈僧

白蓮紅蓼水彎環，小築茅庵晝閉關。院静何妨延醉客，僧高豈必住名山。娟娟竹愛瑯玕凈，落落人宜鷗鷺閑。醉後不知天色晚，卧聽漁唱入雲間。

道中即目

繚垣曲折草葱蘢，溪塢山村細徑通。女摘黄柑青嶺外，僧鋤紫蕨白雲中。衣冠淳樸無時制，鷄犬安閑有古風。到此渾忘身是客，海天景物略相同。

（輯自張鵬展輯《國朝山左詩續鈔》。）

宋鳴謙

病後偶成

强起梳頭不自持，茫茫心迹復誰知。病中做客偏凄楚，夢裏還家易别離。十載青燈官舍冷，一林黄葉雁書遲。黜生藴藴真吾友，與爾綢繆結静期。

（輯自張鵬展輯《國朝山左詩續鈔》。）

參考文獻

《萊陽縣志》，《中國方志叢書》本，臺北：成文出版社，一九六八年。
《康熙萊陽縣志》，《中國地方志集成·山東府縣志輯》第53册，南京：鳳凰出版社，二〇〇四年。
《光緒增修登州府志》，《中國地方志集成·山東府縣志輯》第48—49册，南京：鳳凰出版社，二〇〇四年。
《康熙永平府志》，《四庫全書存目叢書·史部》第213册影印清康熙五十年刻本，濟南：齊魯書社，一九九六年。
《光緒永平府志》，《中國地方志集成·河北府縣志輯》第18—19册，上海：上海書店出版社，二〇〇六年。
《清實録·世祖實録》，北京：中華書局，一九八六年。

《道光重修蓬萊縣志》,《中國地方志集成·山東府縣志輯》第50册,南京:鳳凰出版社,二〇〇四年。
《光緒文登縣志》,《中國方志叢書》本,臺北:成文出版社,一九七四年。
《乾隆直隸秦州新志》,《中國地方志集成·甘肅府縣志輯》第29册,南京:鳳凰出版社,二〇〇八年。
《乾隆山東通志》,上海:上海古籍出版社,一九九一年。
《清豐縣志》,清同治十一年(一八七二)刻本。
[清]張廷玉等撰:《明史》,北京:中華書局,一九七四年。
[清]計六奇撰:《明季北略》,北京:中華書局,一九八四年。
趙爾巽等撰:《清史稿》,北京:中華書局,一九七七年。
王鍾翰點校:《清史列傳》,北京:中華書局,一九八七年。
[明]宋孟靖編撰:《詩學體要類編》,《續修四庫全書一六九五·集部·詩文評類》,上海:上海古籍出版社,二〇〇二年。
[清]宋琬著,馬祖熙標校:《安雅堂全集》,上海:上海古籍出版社,二〇〇七年。
[清]宋琬著,辛鴻義、趙家斌點校:《宋琬全集》,濟南:齊魯書社,二〇〇三年。

[清] 陳介錫輯：《桑梓之遺録文》，《山東文獻集成》第一輯，第40册，濟南：山東大學出版社，二〇〇六年。
[清] 沈德潛編：《清詩別裁集》，北京：中華書局，一九七五年。
[清] 王熙：《王文靖公集》，《四庫全書存目叢書·集部》第214册影印清康熙四十六年王克昌刻本，濟南：齊魯書社，一九九七年。
[清] 錢儀吉纂：《碑傳集》，北京：中華書局，一九九三年。
[清] 王士禛撰，靳斯仁點校：《池北偶談》，北京：中華書局，一九八二年。
[清] 吴偉業著，李學穎集評標校：《吴梅村全集》，上海：上海古籍出版社，一九九〇年。
[清] 永瑢等撰：《四庫全書總目》，北京：中華書局，一九六五年。
張舜徽：《清人文集別録》，北京：中華書局，一九六三年。
蔡冠洛：《清代七百名人傳》，北京：中國書店，一九八四年。
謝國楨編：《清初農民起義資料輯録》，上海：上海人民出版社，一九五七年。
李恩浦：《于七起義》，青島：青島出版社，一九九五年。
朱則杰：《清詩史》，南京：江蘇古籍出版社，二〇〇〇年。
李世英：《清初詩學思想研究》，蘭州：敦煌文藝出版社，二〇〇〇年。

嚴迪昌：《清詩史》，杭州：浙江古籍出版社，二〇〇二年。
王樹春：《家族文化補遺》，北京：中國社會科學出版社，二〇〇七年。
政協萊陽市委員會編：《萊陽歷史文化溯源》，北京：中國出版社，二〇〇九年。
傅璇琮總主編，馬亞中分册主編：《中國古代詩文名著提要·明清卷》，石家莊：河北教育出版社，二〇〇九年。
汪超宏：《宋琬年譜》，北京：人民文學出版社，二〇一〇年。
王樹春：《明末清初膠東文化拾遺》，北京：東方出版社，二〇一〇年。
李江峰、韓品玉：《明清萊陽宋氏家族文化研究》，北京：中華書局，二〇一三年。
宮泉久：《清初山左詩歌研究》，博士學位論文，山東師範大學，二〇〇八年。
陳宇舟：《清初『國朝六家』詩學研究》，博士學位論文，蘇州大學，二〇〇九年。
趙娜：《清代順康雍時期唐宋詩之争流變研究》，博士學位論文，蘇州大學，二〇〇九年。
王傳明：《清代山東古典戲劇研究》，博士學位論文，山東師範大學，二〇一〇年。
劉利俠：《清初咏物詩研究》，博士學位論文，陝西師範大學，二〇一一年。
丁鵬：《清代山左詞壇研究》，博士學位論文，中國社會科學院研究生院，二〇一三年。
劉昕：《明清時期萊陽士人群體研究》，博士學位論文，山東師範大學，二〇一六年。

陳宇舟：《清初詩人宋琬研究》，碩士學位論文，蘇州大學，二〇〇四年。
高蓮蓮：《一代詩宗——宋琬的詩歌創作》，碩士學位論文，中國人民大學，二〇〇五年。
肖紅：《宋琬詩歌研究》，碩士學位論文，山東大學，二〇〇五年。
劉春興：《宋琬研究》，碩士學位論文，蘇州大學，二〇〇五年。
朱玲玲：《宋琬事迹徵略》，碩士學位論文，廣西師範大學，二〇〇六年。
徐華：《宋琬詩詞研究》，碩士學位論文，河北大學，二〇〇六年。
李娟：《宋琬年譜》，碩士學位論文，蘭州大學，二〇〇八年。
李静：《宋琬詩學主張的嬗變及成因初探》，碩士學位論文，南京師範大學，二〇〇八年。
劉永娟：《宋琬詞研究》，碩士學位論文，首都師範大學，二〇〇八年。
王歡：《宋琬詞研究》，碩士學位論文，西南大學，二〇〇八年。
翟麗娟：《清初詩人宋琬考論》，碩士學位論文，遼寧師範大學，二〇一〇年。
金晶：《宋琬詩歌論》，碩士學位論文，湘潭大學，二〇一一年。
謝雯：《宋琬在清初詩壇的典型意義》，碩士學位論文，湘潭大學，二〇一四年。
張鵬飛：《宋琬入蜀及其詩歌研究》，碩士學位論文，四川師範大學，二〇一五年。
汪瑶：《宋琬秦州時期的文化活動與文學創作考論》，碩士學位論文，西北師範大學，二〇一一五年。
陳友琴：《略論清初詩壇上的南施北宋》，《思想戰綫》一九七九年第三期，第四一—四五頁。
趙永紀：《論宋琬及其詩》，《渤海學刊》一九八九年第二期，第六五—七〇頁。
寧國華、趙家斌：《宋琬生平及詩作》，趙家斌：《宋琬佚詩輯存》，趙家斌：《宋琬年表》，見中國人民政治協商會議山東省萊陽市委員會文史委員會編：《萊陽文史資料》第三輯（內部資料），一九九一年，第一二五—一四四頁、第一四五—一七八頁、第一七九—一八九頁。
謝巨濤：《幽默尖刻　翻新出奇——陸龜蒙和宋琬兩首咏税詩賞析》，《湖南税專學報》一九九五年第四期，第六二—六四頁。
陳冠英、劉雁翔：《清風良吏　桂冠詩人——宋琬生平事迹考述》，《天水行政學院學報》二〇〇〇年第四期，第五三—五九頁。
趙山林：《宋琬〈賀新郎〉詞賞析》，《古典文學知識》二〇〇〇年第一期，第四六—四七頁。
薛祥生：《關於宋琬生平的幾個問題》，《菏澤師專學報》二〇〇二年第一期，第四一—四四頁。

李迎芳：《宋琬家族世系考》，《烟臺師範學院學報（哲學社會科學版）》二〇〇四年第二期，第五三—五五頁。
王小舒：《宋玫及萊陽宋氏作家佚詩考》，《文獻》二〇〇四年第三期，第一七五—一八四頁。
宋磊、范韶華、孫鈺瑋：《宋琬墓志考》，《萊陽農學院學報（社會科學版）》二〇〇四年第三期，第四九—五五頁。
葉君遠、高蓮蓮：《宋琬年表》（上），《沈陽師範大學學報（社會科學版）》二〇〇四年第五期，第六一—六七頁。
葉君遠、高蓮蓮：《宋琬年表》（下），《沈陽師範大學學報（社會科學版）》二〇〇五年第一期，第八〇—八五頁。
徐華：《三百餘年來宋琬研究綜述》，《河北理工大學學報（社會科學版）》二〇〇五年第三期，第二〇七—二一一頁。
徐華：《幽幽泣鬼神，往往托紙筆——析宋琬的入獄詩》，《烟臺師範學院學報（哲學社會科學版）》二〇〇六年第二期，第八七—九〇頁。
高蓮蓮：《論宋琬詩歌的淵源流變》，《厦門教育學院學報》二〇〇六年第四期，第一四—

一八頁。
朱玲玲：《儒念根深，釋道并用——清初詩人宋琬思想解析》，《濱州學院學報》二〇〇七年第一期，第四七—五〇頁。
朱玲玲：《宋琬生平研究補正》，《魯東大學學報（哲學社會科學版）》二〇〇七年第二期，第七〇—七二頁。
賈瑩：《論宋琬詩歌的紀實精神》，《井岡山學院學報（哲學社會科學版）》二〇〇七年第三期，第八一—八三頁。
朱玲玲：《從質實到曠放——清初詩人宋琬詩作分析》，《平原大學學報》二〇〇七年第三期，第七一—七三頁。
高蓮蓮：《宋琬詩歌的藝術風格》，《新餘高專學報》二〇〇七年第五期，第三九—四一頁。
馬大勇：《『摧折驚魂斷，哀歌帶血腥』：論宋琬的『怨怒』詩心》，《西北師大學報（社會科學版）》二〇〇七年第五期，第七八—八二頁。
高蓮蓮：《宋琬仕清心態及對其詩歌創作的影響》，《南陽師範學院學報》二〇〇七年第十期，第三五—四〇頁。
簡恩定：《論宋琬詩》，《空大人文學報》二〇〇七年第十六期，第一—三五頁。

賈瑩、張兵：《宋琬的詩學思想及詩歌創作傾向探析》，《隴東學院學報》二〇〇八年第一期，第六四—六六頁。
陳公水、徐文明：《明清雜劇在山東的流變及特徵研究》，《齊魯學刊》二〇〇八年第一期，第一二七—一三〇頁。
朱玲玲：《南施北宋交游考》，《合肥學院學報（社會科學版）》二〇〇八年第一期，第八三—八七頁。
陳宇舟：《『南施北宋』與復社關係略考》，《蘇州大學學報（哲學社會科學版）》二〇〇八年第二期，第六三—六五頁，第七七頁。
劉永娟：《峥嶸蕭瑟怨思深——宋琬長調詞創作基調》，《文學前沿》二〇〇八年第二期，第六〇—七一頁。
朱秋娟：《『江村唱和』考述》，《中國韵文學刊》二〇〇九年第三期，第三五—三八頁。
王歡：《論宋琬的詞學思想》，《荆楚理工學院學報》二〇〇九年第十二期，第四五—四七頁。
程凱：《重讀宋琬》，《天水行政學院學報》二〇一〇年第三期，第一一六—一一八頁。
王雨容：《宋琬詞風變化與『江村唱和』》，《銅仁學院學報》二〇一〇年第三期，第一八—二一頁。

陸勇强：《宋琬集外詩文考述》，《内江師範學院學報》二〇一〇年第十一期，第七一—七三頁。
金晶：《宋琬前後期詩歌藝術特色論》，《安徽文學（下半月）》二〇一一年第五期，第六二—六三頁。
朱則杰、胡媚媚：《清詩作品叢考——以宋琬、孫枝蔚、鄭燮、羅聘、黄遵憲諸家爲中心》，《閩江學院學報》二〇一二年第一期，第六三—六六頁。
朱則杰：《清詩叢考——以宋琬、龔鼎孳、施閏章、程廷祚等爲中心》，《嘉興學院學報》二〇一二年第一期，第五—一〇頁。
王小舒：《社團領袖與詩界精英：明清之際山左萊陽宋氏家族論》，《蘇州大學學報（哲學社會科學版）》二〇一三年第四期，第一五一—一五七頁。
江增華：《『燕臺七子』考辨》，《貴州大學學報（社會科學版）》二〇一三年第六期，第一二八—一三二頁。
王歡：《論宋琬對『窮而後工』説理論的發展》，《荆楚理工學院學報》二〇一三年第六期，第九—一二頁。
譚雙志、王雨容：《論宋琬藥名閨情詞》，《銅仁學院學報》二〇一四年第一期，第九五八頁。
陳汝潔：《汪超宏〈宋琬年譜〉訂補》，《泰山學院學報》二〇一四年第四期，第四一—四三頁。
徐華：《論家鄉和家族對宋琬的影響》，《時代文學（下半月）》二〇一四年第六期，第一五四—一五五頁。
徐華：《宋琬生平兩大問題探析》，《時代文學（下半月）》二〇一四年第六期，第一五六—一五七頁。
徐華：《宋琬的詩學思想》，《時代文學（下半月）》二〇一四年第六期，第一五八—一五九頁。
王歡：《宋琬散佚作品考》，《紅河學院學報》二〇一五年第二期，第六一—六三頁。
王平：《棧道通途，千古一頌——論宋琬〈棧道平歌爲賈膠侯尚書作〉的文學價值》，《安康學院學報》二〇一五年第五期，第六五—六八頁。
白一瑾：《宋琬在京城的文學活動及其意義》，《山東師範大學學報（人文社會科學版）》二〇一五年第六期，第五五—六四頁。
李成晴：《宋孟清生平及〈詩學體要類編〉探源》，《魯東大學學報（哲學社會科學版）》

二〇一六年第二期，第三〇—三四頁。
白一瑾：《「燕臺七子」在京活動時間及成員考辨》，《社科縱橫》二〇一六年第十期，第一二三—一二七頁。
魯慧：《王猷定與宋琬交游考述》，《文藝爭鳴》二〇一六年第十一期，第二〇五—二一〇頁。
魯慧：《〈昌谷集注〉宋琬序作者新考》，《學術交流》二〇一七年第一期，第一六七—一七一頁。
倪文會：《21世紀以來宋琬研究綜述》，《邯鄲職業技術學院學報》二〇一七年第二期，第五九—六二頁。
戴健：《〈祭皋陶〉雜劇創作與傳播探析》，《揚州大學學報（人文社會科學版）》二〇一七年第四期，第一一八—一二四頁。